留学生本科必修课系列教材 第二版

AF148458

0

精读练习册

Intensive Reading
WORKBOOK

汉语纵横 Jump High
A Systematic Chinese Course

马燕华 编著

北京语言大学出版社
BEIJING LANGUAGE AND CULTURE
UNIVERSITY PRESS

图书在版编目 (CIP) 数据

汉语·纵横精读练习册. 0 / 马燕华编著. — 2版
— 北京：北京语言大学出版社，2011. 9
留学生本科必修课系列教材
ISBN 978-7-5619-3115-8

Ⅰ. ①汉…　Ⅱ. ①马…　Ⅲ. ①汉语－对外汉语教学—
习题集　Ⅳ. ①H195.4

中国版本图书馆 CIP 数据核字（2011）第 178450 号

| 书　　　名： | 汉语·纵横　精读练习册 0 |
| 责任印制： | 汪学发 |

出版发行：北京语言大学出版社

社　　址：北京市海淀区学院路 15 号　　邮政编码：100083
网　　址：www.blcup.com
电　　话：发行部　010-82303650 / 3591 / 3651
　　　　　编辑部　010-82303647 / 3592
　　　　　读者服务部　010-82303653 / 3908
　　　　　网上订购电话　010-82303668
　　　　　客户服务信箱　service@blcup.net
印　　刷：北京画中画印刷有限公司
经　　销：全国新华书店

版　　次：2011 年 9 月第 1 版　　2011 年 9 月第 1 次印刷
开　　本：889 毫米 ×1194 毫米　　1/16　　印张：21.5
字　　数：268 千字
书　　号：ISBN 978-7-5619-3115-8 / H·11157
定　　价：58.00 元

凡有印装质量问题，本社负责调换。电话：010-82303590

目 录　**Contents**

3

nǐ shì liú xué shēng ma
你是留学生吗

Are you an international student

一 **根据课文内容判断正误（对的画○，错的画 ×）**

Decide whether the following statements are true or false according to the text (○ for true and × for false)

例："我"是中国（Zhōngguó）人。　　　　　　(×)

1. "我"姓山下京美。　　　　　　　　　　(　)

2. "我"姓京美。　　　　　　　　　　　　(　)

3. "我"不是日本人。　　　　　　　　　　(　)

4. "我"是留学生。　　　　　　　　　　　(　)

二 **词语替换练习** Substitute the underlined words in the phrases

1. <u>日本</u>人　　　　　　　　_____人

2. 姓<u>山下</u>　　　　　姓_____

3. 叫<u>京美</u>　　　　　叫_____

三 **用"姓……，叫……"介绍自己的汉语名字**

Introduce your Chinese name with "姓……，叫……"

例：我姓山下，叫京美。

_____

四 **句型替换练习** Substitute the underlined words in the sentences

例：<u>我</u>是留学生。　　　→<u>山下</u>是留学生。

1. 我姓<u>山下</u>，叫<u>京美</u>。　→_____

2. 我是<u>日本</u>人。　　　→_____

3. <u>我</u>是日本人。　　　→_____

4. 山下是<u>留学生</u>。　　→_____

五 将下列句子改为否定句 Change the following sentences into their negative forms

例：我是日本人。 →我不是日本人。

1. 我是中国人。 → _____

2. 我是韩国（Hánguó）人。 → _____

3. 我是美国（Měiguó）人。 → _____

4. 我是北京（Běijīng）人。 → _____

5. 我是留学生。 → _____

6. 我姓山下。 → _____

7. 我叫小山（Xiǎoshān）。 → _____

8. 我是老师（lǎoshī）。 → _____

六 将下列句子改为疑问句 Change the following sentences into their interrogative forms

例：我是日本人。 →你是日本人吗？

1. 我是中国人。 → _____

2. 我是留学生。 → _____

3. 我是老师。 → _____

4. 山下是日本人。 → _____

5. 我叫京美。 → _____

6. 我是美国人。 → _____

7. 我是韩国人。 → _____

8. 老师是中国人。 → _____

七 完成对话 Complete the dialogues

1. A：你是日本人吗？
   B：_____。

2. A：_____？
   B：我是留学生。

3. A：你是山下京美吗？
   B：_____。

4. A：_____？
   B：我不是中国人。

5. A: ＿＿＿＿＿＿＿＿＿＿＿＿＿。　　6. A: ＿＿＿＿＿＿＿＿＿＿＿＿＿?

　　B: 你好。　　　　　　　　　　　　B: 我不是日本人。

7. A: 你是老师吗?　　　　　　　8. A: ＿＿＿＿＿＿＿＿＿＿＿＿＿?

　　B: ＿＿＿＿＿＿＿＿＿＿＿＿＿。　　　B: 我不叫京美，我叫美京。

9. A: ＿＿＿＿＿＿＿＿＿＿＿＿＿?　　10. A: 再见。

　　B: 我是中国人。　　　　　　　　B: ＿＿＿＿＿＿＿＿＿＿＿＿＿。

八　写出下列音节的声母、韵母和声调
Write the initials, finals and tones for the following syllables

音节	声母	韵母	声调	音节	声母	韵母	声调
bā	b	a	1	hǎo			
shì				xìng			
liú				rén			
xué				shān			
shēng				zài			
nǐ				jiàn			

九　阅读理解　Reading comprehension

我姓李，叫李小京，是北京人。现在我是大学生，我在大学学习英语。

现在　xiànzài　N　now
大学生　dàxuéshēng　N　college student
大学　dàxué　N　college, university
学习　xuéxí　N　to study, to learn
英语　Yīngyǔ　N　English

判断正误（对的画〇，错的画 ×）
Decide whether the following statements are true or false（〇 for true and × for false）

1. "我" 的名字（míngzi）是李小京。　　（　　）

2. "我" 不是中国人。　　　　　　　　（　　）

3. "我" 不是留学生。　　　　　　　　（　　）

4. "我" 是大学生。　　　　　　　　　（　　）

5. "我" 学习汉语（Hànyǔ）。　　　　　（　　）

十 按笔顺书写汉字 Write the Chinese characters in the correct stroke order

nǐ	ノ イ 伊 伊 伊 伊 你 你							
你	你	你	你	你				
shì	丶 丨 冂 日 旦 早 昌 昌 是							
是	是	是	是	是				
liú	ノ 匚 乍 匂 切 印 紹 留 留 留							
留	留	留	留	留				
xué	丶 丷 丷 丷 兴 学 学 学							
学	学	学	学	学				
shēng	ノ ト 七 生 生							
生	生	生	生	生				
ma	丨 冂 口 叮 吗 吗							
吗	吗	吗	吗	吗				
hǎo	く 夕 女 女 奷 好 好							
好	好	好	好	好				
wǒ	ノ 二 于 手 我 我 我							
我	我	我	我	我				

xìng	ㄑ 女 女 女 女 女 女 姓
姓	姓 姓 姓 姓
jiào	丨 ㄇ 口 口 叫
叫	叫 叫 叫 叫
rén	丿 人
人	人 人 人 人
zài	一 丆 冂 丙 再 再
再	再 再 再 再
jiàn	丨 冂 贝 见
见	见 见 见 见
xià	一 丅 下
下	下 下 下 下
jīng	丶 亠 亠 亣 亩 亨 京 京
京	京 京 京 京
měi	丶 丷 丷 兰 兰 羊 羊 美 美
美	美 美 美 美
rì	丨 冂 日 日
日	日 日 日 日

běn	一 十 才 木 本									
本	本	本	本	本						
zhōng	丶 冂 口 中									
中	中	中	中	中						
guó	丨 冂 冂 冃 冃 国 国 国									
国	国	国	国	国						

nǐ jiā yǒu jǐ kǒu rén

你家有几口人

How many people are there in your family

一　根据课文内容判断正误（对的画○，错的画 × ）

Decide whether the following statements are true or false according to the text（○ for true and × for false)

1. "我"是日本留学生。　　　　　　（　　　）

2. "我"家在北京。　　　　　　　　（　　　）

3. "我"家有五口人。　　　　　　　（　　　）

4. "我"没有哥哥。　　　　　　　　（　　　）

5. "我"有弟弟和妹妹。　　　　　　（　　　）

6. "我"有姐姐。　　　　　　　　　（　　　）

二　词语替换练习　Substitute the underlined words in the phrases

1. 日本留学生 ＿＿＿＿＿＿留学生　　　2. 三口人 ＿＿＿＿＿＿口人

3. 我家 ＿＿＿＿＿＿家　　　　　　　　4. 没有姐姐　没有＿＿＿＿＿＿

三　句型替换练习　Substitute the underlined words in the sentences

1. 我家在东京。　　　　　　　→ ＿＿＿＿＿＿＿＿＿＿＿＿＿

2. 我家有五口人。　　　　　　→ ＿＿＿＿＿＿＿＿＿＿＿＿＿

3. 我有哥哥和弟弟。　　　　　→ ＿＿＿＿＿＿＿＿＿＿＿＿＿

4. 我家在东京。　　　　　　　→ ＿＿＿＿＿＿＿＿＿＿＿＿＿

5. 我有哥哥，没有姐姐。　　　→ ＿＿＿＿＿＿＿＿＿＿＿＿＿

6. 我有哥哥，也有弟弟。　　　→ ＿＿＿＿＿＿＿＿＿＿＿＿＿

7. 我没有姐姐，也没有妹妹。　→ ＿＿＿＿＿＿＿＿＿＿＿＿＿

8. 山下没有姐姐。　　　　　　→ ＿＿＿＿＿＿＿＿＿＿＿＿＿

四 用"也"完成句子 Complete the sentences with "也"

（一）

1. 他是日本人，＿＿＿＿＿＿＿＿＿＿＿＿＿＿＿＿＿。

2. 山下是留学生，＿＿＿＿＿＿＿＿＿＿＿＿＿＿＿＿。

3. 他是韩国留学生，＿＿＿＿＿＿＿＿＿＿＿＿＿＿。

4. 他家在东京，＿＿＿＿＿＿＿＿＿＿＿＿＿＿＿＿＿。

5. 他家有五口人，＿＿＿＿＿＿＿＿＿＿＿＿＿＿＿＿。

6. 你没有妹妹，＿＿＿＿＿＿＿＿＿＿＿＿＿＿＿＿＿。

7. 我有哥哥，＿＿＿＿＿＿＿＿＿＿＿＿＿＿＿＿＿＿。

8. 我学习汉语，＿＿＿＿＿＿＿＿＿＿＿＿＿＿＿＿＿。

（二）

1. 他有弟弟，＿＿＿＿＿＿＿＿＿＿＿＿＿＿＿＿＿＿。

2. 哥哥学习英语，＿＿＿＿＿＿＿＿＿＿＿＿＿＿＿＿。

3. 妈妈不学习汉语，＿＿＿＿＿＿＿＿＿＿＿＿＿＿＿。

4. 我有哥哥，＿＿＿＿＿＿＿＿＿＿＿＿＿＿＿＿＿＿。

5. 山下没有姐姐，＿＿＿＿＿＿＿＿＿＿＿＿＿＿＿＿。

6. 我没有哥哥，＿＿＿＿＿＿＿＿＿＿＿＿＿＿＿＿＿。

五 完成对话 Complete the dialogues

1. A：你家有几口人？
   B：＿＿＿＿＿＿＿＿＿＿。

2. A：你有哥哥吗？
   B：＿＿＿＿＿＿＿＿＿＿。

3. A：＿＿＿＿＿＿＿＿＿＿？
   B：我有妹妹。

4. A：你家在东京吗？
   B：＿＿＿＿＿＿＿＿＿＿。

5. A：＿＿＿＿＿＿＿＿＿＿？
   B：我有一个弟弟。

6. A：＿＿＿＿＿＿＿＿＿＿？
   B：我没有哥哥。

7. A：＿＿＿＿＿＿＿＿＿＿？
　　B：我没有妹妹。

8. A：＿＿＿＿＿＿＿＿＿＿？
　　B：我家不在东京。

9. A：＿＿＿＿＿＿＿＿＿＿？
　　B：我有姐姐。
　　A：＿＿＿＿＿＿＿＿＿＿？
　　B：我有两个姐姐。

10. A：＿＿＿＿＿＿＿＿＿＿？
　　B：我有哥哥。
　　A：＿＿＿＿＿＿＿＿＿＿？
　　B：我有一个哥哥。

六 根据下列声母、韵母和声调写出音节
Write the syllables according to the following initials, finals and tones

声母	韵母	声调	音节	声母	韵母	声调	音节
b	a	1	bā	d	i	4	
h	ao	3		j	ie	3	
q	i	1		m	ei	4	
d	uo	1		z	ai	4	
x	üe	2		j	ia	1	
l	iao	3		d	ong	1	

七 写出下列句子中的汉字数 Write the number of characters in each sentence

例：你好。　　　　　_2_个汉字

1. 我是留学生。　　　＿＿＿＿个汉字
2. 我家不在东京。　　＿＿＿＿个汉字
3. 我家有五口人。　　＿＿＿＿个汉字
4. 我有一个哥哥。　　＿＿＿＿个汉字
5. 我没有妹妹。　　　＿＿＿＿个汉字
6. 你是日本留学生吗?　＿＿＿＿个汉字

八 写出下列汉字的笔画数 Write the number of strokes in each character

例：三　_3_画

1. 四＿＿画　2. 五＿＿画　3. 六＿＿画　4. 八＿＿画
5. 九＿＿画　6. 我＿＿画　7. 你＿＿画　8. 好＿＿画

9. 再 ＿＿＿ 画　　10. 见 ＿＿＿ 画　　11. 哥 ＿＿＿ 画　　12. 弟 ＿＿＿ 画

13. 姐 ＿＿＿ 画　　14. 妹 ＿＿＿ 画　　15. 是 ＿＿＿ 画　　16. 有 ＿＿＿ 画

九 写出下列汉字的笔画名称（可用拼音写）
Write the names of the strokes in each character (*pinyin* may be used)

例：日：竖（shù）、横折（héngzhé）、横（héng）、横

1. 三 ＿＿＿＿＿＿＿＿＿＿　　　　2. 十 ＿＿＿＿＿＿＿＿＿＿

3. 人 ＿＿＿＿＿＿＿＿＿＿　　　　4. 六 ＿＿＿＿＿＿＿＿＿＿

5. 口 ＿＿＿＿＿＿＿＿＿＿　　　　6. 在 ＿＿＿＿＿＿＿＿＿＿

7. 和 ＿＿＿＿＿＿＿＿＿＿　　　　8. 有 ＿＿＿＿＿＿＿＿＿＿

9. 也 ＿＿＿＿＿＿＿＿＿＿　　　　10. 个 ＿＿＿＿＿＿＿＿＿＿

11. 五 ＿＿＿＿＿＿＿＿＿＿　　　　12. 不 ＿＿＿＿＿＿＿＿＿＿

十 圈出正确的汉字　Circle the right characters

例：我在（⑪ 比）京学习汉语。

1. 山下是日本（人　八）。　　　　2. 我家有五（四　口）人。

3. 我家（在　有）东京。　　　　　4. （他　也）是我哥哥。

5. 你是留学生（吗　妈）？　　　　6. （在　再）见！

7. 我（姓　姐）山下，叫京美。　　8. 我（不　六）是日本人。

十一 阅读理解　Reading comprehension

　　我家在北京，我家有三口人：爸爸、妈妈和我。我没有哥哥、姐姐，也没有弟弟、妹妹。我是独生子。

> 独生子
> dúshēngzǐ
> N　one's only son

判断正误（对的画○，错的画 ×）
Decide whether the following statements are true or false（○ for true and × for false）

1. "我"家在北京。　　　　　　　（　　）

2. "我"家有四口人。　　　　　　（　　）

3. "我"没有哥哥、弟弟、姐姐和妹妹。　（　　　）

4. 爸爸、妈妈只有"我"一个孩子。　（　　　）

十二 按笔顺书写汉字　Write the Chinese characters in the correct stroke order

yī	一									
一	一	一	一	一						
sì	丶 冂 叮 四 四									
四	四	四	四	四						
wǔ	一 丁 五 五									
五	五	五	五	五						
liù	丶 亠 六 六									
六	六	六	六	六						
qī	一 七									
七	七	七	七	七						
bā	丿 八									
八	八	八	八	八						
jiǔ	丿 九									
九	九	九	九	九						
shí	一 十									
十	十	十	十	十						

jiā	丶 丶 宀 宀 宀 宁 宇 家 家 家
家	家　家　家　家

yǒu	一 ナ 才 有 有 有
有	有　有　有　有

zài	一 ナ 才 在 在 在
在	在　在　在　在

bà	丶 丷 丷 父 父 爷 爸 爸
爸	爸　爸　爸　爸

mā	乚 夕 女 奵 妈 妈
妈	妈　妈　妈　妈

gē	一 丆 丌 哥 可 可 哥 哥 哥 哥
哥	哥　哥　哥　哥

dì	丶 丷 丷 弟 弟 弟 弟
弟	弟　弟　弟　弟

hé	一 二 千 千 禾 和 和 和
和	和　和　和　和

méi	丶 丶 氵 氵 沪 沿 没 没
没	没　没　没　没

jiě	乚 女 女 如 姐 姐 姐 姐									
姐	姐	姐	姐	姐						
yě	乛 九 也									
也	也	也	也	也						
mèi	乚 女 女 女 妒 妹 妹 妹									
妹	妹	妹	妹	妹						

3

nǐ qù nǎr

你 去 哪儿

Where are you going

一　根据课文内容回答问题　Answer the questions according to the text

1. "我" 在哪儿学习汉语？ _____

2. "我" 现在去哪儿？ _____

3. "我" 现在去做什么？ _____

4. "我" 在几班？ _____

5. "我们" 班有几位汉语老师？ _____

6. "我们" 班的汉语老师都是中国人吗？ _____

7. "我们" 班有多少学生？ _____

8. "我们" 班有几位女同学？ _____

9. "我们" 班有英国人吗？ _____

二　词语替换练习　Substitute the underlined words in the phrases

1. 一班　_____班　　　2. 男同学　男_____

3. 汉语　_____语　　　4. 汉语老师　_____老师

5. 学习汉语　学习_____　6. 女同学　女_____

7. 北京师范大学　_____大学　8. 去上课　去_____

三　在数量词后面写上名词　Write nouns after the quantifiers

例：十四个学生

1. 三个_____　　　　2. 四个_____

3. 五个_____　　　　4. 六个_____

5. 十五个_____　　　6. 二十个_____

7. 七十八个_____　　8. 九十九个_____

14

四 **句型替换练习** **Substitute the underlined words in the sentences**

1. 他们都是<u>中国人</u>。 → _____

2. <u>我们</u>班有三位汉语老师。 → _____

3. 我们班有<u>三位</u>汉语老师。 → _____

4. 我在<u>一</u>班。 → _____

5. 我们都学习<u>汉语</u>。 → _____

6. 我去<u>教室</u>上课。 → _____

7. <u>我</u>去教室上课。 → _____

8. 我们班有<u>十四</u>个学生。 → _____

五 **完成对话** **Complete the dialogues**

1. A：你去哪儿?
　 B：_____。

2. A：_____?
　 B：我们都学习汉语。

3. A：你去做(zuò)什么?
　 B：_____。

4. A：你们班的汉语老师是中国人吗?
　 B：_____。

5. A：_____?
　 B：我们班有九个韩国留学生。

6. A：_____?
　 B：我不在一班。

7. A：_____?
　 B：我们班有十五个学生。

8. A：_____?
　 B：我们班有九个女同学。

9. A：_____?
　 B：我们班的汉语老师都是女老师。

10. A：_____?
　 B：我们班没有美国人。

六 **选择"几"、"多少"、"哪儿"完成对话**
Complete the dialogues with "几", "多少" or "哪儿"

1. A：_____?
　 B：我家在北京。

2. A：_____?
　 B：我有一个妹妹。

3. A：_____?
　 B：厕所(cèsuǒ)在那儿。

4. A：_____?
　 B：我们班有十六个学生。

5. A: _____?
   B：我家有五口人。

6. A: _____?
   B：山下家在东京。

七 用"都"改写句子　Rewrite the sentences with "都"

例：山下是留学生，珍妮（Zhēnni）也是留学生。→ 她们都是留学生。

1. 山下是日本人，田中（Tiánzhōng）也是日本人。→ _____

2. 她妈妈是汉语老师，她爸爸也是汉语老师。→ _____

3. 他家在北京，我家也在北京。→ _____

4. 他有妹妹，我也有妹妹。→ _____

5. 他学习汉语，他弟弟也学习汉语。→ _____

6. 我在一班，他也在一班。→ _____

7. 二班有三位汉语老师，三班也有三位汉语老师。→ _____

8. 我们班没有美国人，他们班也没有美国人。→ _____

9. 他是北京师范大学留学生，我也是北京师范大学留学生。
   → _____

10. 四班的汉语老师都是女老师，五班的汉语老师也都是女老师。
    → _____

八 用汉字写出下列数字　Use Chinese characters to write the following numbers

10 _____　　14 _____　　22 _____　　39 _____

95 _____　　68 _____　　60 _____　　15 _____

84 _____　　90 _____　　59 _____　　47 _____

34 _____　　40 _____　　72 _____　　18 _____

九 根据下列声母、韵母和声调写出音节
Write the syllables according to the following initials, finals and tones

声母	韵母	声调	音节	声母	韵母	声调	音节
b	a	1	bā	d	uei	1	
d	uei	4		t	uei	3	
t	uei	1		sh	uei	4	
sh	uei	3		z	uei	4	
ch	uei	1		s	uei	4	
g	uei	4		h	uei	1	
h	uei	4		k	uei	1	

十 写出下列汉字的笔画名称（可用拼音写）
Write the names of the strokes in each character (*pinyin* may be used)

1. 我 _____
2. 九 _____
3. 人 _____
4. 语 _____
5. 课 _____
6. 国 _____
7. 有 _____
8. 词 _____
9. 谁 _____
10. 写 _____
11. 妈 _____
12. 都 _____

十一 填写合适的汉字　Fill in the blanks with proper characters

例：我是北京师范<u>大</u>学留学生。

1. 我是 _____ 本留学生。

2. 她是汉语老 _____ 。

3. 我去 _____ 室上课。

4. 我们班 _____ 五个学生。

5. 现 _____ 我去上课。

6. 你家有 _____ 口人？

7. 我 _____ 山下，_____ 京美。

8. 你们班有多 _____ 学生？

9. 他没有哥哥，_____没有弟弟。

10. _____见！

11. 他_____是中国人。

12. 我们班没有美_____人。

 十二 阅读理解 **Reading comprehension**

我是北京师范大学的日本留学生。我在二年级三班。我们班有四位汉语老师：教精读课的张老师、教会话课的黄老师、教听力课的王老师和教报刊课的汪老师。

我们班有十八个学生，我们不都是日本人，有日本人、韩国人、法国人、美国人。我们班十八个同学中有十五个女同学和三个男同学。我们都是好朋友。我们都学习汉语。

的	de	Pt	*a particle used after an attribute*
年级	niánjí	N	grade
精读	jīngdú	V	to read intensively
张	Zhāng	PN	a surname
会话	huìhuà	V	to talk, to converse
黄	Huáng	PN	a surname
听力	tīnglì	N	listening
王	Wáng	PN	a surname
报刊	bàokān	N	newspapers and magazines
汪	Wāng	PN	a surname
法国	Fǎguó	PN	France
朋友	péngyou	N	friend

判断正误（对的画○，错的画×）
Decide whether the following statements are true or false (○ for true and × for false)

1. "我"是日本人。 （   ）

2. "我"在二年级一班。 （   ）

3. "我们"班有十五个学生。 （   ）

4. "我们"班有四位老师。 （   ）

5. "我们"班报刊课的老师姓李。 （   ）

6. "我们"班没有美国人。 （   ）

7. "我们"班有三个男同学。 （   ）

8. "我们"不都学习汉语。 （   ）

十三 按笔顺书写汉字 Write the Chinese characters in the correct stroke order

qù 去	一 十 士 去 去								
	去	去	去	去					
xiàn 现	一 二 千 王 玑 玑 现 现								
	现	现	现	现					
jiào 教	一 十 土 耂 耂 孝 孝 孝 教 教								
	教	教	教	教					
shì 室	丶 宀 宀 宀 宀 宏 宏 室 室								
	室	室	室	室					
shàng 上	丨 卜 上								
	上	上	上	上					
kè 课	丶 讠 讠 训 训 训 评 课 课 课								
	课	课	课	课					
bān 班	一 二 千 王 玑 玑 玨 班 班								
	班	班	班	班					
wèi 位	丿 亻 亻 仒 伫 位 位								
	位	位	位	位					

hàn	丶 丶 氵 汊 汉
汉	汉 汉 汉 汉
yǔ	丶 讠 讠 订 订 语 语 语 语
语	语 语 语 语
lǎo	一 十 土 耂 老 老
老	老 老 老 老
shī	丨 丿 广 ㄏ ㄈ 师
师	师 师 师 师
dōu	一 十 土 耂 耂 者 者 者 都 都
都	都 都 都 都
nǚ	ㄑ 女 女
女	女 女 女 女
tóng	丨 冂 冂 同 同 同
同	同 同 同 同
nán	丨 冂 冂 用 田 甲 男
男	男 男 男 男
xí	乛 刁 习
习	习 习 习 习

duō	ノ ク ク ク 多 多									
多	多	多	多	多						
shǎo	丨 丄 小 少									
少	少	少	少	少						
dà	一 ナ 大									
大	大	大	大	大						

第四课的生词多吗

Are there many new words in Lesson 4

一 根据课文内容判断正误（对的画○，错的画 × ）

Decide whether the following statements are true or false according to the text （○ for true and × for false)

1. "我们"班的精读课老师姓李。 （　　）

2. 今天"我们"班学习第二课。 （　　）

3. 第四课在第 21 页。 （　　）

4. 第四课的汉字很难。 （　　）

5. 珍妮的句子很好。 （　　）

6. 老师请乔治读课文。 （　　）

7. 乔治的发音不好。 （　　）

8. 今天没有作业。 （　　）

9. 明天有精读课。 （　　）

10. 明天有听写。 （　　）

二 词语替换练习　Substitute the underlined words in the phrases

1. 听力课 _____课 　　2. 第四课 第_____课

3. 第 20 页 第_____页 　　4. 李老师 _____老师

5. 拼音练习 _____练习 　　6. 抄写生词 抄写_____

三 句型替换练习　Substitute the underlined words in the sentences

1. 我们今天学习第四课。 →_____

2. 请大家翻到第 20 页。 →_____

3. 请珍妮用"也"造句。 →_____

4. 请珍妮用"也"造句。 →_____

5. 精读课老师姓李。 →_____

6. 今天的作业是练习 j、q、x 的发音。 → _____

7. 珍妮的句子不错。 → _____

8. 请跟我读生词。 → _____

9. 乔治的发音不错。 → _____

10. 第四课的生词不多。 → _____

11. 第四课在精读书的第 20 页。 → _____

12. 精读课老师姓李。 → _____

13. 请用"也"造句。 → _____

14. 李老师是女老师。 → _____

四 完成对话 *Complete the dialogues*

1. A：他们（tāmen）班今天学习第几课？
   B：_____。

2. A：李老师是女老师吗？
   B：_____。

3. A：珍妮的句子好吗？
   B：_____。

4. A：今天有作业吗？
   B：_____。

5. A：_____？
   B：昨天没有精读课。

6. A：_____？
   B：明天有听写。

7. A：第四课在多少页？
   B：_____。

8. A：第四课的生词多吗？
   B：_____。

9. A：乔治的发音好吗？
   B：_____。

10. A：这个（zhège）汉字难吗？
    B：_____。

11. A：今天的作业多吗？
    B：_____。

12. A：你们班精读课老师是女老师吗？
    B：_____。

五 **完成句子** Complete the sentences

1. _____很好。   2. _____很难。

3. _____不错。   4. _____不难。

5. _____很大。   6. _____很多。

7. _____不好。   8. _____不多。

六 **用下列定中短语造句** Make sentences with the following phrases

例：女老师 → 李老师是一位女老师。

1. 日本留学生   → _____

2. 听力课   → _____

3. 汉语老师   → _____

4. 中国朋友   → _____

5. 中国菜（cài）   → _____

6. 好朋友   → _____

7. 男同学   → _____

8. 我们班   → _____

9. 妹妹的朋友   → _____

10. 珍妮的句子   → _____

11. 乔治的发音   → _____

12. 我的书   → _____

13. 朋友的书   → _____

14. 朋友的房间（fángjiān） → _____

15. 爸爸的车（chē）   → _____

16. 不错的书   → _____

七 **回答问题** Answer the questions

1. 珍妮的句子好吗？ _____

2. 他的汉语发音好吗？ _____

3. 今天的作业多吗？ _____

4. 第四课的汉字难吗？ _____

5. 你们班的男同学多吗？ _____

6. 你的房间大吗？ _____

7. 你的中国朋友多吗？ _____

8. 你朋友的汉语好吗？ _____

9. 你们学校（xuéxiào）的留学生多吗？ _____

八 **用"主语＋请＋兼语＋动词＋宾语"完成句子**
Complete the sentences with "subject+ 请 +pivotal construction+verb+object"

例：我请<u>朋友喝咖啡</u>。

1. 朋友请 _____。   2. 我请 _____。

3. 珍妮请 _____。   4. 他请 _____。

5. 乔治请 _____。   6. 山下请 _____。

7. 妹妹请 _____。   8. 弟弟请 _____。

九 **根据下列声母、韵母和声调写出音节**
Write the syllables according to the following initials, finals and tones

声母	韵母	声调	音节	声母	韵母	声调	音节
l	ü	4		l	iou	2	
n	iou	2		x	üe	3	
j	üe	2		d	iou	1	
q	ü	4		n	ü	3	
x	iou	1		l	u	4	

十 圈出下列汉字中的独体字 Circle the independent characters

例：人   你

四	再	字	好	见	男
人	不	女	五	学	家
叫	生	词	姓	汉	子

十一 写出下列每个汉字有几个偏旁 Write the number of radicals in each character

例：妈（ 2 ）

1. 有（　　） 　 2. 打（　　） 　 3. 造（　　） 　 4. 名（　　）

5. 明（　　） 　 6. 谢（　　） 　 7. 好（　　） 　 8. 句（　　）

9. 国（　　） 　 10. 写（　　） 　 11. 男（　　） 　 12. 爸（　　）

十二 写出下列汉字中和意义有关系的偏旁
Write the semantic radicals in the following characters

例：妈（ 女 ）

1. 你（　　） 　 2. 打（　　） 　 3. 妹（　　） 　 4. 家（　　）

5. 她（　　） 　 6. 教（　　） 　 7. 室（　　） 　 8. 课（　　）

9. 姓（　　） 　 10. 懂（　　） 　 11. 拼（　　） 　 12. 请（　　）

13. 吗（　　） 　 14. 读（　　） 　 15. 叫（　　） 　 16. 们（　　）

17. 作（　　） 　 18. 昨（　　）

十三 圈出正确的汉字 Circle the right characters

1. 你有（九　几）个妹妹？

2.（名　明）天有听写吗？

3.（第　弟）四课的生词不多。

4. 今天的听力课没有（做　作）业。

5. 我们今天（学　字）习了 zh、ch、sh 的发音。

6. 珍妮的句（了　子）很好。

7. 我们（跟　很）老师读课文。

8. 乔治的发（音　意）不错。

9. 她没（在　有）哥哥。

10. 她（是　足）英国（Yīngguó）人。

十四 阅读理解 Reading comprehension

王老师是我们班的会话课老师，她是一位年轻的女老师。今天王老师教我们学习第五课。上课的时候，王老师让我们读生词、造句、练习会话，很有意思。但是，我的发音不太好。会话课今天的作业是练习声母 zh、ch、sh、r、z、c、s 的发音。

位	wèi	M	*a measure word*
年轻	niánqīng	Adj	young
时候	shíhou	N	(duration of) time
让	ràng	V	to let
有意思	yǒu yìsi		interesting
但是	dànshì	Conj	but
声母	shēngmǔ	N	initial

判断正误（对的画〇，错的画 ×）

Decide whether the following statements are true or false (〇 for true and × for false)

1. 王老师教听力课。　　　　　　　　（　　）

2. 王老师是女老师。　　　　　　　　（　　）

3. "我们"上会话课不造句。　　　　　（　　）

4. "我"的韵母（yùnmǔ）发音不太好。（　　）

5. "我们"上会话课不读生词。　　　　（　　）

6. 会话课今天没有作业。　　　　　　（　　）

十五 按笔顺书写汉字 Write the Chinese characters in the correct stroke order

dì	ノ ト ⺮ ⺮ ⺮ ⺮ 竺 笃 笃 第 第
第	第　第　第　第

cí	` 讠 讠 订 订 词 词 词
词	词　词　词　词

jīng	` ` ` ⺀ 半 米 米 米 米 精 精 精 精 精
精	精　精　精　精

dú	丶 讠 讠 讠 讠 读 读 读 读 读								
读	读	读	读	读					
shū	乛 乛 书 书								
书	书	书	书	书					
yè	一 一 一 一 页 页 页								
页	页	页	页	页					
gēn	丶 丷 丷 𠯼 𠯼 𠯼 跕 跕 跟 跟 跟								
跟	跟	跟	跟	跟					
wén	丶 一 亍 文								
文	文	文	文	文					
zì	丶 丷 宀 宁 宁 字								
字	字	字	字	字					
qǐng	丶 讠 讠 讠 讠 讠 请 请 请 请								
请	请	请	请	请					
yòng	丿 冂 月 月 用								
用	用	用	用	用					
zào	丿 ㇀ 牛 生 生 告 告 告 造 造								
造	造	造	造	造					

jù	′ 勹 勺 句 句
句	句　句　句　句

zǐ	⊃ 了 子
子	子　子　子　子

hěn	′ ⁄ 彳 彳 彳 犳 很 很 很
很	很　很　很　很

yīn	` ⊥ ⊥ ⊥ 立 立 音 音 音
音	音　音　音　音

fā/fà	⌐ ⼧ 发 发 发
发	发　发　发　发

cuò	′ ⺊ ⺊ 钅 钅 钅 钅 钤 错 错 错 错
错	错　错　错　错

xiě	′ ⼍ ⼍ 写 写
写	写　写　写　写

míng	l 冂 日 日 旫 明 明 明
明	明　明　明　明

5　他是谁

tā shì shéi

他是谁

Who is he

一　根据课文内容判断正误（对的画○，错的画 × ）

Decide whether the following statements are true or false according to the text (○ for true and × for false)

1. "我"爸爸是公司职员。　　　　　　　（　　　）

2. "我"妈妈是老师。　　　　　　　　　（　　　）

3. "我"妈妈在中学教音乐。　　　　　　（　　　）

4. "我"妈妈工作不忙。　　　　　　　　（　　　）

5. "我"哥哥是大学生，他学习计算机。　（　　　）

6. "我"弟弟也是大学生。　　　　　　　（　　　）

7. "我"妈妈身体不好。　　　　　　　　（　　　）

8. 现在"我"在北京。　　　　　　　　　（　　　）

二　词语替换练习　Substitute the underlined words in the phrases

1. 计算机公司　_____公司　　2. 音乐教师　_____教师

3. 我妈妈　_____妈妈　　　　4. 大学生　_____学生

5. 中学　_____学　　　　　　6. 全家人的照片　_____照片

7. 个子很高　个子_____　　　8. 教英语　教_____

三　句型替换练习　Substitute the underlined words in the sentences

1. 现在我在北京学习汉语。　→ _____

2. 现在我在北京学习汉语。　→ _____

3. 我常常给他们打电话。　→ _____

4. 我常常给他们打电话。　→ _____

5. 我很想他们。　→ _____

6. 他工作很忙。　→ _____

30

7. 她<u>教</u>音乐。　　　　　　　→ _____

8. <u>我弟弟</u>个子很高。　　　　　→ _____

9. <u>我爸爸</u>是一家计算机公司的职员。　→ _____

10. <u>我妈妈</u>是音乐教师。　　　　→ _____

四 用下列主谓短语造句

Make sentences with the following subject-predicate phrases

例：身体很好 → 我<u>身体很好</u>。

1. 身体不错　→ _____

2. 工作很忙　→ _____

3. 学习很好　→ _____

4. 个子不高　→ _____

5. 发音不错　→ _____

五 根据画线部分选择"谁"、"几"、"多少"、"哪儿"提问

Ask questions about the underlined parts with "谁"，"几"，"多少" or "哪儿"

例：<u>我</u>是中国人。→ 谁是中国人？

1. 我家有<u>五</u>口人。　　　　→ _____

2. 我在<u>北京</u>学习汉语。　　　→ _____

3. 我们班有<u>十四</u>个学生。　　→ _____

4. 我常常给<u>爸爸妈妈</u>打电话。→ _____

5. <u>我爸爸</u>是计算机公司职员。→ _____

6. 这是<u>我爸爸</u>。　　　　　→ _____

7. 那是<u>我妈妈</u>。　　　　　→ _____

8. 我去<u>教室</u>。　　　　　　→ _____

9. <u>爸爸的公司</u>人很多。　　　→ _____

10. 我的同屋是<u>山下</u>。　　　→ _____

11. <u>我同屋</u>的汉语很好。　　　→ _____

12. 他姐姐在<u>美国</u>学习音乐。　→ _____

六　选择"在"、"给"、"教师"、"老师"填空
Choose "在", "给", "教师" or "老师" to fill in each blank

1. 他爸爸 _____ 计算机公司工作。　　2. _____，请再说一遍。

3. 他爸爸是大学 _____。　　4. 他常常 _____ 我打电话。

5. 王 _____，您好！　　6. 他朋友 _____ 北京工作。

七　圈出"常常"的正确位置　Circle the right positions for "常常"

1. A 我 B 给他们 C 打电话 D。

2. A 他 B 在教室 C 看书 D。

3. A 妈妈 B 星期六 C 给我 D 打电话。

4. 下午 A 我 B 不去 C 教室 D。

八　用"在＋名词"做状语回答问题　Answer the questions using "在＋noun" as the adverbial

例：A：你在哪儿住？

B：<u>我在留学生公寓住</u>。

1. A：你在哪儿学习汉语？　　2. A：你家在哪儿？

B：_____。　　B：_____。

3. A：你在哪儿住？　　4. A：你爸爸在哪儿工作？

B：_____。　　B：_____。

5. A：你妈妈在哪儿工作？　　6. A：你们班在哪儿上听力课？

B：_____。　　B：_____。

7. A：你常常在哪儿吃午饭？　　8. A：你常常在哪儿做作业？

B：_____。　　B：_____。

九　回答问题　Answer the questions

1. 你有哥哥吗？ _____

2. 你哥哥高吗？ _____

3. 你爸爸工作忙吗？ _____

4. 你姐姐学习什么？_____

5. 你现在在哪儿学习汉语？_____

6. 你常常给谁打电话？_____

7. 你很想谁？_____

8. 这是谁的汉语书？_____

 十 **根据下列声母、韵母和声调写出音节**
Write the syllables according to the following initials, finals and tones

声母	韵母	声调	音节	声母	韵母	声调	音节
h	uen	1		0	iang	4	
ch	uen	1		0	uo	3	
0	i	1		0	üe	4	
0	ü	3		0	in	1	
0	u	3		0	uang	2	
0	ie	4		0	ün	4	

十一 **写出下列汉字的笔顺** **Write the stroke order of the following characters**

	汉 字	笔 顺
例	三	一 二 三
1	十	
2	人	
3	你	
4	是	
5	日	
6	下	
7	班	
8	上	
9	开	
10	汉	
11	个	
12	公	

十二 组词 Make words

例：中<u>学</u>、中<u>国</u>

1. _____音、音_____   2. _____作、作_____

3. _____学、学_____   4. 教_____、教_____

5. 汉_____、汉_____   6. _____习、_____习

十三 将下列汉字按笔画数从少到多排列

Rearrange the characters based on the number of strokes in ascending order

	汉字			重新排列				汉字			重新排列		
	1	2	3	1	2	3		1	2	3	1	2	3
例	三	一	二	一	二	三	9	国	老	女			
1	一	十	三				10	男	师	汉			
2	下	人	生				11	英	美	音			
3	再	见	是				12	语	位	去			
4	你	好	我				13	会	话	听			
5	爸	妈	哥				14	字	词	句			
6	口	姐	哥				15	昨	今	明			
7	学	习	留				16	写	作	业			
8	个	四	中				17	书	多	难			

十四 阅读理解 Reading comprehension

乔治一家

乔治是美国人，他家在纽约。他家有五口人，还有一条狗。乔治的爸爸是教授，在大学教法律。乔治的妈妈是医生，在一所中学工作。乔治的爸爸妈妈工作都很忙。乔治的姐姐也是留学生，但是她不学汉语，她在法国学习绘

纽约	Niǔyuē	PN	New York
条	tiáo	M	*a measure word*
狗	gǒu	N	dog
教授	jiàoshòu	N	professor
法律	fǎlù	N	law
医生	yīshēng	N	doctor
所	suǒ	M	*a measure word*

画。乔治的哥哥是工程师，现在在北京工作。

　　乔治是大学生，现在在上海学习汉语。乔治一个人在上海，他很想家里人，常常给家里打电话。乔治也很想他的狗。他的狗很可爱，名字叫"律师"。

绘画	huìhuà	V	to paint, to draw
工程师	gōngchéngshī	N	engineer
上海	Shànghǎi	PN	name of a Chinese city
里	li	N	inner, inside
律师	lùshī	N	lawyer

判断正误（对的画○，错的画×）

Decide whether the following statements are true or false (○ for true and × for false)

1. 乔治是美国人。　　　　　　　　　　（　　　）
2. 乔治家有六口人。　　　　　　　　　（　　　）
3. 乔治的爸爸是大夫。　　　　　　　　（　　　）
4. 乔治的妈妈在中学工作。　　　　　　（　　　）
5. 乔治没有弟弟，也没有妹妹。　　　　（　　　）
6. 现在乔治的姐姐在英国学习绘画。　　（　　　）
7. 现在乔治的哥哥在中国工作。　　　　（　　　）
8. "法律"是乔治家的狗的名字。　　　　（　　　）
9. 乔治家只有乔治在中国。　　　　　　（　　　）
10. 乔治是留学生。　　　　　　　　　　（　　　）

十五 作文　Write an essay

《我爱我家》（100个字左右）

（16×7=112字）

十六 按笔顺书写汉字　Write the Chinese characters in the correct stroke order

shéi	丶 讠 讠 讠 讠 讠 诈 诈 谁 谁
谁	谁　谁　谁　谁

quán	丿 人 今 今 全 全
全	全　全　全　全

jī	一 十 才 木 机 机
机	机　机　机　机

gōng	丿 八 公 公
公	公　公　公　公

zhí	一 丁 丌 丌 丌 耳 耳 职 职 职 职
职	职　职　职　职

zuò	丿 亻 亻 亻 作 作 作
作	作　作　作　作

máng	丶 丶 忄 忄 忙 忙
忙	忙　忙　忙　忙

yuè/lè	一 厂 乐 乐 乐								
乐	乐	乐	乐	乐					
jīng	乀 乚 纟 纟 纟 经 经 经 经								
经	经	经	经	经					
jì	丶 丶 氵 氵 汀 汀 汶 济 济								
济	济	济	济	济					
gāo	丶 一 亠 古 占 古 高 高 高 高								
高	高	高	高	高					
shēn	丿 亻 仃 勹 身 身 身								
身	身	身	身	身					
tǐ	丿 亻 仁 什 什 休 体								
体	体	体	体	体					
xiǎng	一 十 才 木 札 机 相 相 相 相 想 想 想								
想	想	想	想	想					
ài	丶 丷 丷 爫 四 凹 哭 受 爱 爱								
爱	爱	爱	爱	爱					
cháng	丨 丨 丷 丷 严 岁 岁 常 常 常 常								
常	常	常	常	常					

gěi	ㄥ ㄠ ㄠ ㄠ 纟 纟 纱 纱 给 给
给	给 给 给 给

dǎ	一 十 扌 打
打	打 打 打 打

diàn	丨 冂 冂 日 电
电	电 电 电 电

huà	丶 讠 讠 讠 诂 讦 讠 话
话	话 话 话 话

6

nǐ zhù nǎr
你 住 哪 儿
Where do you live

一 **根据课文内容回答问题**   **Answer the questions according to the text**

1. "我" 的英语名字叫什么？ _____

2. "我" 的汉语名字叫什么？ _____

3. "我" 的房间号码是多少？ _____

4. "我" 的同屋是哪国人？ _____

5. "我" 的同屋学什么？ _____

6. "我" 同屋的汉语好吗？ _____

7. "我们" 房间有几台电脑？ _____

8. "我们" 房间有电视吗？ _____

9. "我们" 房间的电话号码是多少？ _____

10. "我" 和同屋每天晚上都做什么？ _____

二 **词语替换练习**   **Substitute the underlined words in the phrases**

1. <u>英语</u>名字 _____名字   2. 电<u>视</u> 电_____

3. <u>泰</u>国 _____国   4. <u>我</u>的房间 _____的房间

5. <u>中国</u>历史 _____历史   6. <u>电话</u>号码 _____号码

7. 每<u>天</u> 每_____   8. 看<u>新闻</u> 看_____

三 **句型替换练习**   **Substitute the underlined words in the sentences**

1. 我的英语名字是 <u>Younger</u>。 → _____

2. 我的<u>英语</u>名字是 <u>Younger</u>。 → _____

3. 我的房间号码是 <u>1234</u>。 → _____

4. 我同屋是<u>泰国</u>人。 → _____

5. 我每天都<u>上网</u>。 → _____

6. 他的<u>汉语</u>很好。 → _____

7. <u>他</u>的汉语很好。 → _____

8. 我们房间的电话号码是 <u>76543210</u>。 → _____

9. 我住<u>三号楼二层</u>。 → _____

10. 欢迎<u>大家</u>来我们宿舍<u>玩儿</u>。 → _____

四 选择量词 "位"、"家"、"台"、"张"、"把"、"部" 填空
Choose a proper measure word from "位","家","台","张","把" and "部" to fill in each blank

1. 一 _____ 教授   2. 一 _____ 医生

3. 一 _____ 公司   4. 一 _____ 银行（yínháng）

5. 一 _____ 桌子   6. 一 _____ 椅子

7. 一 _____ 电视   8. 一 _____ 电脑

9. 一 _____ 老师   10. 一 _____ 商店（shāngdiàn）

11. 一 _____ 电话   12. 一 _____ 钥匙（yàoshi）

五 连线，使动词和名词组成正确的搭配 **Match the verbs with the nouns**

动词	名词
姓	新闻
叫	妹妹
学习	朋友
有	电话
发	课文
打	珍妮
想	李
读	电子邮件
抄写	汉字
上	英语
看	网

六 选择 "二" 或 "两" 填空　Choose "二" or "两" to fill in each blank

1. _____ 层　　2. _____ 位老师　　3. _____ 个人

4. _____ 号楼　　5. _____ 家公司　　6. _____ 台电视

七 用 "或者" 完成句子　Complete the sentences with "或者"

1. 他在房间看书 _____。

2. 晚上她看电视 _____。

3. 我常常给家里打电话 _____。

4. 欢迎来我们宿舍玩儿 _____。

5. 他晚上上网 _____。

6. 他的房间号码是 _____。

7. 她是日本人 _____。

8. 他哥哥学习汉语 _____。

八 用 "还是" 完成对话　Complete the dialogues with "还是"

1. A：_____？　　　2. A：_____？
　 B：他是英国人。　　　　　　 B：我在二班。

3. A：_____？　　　4. A：_____？
　 B：我家在北京。　　　　　　 B：我有弟弟。

5. A：_____？　　　6. A：_____？
　 B：我住一号楼。　　　　　　 B：我的房间号码是 4321。

7. A：_____？　　　8. A：_____？
　 B：他爸爸是中学教师。　　　 B：她姐姐在美国学习音乐。

九 用 "还有" 或者 "还 + 动词" 完成句子
Complete the sentences with "还有" or "还 +verb"

1. 我有一个姐姐、一个妹妹，_____。

2. 他有日语(Rìyǔ)名字，也有英语名字，_____。

3. 我们房间有电视、电话，_____。

4. 今天我们班有精读课、会话课，_____。

5. 我们班有美国人、英国人，_____。

6. 我有一个姐姐、两个哥哥，_____。

7. 精读课老师教我们拼音、汉字，_____。

8. 今天的作业是练习发音、抄写生词，_____。

十 用"有……，还有……"介绍你的房间
Talk about your room with "有……，还有……"

_____

_____

十一 选择"也"、"还"、"或者"、"还是"填空
Choose "也"，"还"，"或者" or "还是" to fill in each blank

1. 他是日本人，我 _____ 是日本人。

2. 她住二层 _____ 三层。

3. 他家有五口人，_____ 有两条狗。

4. 我学习汉语，我妹妹 _____ 学习汉语。

5. 你在一班 _____ 在二班？

6. 你有一个弟弟 _____ 两个弟弟？

7. 她会说英语、德语（Déyǔ）、日语，_____ 会说汉语。

8. 他去教室 _____ 去图书馆（túshūguǎn）了。

9. 我想今天 _____ 明天去买电脑。

10. 她教韩语（Hányǔ）_____ 教汉语？

11. 她有一个姐姐、一个哥哥，_____ 有两个弟弟、一个妹妹。

12. 我没有姐姐，_____ 没有哥哥。

十二 用"谁的"完成对话 Complete the dialogues with "谁的"

1. A：＿＿＿＿＿＿＿？
   B：这是同屋的电脑。

2. A：＿＿＿＿＿＿＿？
   B：这是我的精读课本。

3. A：＿＿＿＿＿＿＿？
   B：他是我的同学。

4. A：＿＿＿＿＿＿＿？
   B：她是山下的同屋。

5. A：＿＿＿＿＿＿＿？
   B：那是乔治的书。

6. A：＿＿＿＿＿＿＿？
   B：这是哥哥的照片。

十三 回答问题 Answer the questions

1. 你有汉语名字吗？ ＿＿＿＿＿＿＿＿＿

2. 你的英语名字是什么？ ＿＿＿＿＿＿＿＿＿

3. 你住哪儿？ ＿＿＿＿＿＿＿＿＿

4. 你的房间在几层？ ＿＿＿＿＿＿＿＿＿

5. 你的房间是多少号？ ＿＿＿＿＿＿＿＿＿

6. 你有同屋吗？ ＿＿＿＿＿＿＿＿＿

7. 你同屋是哪国人？ ＿＿＿＿＿＿＿＿＿

8. 你的同屋有汉语名字吗？ ＿＿＿＿＿＿＿＿＿

9. 你的同屋也学习汉语吗？ ＿＿＿＿＿＿＿＿＿

10. 你的房间有几张桌子？ ＿＿＿＿＿＿＿＿＿

11. 你的房间有电视吗？ ＿＿＿＿＿＿＿＿＿

12. 你有电脑吗？ ＿＿＿＿＿＿＿＿＿

13. 你每天都上网吗？ ＿＿＿＿＿＿＿＿＿

14. 你同屋的汉语好吗？ ＿＿＿＿＿＿＿＿＿

十四 用汉字写出下列房间号和电话号码

Use characters to write the following room numbers and telephone numbers

（一）房间号

1. 3114 _____   2. 2108 _____

3. 1509 _____   4. 2711 _____

5. 103 _____   6. 786 _____

7. 301 _____   8. 2003 _____

（二）电话号码

1. 62208101 _____   2. 66511817 _____

3. 51983070 _____   4. 82203087 _____

5. 15510651608 _____   6. 13348885180 _____

7. 8610−58800396 _____   8. 8621−91861927 _____

十五 写出自己的房间号和家里的电话号码

Write your room number and residential phone number

_____   _____

十六 根据下列声母、韵母和声调写出音节

Write the syllables according to the following initials, finals and tones

声母	韵母	声调	音节	声母	韵母	声调	音节
b	a	1		j	ü	4	
m	ao	4		d	uei	4	
x	iao	3		d	uo	1	
0	uo	3		d	iou	1	
0	iou	3		sh	ei	2	
l	u	4		0	ü	2	
l	ü	4		q	ü	3	
j	ie	3		g	uo	2	

十七 写出下列汉字的笔顺　Write the stroke order of the following characters

汉　字	笔　顺
史	
小	
间	
网	
或	
欢	
迎	
号	
国	
房	
电	
两	

十八 写出下列带点汉字的拼音　Write the *pinyin* for the dotted characters

例：我是留学生（shēng）。

1. 我每天都（　　　　）上网看新闻。

2. 我的电话号码（　　　　　）是 87654321。

3. 我没有英语名字（　　　　）。

4. 他姐姐不是公司职员（　　　　　）。

5. 我们房间（　　　　）有电视。

6. 我住（　　　　）留学生宿舍。

7. 他没有同（　　　　）屋。

8. 你住哪儿（　　　　）？

9. 他每天发电子（　　　　）邮件。

10. 他身体（　　　　）不错。

十九 阅读理解 Reading comprehension

我的朋友

我的朋友叫金熙善，是韩国人。她也在北京学习汉语，她是我的同班同学。她不在学校住，她和她姐姐在学校外面的公寓住。她们的公寓有四个房间，房间里有电话、电视、空调、冰箱，还有电脑。金熙善和她姐姐都喜欢上网。她姐姐不是留学生，是一家韩国服装公司的职员。公寓是她的公司给她租的，每月房租 500 美元。金熙善的姐姐汉语很好，英语也很好。

金熙善	Jīn Xīshàn	PN	name of a person
同班	tóng bān	V//O	to study in the same class
外面	wàimian	N	outside
公寓	gōngyù	N	apartment
空调	kōngtiáo	N	air conditioner
冰箱	bīngxiāng	N	refrigerator
服装	fúzhuāng	N	clothes
租	zū	V	to rent
房租	fángzū	N	rent
美元	měiyuán	N	US dollar

判断正误（对的画○，错的画×）

Decide whether the following statements are true or false (○ for true and × for false)

1. 金熙善和她的姐姐都学习汉语。　　　　　　　　（　　）

2. 金熙善是"我"的朋友。　　　　　　　　　　　（　　）

3. 金熙善不在学校住。　　　　　　　　　　　　　（　　）

4. 她们公寓里没有空调。　　　　　　　　　　　　（　　）

5. 金熙善的姐姐喜欢上网，但是金熙善不喜欢上网。（　　）

6. 金熙善的姐姐是韩国计算机公司的职员。　　　　（　　）

7. 金熙善的姐姐是韩国公司职员，不在中国工作。　（　　）

8. 金熙善的姐姐不会说汉语。　　　　　　　　　　（　　）

9. 她们住的公寓是金熙善的姐姐买的。　　　　　　（　　）

10. 她们住的公寓每月房租是 500 美元。　　　　　（　　）

二十 按笔顺书写汉字 **Write the Chinese characters in the correct stroke order**

fáng	` ㇗ ㇆ 户 户 户 房 房								
房	房	房	房	房					
jiān	` 丶 门 门 问 问 间								
间	间	间	间	间					
hào	` 口 口 吕 号								
号	号	号	号	号					
lóu	一 十 才 才 木 术 栌 栌 栌 栐 楼 楼 楼								
楼	楼	楼	楼	楼					
céng	㇕ ㇆ 尸 尸 巳 层 层								
层	层	层	层	层					
xì	一 ㇋ 至 至 至 系 系								
系	系	系	系	系					
liǎng	一 丆 冂 冋 丙 两 两								
两	两	两	两	两					
zhāng	㇁ ㇇ 弓 弘 弘 张 张								
张	张	张	张	张					

zhuō `丶 卜 ㇏ 卢 占 卣 卓 桌 桌 桌`									
桌	桌	桌	桌	桌					
chuáng `丶 一 广 广 庐 庄 床 床`									
床	床	床	床	床					
tái `㇇ 厶 㕕 台 台 台`									
台	台	台	台	台					
cǎi `丿 ㇇ 㸚 㸚 平 采 采 彩 彩 彩`									
彩	彩	彩	彩	彩					
shì `丶 ㇇ 礻 礻 礻 视 视 视`									
视	视	视	视	视					
bù `丶 ㇐ 二 亠 立 辛 咅 咅 部 部`									
部	部	部	部	部					
měi `丿 ㇒ 亡 与 每 每 每`									
每	每	每	每	每					
wǎng `丨 冂 刀 网 网 网`									
网	网	网	网	网					
xīn `丶 ㇐ 二 亠 立 立 辛 亲 亲 亲 新 新 新`									
新	新	新	新	新					

huò	一 丆 咠 戸 豇 或 或 或
或	或 或 或 或
huān	ㄱ ㄡ ㄡ′ 歺 欢 欢
欢	欢 欢 欢 欢
yíng	′ ㇈ 卬 印 泖 迎 迎
迎	迎 迎 迎 迎

nǐ tóng wū shì nǎ guó rén

你同屋是哪国人

Which country does your roommate come from

一 根据课文内容判断正误（对的画○，错的画 ×）

Decide whether the following statements are true or false according to the text （○ for true and × for false)

1. 南希是山下的同屋。 （　　）

2. 南希的妈妈是德国人。 （　　）

3. 南希会说汉语、英语、德语、法语。 （　　）

4. 南希不学习汉语。 （　　）

5. 南希是研究生。 （　　）

6. 南希的专业是中国教育史。 （　　）

7. 南希也会说日语。 （　　）

8. 山下喜欢听音乐。 （　　）

9. 南希喜欢看电影。 （　　）

10. 山下和南希星期六、星期天常常去游览北京的名胜古迹。 （　　）

11. 她们房间有空调。 （　　）

12. 她们房间每人每天八美元。 （　　）

13. 她们很喜欢她们的房间。 （　　）

二 词语替换练习　Substitute the underlined words in the phrases

1. 看电影　　　　看＿＿＿＿＿＿　　2. 会说法语　　会说＿＿＿＿＿＿

3. 二十一岁　　＿＿＿＿＿岁　　　4. 教育学院　　＿＿＿＿＿学院

5. 研究生　　　＿＿＿＿＿生　　　6. 好朋友　　　好＿＿＿＿＿

三 句型替换练习　Substitute the underlined words in the sentences

1. 南希今年二十一岁。　　　　→ ＿＿＿＿＿＿＿＿＿＿＿

2. 她不会说日语。　　　　　　→ ＿＿＿＿＿＿＿＿＿＿＿

3. 南希经常帮助山下学习汉语。　→ ＿＿＿＿＿＿＿＿＿＿＿

4. 南希喜欢听音乐。 → _____

5. 她们住留学生第三公寓。 → _____

6. 她们房间每人每天八美元。 → _____

7. 她们房间每人每天四美元。 → _____

8. 周末她们常常去游览名胜古迹。 → _____

四 用"喜欢＋动词"完成句子 Complete the sentences with "喜欢 +verb"

1. 我 _____ 。 2. 我朋友 _____ 。

3. 我同屋 _____ 。 4. 会话课老师 _____ 。

5. 我妈妈 _____ 。 6. 他 _____ 。

7. 她朋友 _____ 。 8. 他同屋 _____ 。

五 用"俩"改写词语 Rewrite the phrases with "俩"

例：我和南希 → 我们俩

1. 姐姐和妹妹→ _____ 2. 哥哥和弟弟→ _____

3. 老师和学生→ _____ 4. 妈妈（母）和女儿（女）→ _____

5. 爸爸（父）和儿子（子）→ _____ 6. 他和他的同屋→ _____

六 完成句子 Complete the sentences

1. 周末我和同屋常常一起 _____ 。

2. 周末妈妈和爸爸常常一起 _____ 。

3. 他和他朋友常常一起 _____ 。

4. 明天我和姐姐一起 _____ 。

5. 没有课的时候，我和同屋常常一起 _____ 。

6. 我们晚上（wǎnshang）常常一起 _____ 。

7. 晚上他常常 _____ 。

8. 我早上（zǎoshang）常常 _____ 。

七 完成对话　Complete the dialogues

1. A：＿＿＿＿＿＿＿＿＿？　　　　2. A：＿＿＿＿＿＿＿＿＿？

　　B：我同屋是韩国人。　　　　　　　B：我有一个同屋。

3. A：你今年多大？　　　　　　　　4. A：你喜欢做什么？

　　B：＿＿＿＿＿＿＿＿＿。　　　　　B：＿＿＿＿＿＿＿＿＿。

5. A：你的房租每天几美元？　　　　6. A：你同屋的汉语好吗？

　　B：＿＿＿＿＿＿＿＿＿。　　　　　B：＿＿＿＿＿＿＿＿＿。

7. A：＿＿＿＿＿＿＿＿＿？　　　　8. A：＿＿＿＿＿＿＿＿＿？

　　B：我住留学生公寓三号楼。　　　　B：我不会说德语。

9. A：你会说英语吗？　　　　　　 10. A：你的房间冬天冷吗？

　　B：＿＿＿＿＿＿＿＿＿。　　　　　B：＿＿＿＿＿＿＿＿＿。

八 用"今年……岁"的形式介绍家里人的年龄
Tell the age of your family members with "今年……岁"

＿＿＿＿＿＿＿＿＿＿＿　　　　　＿＿＿＿＿＿＿＿＿＿＿

九 用"哪"完成对话　Complete the dialogues with "哪"

1. A：＿＿＿＿＿＿＿＿？　　2. A：＿＿＿＿＿＿＿＿？

　　B：我是韩国人。　　　　　　　B：我在 100 A 班。

3. A：＿＿＿＿＿＿＿＿？　　4. A：＿＿＿＿＿＿＿＿？

　　B：我在汉语文化学院学习。　　　B：那位女老师是会话课老师。

5. A：＿＿＿＿＿＿＿＿？　　6. A：＿＿＿＿＿＿＿＿？

　　B：我在北京师范大学学习。　　　B：听力课教室在教二楼。

7. A：＿＿＿＿＿＿＿＿？　　8. A：＿＿＿＿＿＿＿＿？

　　B：这台电脑是我的电脑。　　　　B：这张桌子是我的桌子。

十 完成句子　Complete the sentences

1. 爸爸经常帮助妈妈＿＿＿＿＿＿＿＿＿＿＿＿＿＿＿。

2. 妈妈经常帮助爸爸＿＿＿＿＿＿＿＿＿＿＿＿＿＿＿。

3. 我经常帮助妈妈 _____。

4. 他经常帮助我 _____。

5. 朋友经常帮助我 _____。

6. 中国朋友经常帮助我 _____。

十一 读下列词语，注意第三声的变调

Read the following words and phrases. Notice the third tone sandhi

1. 很多　hěn duō
　 很忙　hěn máng
　 很好　hěn hǎo
　 很大　hěn dà

2. 我妈妈　wǒ māma
　 我爷爷　wǒ yéye
　 我奶奶　wǒ nǎinai
　 我爸爸　wǒ bàba

3. 好车　hǎo chē
　 好人　hǎorén
　 好酒　hǎo jiǔ
　 好菜　hǎo cài

4. 两张桌子　liǎng zhāng zhuōzi
　 两台电脑　liǎng tái diànnǎo
　 两把椅子　liǎng bǎ yǐzi
　 两个衣柜　liǎng ge yīguì

十二 指出下列汉字的结构类型　**Tell the structure of the following characters**

A 左右结构　　　B 上下结构　　　C 内外结构

例：你（ A ）

1. 岁（　　　）　　2. 说（　　　）　　3. 听（　　　）　　4. 影（　　　）

5. 起（　　　）　　6. 周（　　　）　　7. 帮（　　　）　　8. 常（　　　）

9. 屋（　　　）　　10. 谁（　　　）　　11. 谢（　　　）　　12. 造（　　　）

十三 组词　**Make words**

1. _____天、_____天　　　2. _____语、_____语

3. _____字、_____字　　　4. _____子、_____子

5. _____们、_____们　　　6. _____常、_____常

7. 日_____、日_____　　　8. 电_____、电_____

9. 公_____、公_____　　　10. 同_____、同_____

11. 学_____、学_____　　　12. 房_____、房_____

十四 阅读理解 Reading comprehension

我的同学

我的同学莫丽雅是法国人，今年35岁，她已经结婚了。她丈夫是中国人，是一家法国公司的经理，现在在北京工作。他们有两个孩子，老大是儿子，今年六岁，老二是女儿，今年四岁。莫丽雅会说法语、英语，也会说一点儿汉语。她丈夫的法语很好，也会说英语。莫丽雅丈夫的妈妈不会说法语，也不会说英语，只会说汉语。莫丽雅听不懂她说话，但是莫丽雅的儿子和女儿会说汉语。在家里，大家都说汉语，莫丽雅觉得自己应该学习汉语。

现在她在一所大学学习汉语，她丈夫经常帮助她学习，她儿子、女儿有时候也帮助她练习发音，莫丽雅的汉语学习进步很快。

莫丽雅	Mò Lìyǎ	PN	name of a person
结婚	jié hūn	V//O	to marry
丈夫	zhàngfu	N	husband
经理	jīnglǐ	N	manager
孩子	háizi	N	child, kid
儿子	érzi	N	son
老二	lǎo'èr	N	the second child
女儿	nǚ'ér	N	daughter
一点儿	yìdiǎnr	Q	a little
只	zhǐ	Adv	only
懂	dǒng	V	to understand
觉得	juéde	V	to feel
应该	yīnggāi	OpV	should
有时候	yǒushíhou	Adv	sometimes
进步	jìnbù	V	to make progress

判断正误（对的画○，错的画×）

Decide whether the following statements are true or false (○ for true and × for false)

1. 莫丽雅是法国人。　　　　　　　　　　　　　　　　（　　）

2. 莫丽雅的丈夫也是法国人。　　　　　　　　　　　　（　　）

3. 莫丽雅会说法语和英语。　　　　　　　　　　　　　（　　）

4. 莫丽雅会说汉语，但是不太好。　　　　　　　　　　（　　）

5. 莫丽雅的丈夫法语很好。　　　　　　　　　　　　　（　　）

6. 莫丽雅有两个孩子。　　　　　　　　　　　　　　　（　　）

7. 莫丽雅的儿子今年四岁。　　　　　　　　　　　　　（　　）

8. 莫丽雅的女儿今年六岁。　　　　　　　　　　　　　（　　）

9. 莫丽雅的两个孩子都会说汉语。　　　　　　（　　　）

10. 莫丽雅听不懂她丈夫的妈妈说话。　　　　　（　　　）

11. 莫丽雅现在学习汉语。　　　　　　　　　　（　　　）

12. 莫丽雅的丈夫工作很忙，没有时间帮助莫丽雅学习。（　　　）

十五 作文　Write an essay

《我的朋友×××》或《我的宿舍》（150个字左右）

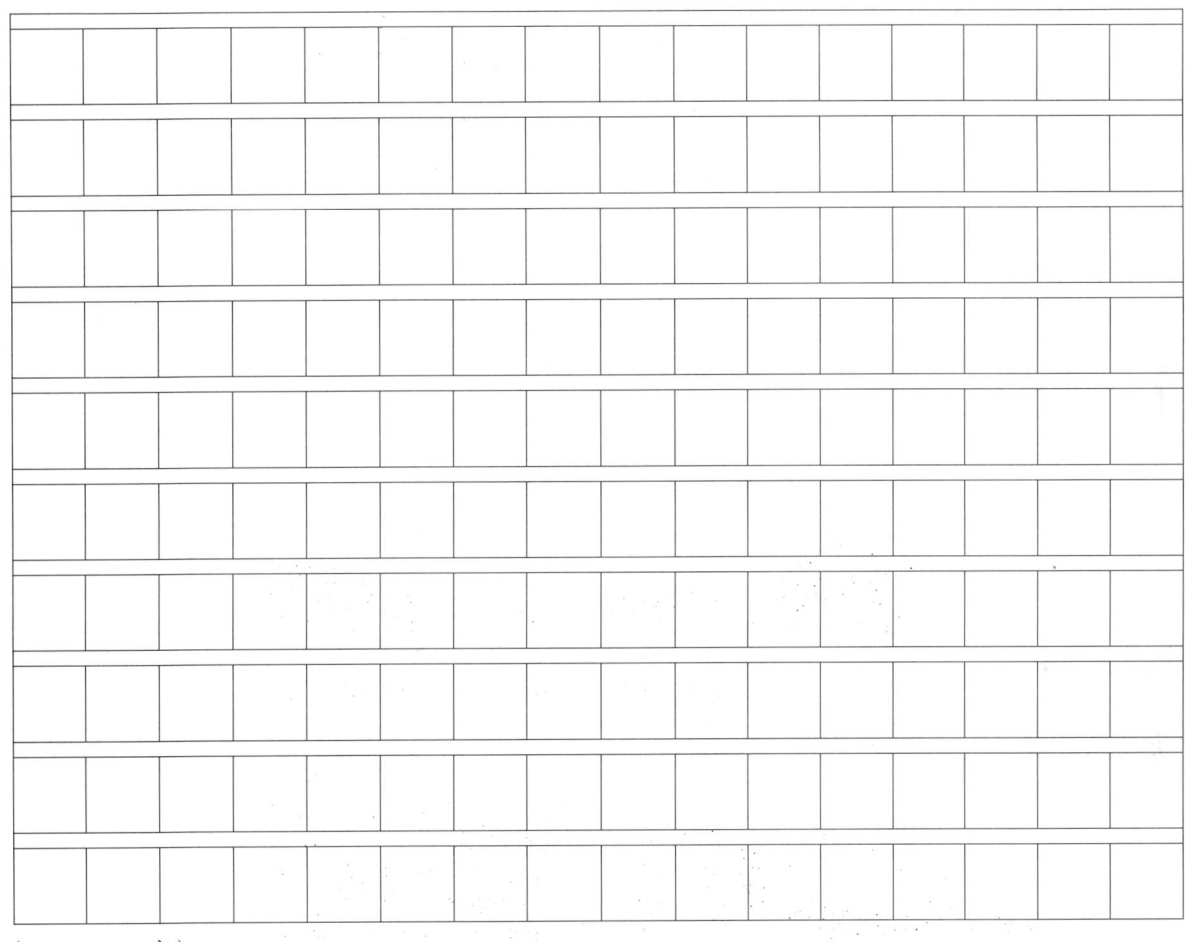

（16×10＝160字）

十六 按笔顺书写汉字　Write the Chinese characters in the correct stroke order

suì	丨 屮 屵 屵 岁 岁										
岁	岁	岁	岁	岁							
yù	丶 亠 云 云 产 育 育 育										
育	育	育	育	育								

yuàn	了 阝 阝 阝' 阽 阼 阼 院 院									
院	院	院	院	院						
bāng	一 二 三 丰 邦 邦 邦 帮 帮									
帮	帮	帮	帮	帮						
zhù	丨 冂 月 月 且 助 助									
助	助	助	助	助						
xǐ	一 十 士 吉 吉 吉 声 壴 壴 喜 喜									
喜	喜	喜	喜	喜						
kàn	一 二 三 手 看 看 看 看 看									
看	看	看	看	看						
yǐng	丶 冂 日 日 旦 旦 异 昗 景 景 景 影 影									
影	影	影	影	影						
zhōu	丿 刀 月 冃 用 用 周 周									
周	周	周	周	周						
mò	一 二 十 才 末									
末	末	末	末	末						
qǐ	一 十 土 キ キ 走 走 起 起 起									
起	起	起	起	起						

yóu	丶 丶 氵 氵 沪 沪 浐 浐 游 游 游 游
游	游 游 游 游

lǎn	丨 一 ⺌ 吵 览 吵 吵 览 览
览	览 览 览 览

kōng	丶 丷 宀 宀 穴 空 空 空
空	空 空 空 空

xià	一 一 丆 丆 百 百 百 百 戸 夏 夏
夏	夏 夏 夏 夏

rè	一 十 扌 扌 执 执 执 热 热 热
热	热 热 热 热

guì	丶 丶 口 口 中 虫 串 贵 贵
贵	贵 贵 贵 贵

mǎn	丶 丶 氵 氵 氵 汁 汼 满 满 满 满 满 满
满	满 满 满 满

bǐ	一 ｔ 比 比
比	比 比 比 比

jiào	一 ｔ 车 车 车 轩 轩 轩 较 较
较	较 较 较 较

xiàn zài jǐ diǎn
现在几点

What time is it

一 根据课文内容判断正误（对的画○，错的画×）

Decide whether the following statements are true or false according to the text（○ for true and × for false）

1. "我"每天7点起床。　　　　　　　　　　　（　　）

2. "我"8点去上课。　　　　　　　　　　　　（　　）

3. "我"11点半下课。　　　　　　　　　　　　（　　）

4. 下午"我"常常去买东西。　　　　　　　　　（　　）

5. "我"每天早上洗澡。　　　　　　　　　　　（　　）

6. "我"晚上12点睡觉。　　　　　　　　　　　（　　）

7. "我"从星期一到星期五下午都没有课。　　　（　　）

8. 星期五"我们"有听力课和精读课。　　　　　（　　）

9. "我们"星期六有时候有课。　　　　　　　　（　　）

10. "我"喜欢上汉语课。　　　　　　　　　　　（　　）

二 模仿例子，用"从……到……"造句

Make sentences with "从……到……" following the example

例：8：00 ～ 10：00　→ 我今天从8点到10点没有课。

1. 7：30 ～ 8：00　　吃早饭　　　→ ＿＿＿＿＿＿＿＿＿＿

2. 8：00 ～ 8：45　　上第一节课　→ ＿＿＿＿＿＿＿＿＿＿

3. 9：50 ～ 10：35　上第二节课　→ ＿＿＿＿＿＿＿＿＿＿

4. 11：30 ～ 12：30　吃午饭　　　→ ＿＿＿＿＿＿＿＿＿＿

5. 14：00 ～ 16：00　复习课文　　→ ＿＿＿＿＿＿＿＿＿＿

6. 20：00 ～ 21：00　看电视　　　→ ＿＿＿＿＿＿＿＿＿＿

7. 21：00 ～ 22：00　听课文录音　→ ＿＿＿＿＿＿＿＿＿＿

8. 20：15 ～ 21：30　写作业　　　→ ＿＿＿＿＿＿＿＿＿＿

三 词语替换练习 **Substitute the underlined words in the phrases**

1. 第<u>一</u>节课　　第_____节课　　2. 星期<u>一</u>　　　星期_____

3. <u>下课</u>以后　　　_____以后　　4. 留学生<u>食堂</u>　留学生_____

5. 买<u>东西</u>　　买_____　　　　6. 看<u>报纸</u>　　看_____

7. 吃<u>午饭</u>　　吃_____　　　　8. <u>午</u>饭　　_____饭

四 句型替换练习 **Substitute the underlined words in the sentences**

1. 我每天 <u>7 点</u>起床。　　　　　　　→ _____

2. 我每天晚上 <u>12 点</u>睡觉。　　　　　→ _____

3. 今天星期<u>五</u>。　　　　　　　　　　→ _____

4. <u>今天</u>星期五。　　　　　　　　　　→ _____

5. 今天我们第一、二节课上<u>听力</u>课。→ _____

6. 今天我们<u>第一、二</u>节课上听力课。→ _____

7. 我晚上 <u>7 点</u>吃晚饭。　　　　　　　→ _____

8. 下午我<u>有时候去商店买东西</u>。　　　→ _____

五 用指定词语完成句子 **Complete the sentences with the given words**

（一）但是

1. 下午我没有课，_____。

2. 他的汉语发音很好，_____。

3. 我的房间不太大，_____。

4. 爸爸工作很忙，_____。

5. 弟弟个子很高，_____。

6. 我不会说汉语，_____。

（二）有时候

1. 下午我有时候看书，_____。

2. 星期六我有时候在宿舍休息，_____。

3. 晚饭我和同屋有时候自己做，_____。

4. 午饭我有时候吃米饭，_____。

5. 网上新闻有时候有意思，_____。

6. 有时候我给朋友打电话，_____。

7. 有时候朋友来我的房间玩儿，_____。

8. 下午我有时候跑步，_____。

六 用"比较"完成句子 Complete the sentences with "比较"

例：我们班的韩国人<u>比较多</u>。

1. 他的房间 _____。 2. 她的汉语发音 _____。

3. 今天的课 _____。 4. 第八课的生词 _____。

5. 我的电脑 _____。 6. 她写的汉字 _____。

7. 我觉得听力课 _____。 8. 他家的人 _____。

七 完成对话 Complete the dialogues

1. A：现在几点？

　　B：_____。

2. A：今天星期几？

　　B：_____。

3. A：_____？

　　B：我每天6点半起床。

4. A：_____？

　　B：今天3号。

5. A：_____？

　　B：我喜欢上汉语课。

6. A：_____？

　　B：明天4号。

7. A：_____？

　　B：星期天8号。

8. A：_____？

　　B：我们班10点上听力课。

9. A：你每天几点睡觉？

　　B：_____。

10. A：你们班一个星期有几节精读课？

　　B：_____。

八 用汉字写出下列钟点 Use Chinese characters to write the time

1. 6：00 _____

2. 7：15 _____

   3. 7：30 ＿＿＿＿＿＿＿＿＿＿   4. 8：00 ＿＿＿＿＿＿＿＿＿＿

   5. 9：05 ＿＿＿＿＿＿＿＿＿＿   6. 9：58 ＿＿＿＿＿＿＿＿＿＿

   7. 10：45 ＿＿＿＿＿＿＿＿＿   8. 12：00 ＿＿＿＿＿＿＿＿＿

   9. 15：00 ＿＿＿＿＿＿＿＿＿   10. 19：00 ＿＿＿＿＿＿＿＿

   11. 13：00 ＿＿＿＿＿＿＿＿   12. 20：10 ＿＿＿＿＿＿＿＿

九 写出两个你知道的人的生日（用"……的生日是～年～月～日"）

Use "……的生日是～年～月～日" to write the birthdays of two persons you know

1. ＿＿＿＿＿＿＿＿＿＿＿＿＿＿＿＿   2. ＿＿＿＿＿＿＿＿＿＿＿＿＿＿＿＿

十 回答问题   Answer the questions

  1. 你每天几点起床？ ＿＿＿＿＿＿＿＿＿＿＿＿＿＿＿

  2. 你每天几点吃早饭？ ＿＿＿＿＿＿＿＿＿＿＿＿＿＿

  3. 你每天几点去教室上课？ ＿＿＿＿＿＿＿＿＿＿＿

  4. 你每天几点吃午饭？ ＿＿＿＿＿＿＿＿＿＿＿＿＿＿

  5. 你每天几点做作业？ ＿＿＿＿＿＿＿＿＿＿＿＿＿＿

  6. 你每天几点锻炼（duànliàn）身体？ ＿＿＿＿＿＿＿

  7. 你每天几点吃晚饭？ ＿＿＿＿＿＿＿＿＿＿＿＿＿＿

  8. 你每天几点上网？ ＿＿＿＿＿＿＿＿＿＿＿＿＿＿＿

  9. 你每天几点洗澡？ ＿＿＿＿＿＿＿＿＿＿＿＿＿＿＿

  10. 你每天几点睡觉？ ＿＿＿＿＿＿＿＿＿＿＿＿＿＿

十一 仿照例句，用"开始＋动词"造句

Make sentences with "开始＋verb" following the example

例：8：00 上课 → 我们 8：00 开始上课。

  1. 7：30 吃早饭 → ＿＿＿＿＿＿＿＿＿＿＿＿＿＿＿＿＿

  2. 12：00 吃午饭 → ＿＿＿＿＿＿＿＿＿＿＿＿＿＿＿＿

  3. 15：00 做作业 → ＿＿＿＿＿＿＿＿＿＿＿＿＿＿＿＿

4. 17：00　跑步　　→ _____

5. 18：30　吃晚饭　→ _____

6. 19：00　看电视　→ _____

7. 22：00　上网　　→ _____

8. 23：00　洗澡　　→ _____

十二 用"比较＋形容词"改写句子　Rewrite the sentences with "比较 +adjective"

例：他认识 200 个汉字，我认识 60 个汉字。

　　→ 他认识的汉字比较多。

1. 他们班有 23 个学生，我们班有 12 个学生。

　　→ _____

2. 他的电脑 8000 元（yuán）人民币（rénmínbì），我的电脑 3000 元人民币。

　　→ _____

3. 我朋友每个星期有 18 节汉语课，我每个星期有 22 节汉语课。

　　→ _____

4. 我的房租每个月 1500 元人民币，她的房租每个月 5000 元人民币。

　　→ _____

5. 爸爸每个星期工作六天，妈妈每个星期工作一天。

　　→ _____

6. 他学会了 500 个汉语词，我学会了 100 个汉语词。

　　→ _____

十三 写出"一"和"不"的拼音，注意变调

Write the *pinyin* for "一" and "不". Notice the tone sandhi

1. 一杯茶 _____ bēi chá　　　　2. 不多 _____ duō

　 一瓶水 _____ píng shuǐ　　　　 不忙 _____ máng

　 一本书 _____ běn shū　　　　　 不好 _____ hǎo

　 一辆车 _____ liàng chē　　　　 不对 _____ duì

3. 一般 _____ bān   4. 好不好 hǎo_____hǎo

   一直 _____ zhí   对不对 duì_____duì

   一起 _____ qǐ   去不去 qù_____qù

   一样 _____ yàng   是不是 shì_____shì

5. 一张照片 _____ zhāng zhàopiàn   6. 不吃 _____ chī

   一条裤子 _____ tiáo kùzi   不来 _____ lái

   一把钥匙 _____ bǎ yàoshi   不买 _____ mǎi

   一位老师 _____ wèi lǎoshī   不去 _____ qù

7. 不错 _____ cuò   8. 看一看 kàn_____kàn

   不要 _____ yào   听一听 tīng_____tīng

   不用 _____ yòng   说一说 shuō_____shuō

   不但 _____ dàn   洗一洗 xǐ_____xǐ

十四 写出下列汉字的形旁及其意义类别

Write the semantic radicals in the following characters and indicate the category each radical belongs to

例：你（亻 与人有关）

1. 依（   ）   2. 橙（   ）

3. 吃（   ）   4. 位（   ）

5. 桥（   ）   6. 侵（   ）

7. 活（   ）   8. 满（   ）

9. 根（   ）   10. 红（   ）

11. 洗（   ）   12. 说（   ）

13. 城（   ）   14. 草（   ）

15. 味（   ）   16. 忙（   ）

17. 慢（   ）   18. 打（   ）

十五 圈出形旁相同的汉字 Circle the characters with the same semantic radical

例：你 我 他 房

1. 狗 打 住 抄   2. 快 想 英 他

3. 茶 字 造 迎   4. 话 学 说 洗

5. 谁　描　姐　好　　　　6. 字　买　家　写

7. 英　草　买　字　　　　8. 冷　活　洗　话

9. 吃　时　饭　晚　　　　10. 睡　期　时　看

11. 觉　字　堂　学　　　　12. 早　晚　星　呆

十六　阅读理解　Reading comprehension

爸爸的一天

我爸爸是一家保险公司的职员。他每天早上 6：30 起床，7：45 坐地铁去公司上班。上午 9：00 到 12：00 工作。中午只有一个小时的休息时间。中午他在公司食堂吃午饭。下午 1：00 到 5：00 工作，有时候晚上还工作。爸爸常常晚上 7：30 才回家，有时候 10：00 回家。星期六、星期天爸爸不工作，他喜欢在家看电视或者睡觉。 　　我觉得工作是爸爸的最大爱好。他很忙，但是他很热爱他的工作，他也很爱妈妈和我。我喜欢爸爸。	保险　bǎoxiǎn　N　insurance 坐　zuò　V　to travel by (bus, train, etc.) 地铁　dìtiě　N　subway 上班　shàng bān　V//O to go to work 小时　xiǎoshí　N　hour 休息　xiūxi　V　to rest 才　cái　Adv　*used to indicate something happens only on a certain condition* 爱好　àihào　N　hobby 热爱　rè'ài　V　to love

填空　**Fill in the blanks**

1. 爸爸是 _____。

2. 爸爸每天 _____ 起床。

3. 爸爸上午从 _____ 到 _____ 工作。

4. 爸爸每天 _____ 下班（xià bān）。

5. 爸爸常常晚上 _____ 回家。

6. 周末爸爸喜欢 _____。

7. 爸爸工作很忙，但是他 _____。

8. 我觉得爸爸的最大爱好是 _____。

十七 作文 Write an essay

《留学生活的一天》（150 个字左右）

（16×10=160 字）

十八 按笔顺书写汉字 Write the Chinese characters in the correct stroke order

zǎo	丨 冂 冂 日 旦 早								
早	早	早	早	早					
chī	丨 冂 口 口ˊ 吃 吃								
吃	吃	吃	吃	吃					

fàn	丿 ⺈ 饣 饣 饤 饭 饭
饭	饭 饭 饭 饭
yǐ	𠄌 𠄌 以 以
以	以 以 以 以
shí	丿 人 人 今 今 今 食 食 食
食	食 食 食 食
wǔ	丿 𠂉 二 午
午	午 午 午 午
hòu	丿 亻 亻 亻 亻 亻 亻 亻 候 候
候	候 候 候 候
fù	丿 𠂉 𠂉 乍 乍 乍 复 复 复
复	复 复 复 复
yù	㇇ 乛 子 予 予 予 预 预 预 预
预	预 预 预 预
shāng	丶 亠 亠 亠 产 产 产 产 商 商 商
商	商 商 商 商
diàn	丶 亠 广 广 广 广 店 店
店	店 店 店 店

wǎn	丨 冂 冂 日 日 日' 日? 晚 晚 晚 晚
晚	晚 晚 晚 晚
zhǐ	乚 纟 纟 纟 红 纤 纸
纸	纸 纸 纸 纸
zǎo	丶 氵 氵 沪 沪 沪 沪 渭 渭 澡 澡 澡 澡
澡	澡 澡 澡 澡
shuì	丨 冂 冂 目 目 目' 旷 胩 睚 睡 睡 睡
睡	睡 睡 睡 睡
dào	一 工 云 至 至 至 到 到
到	到 到 到 到
xīng	丶 冂 冂 日 旦 旦 旱 星 星
星	星 星 星 星
qī	一 十 廿 甘 甘 其 其 其 期 期 期 期
期	期 期 期 期
jié	一 艹 艹 节 节
节	节 节 节 节
zuò	丿 亻 亻 个 什 什 估 估 做 做 做
做	做 做 做 做

nǐ de ài hào shì shén me
你的爱好是什么

What are your hobbies

△ 一 **根据课文内容回答问题**　Answer the questions according to the text

1. "我"是哪国人？ _____

2. "我"的爱好是什么？ _____

3. 来中国以后，"我"特别喜欢听什么音乐？ _____

4. 山下的爱好是什么？ _____

5. 山下特别喜欢看什么电影？ _____

6. 乔治的爱好是什么？ _____

7. 乔治的电子邮件地址是什么？ _____

8. "我们"都很喜欢谁？ _____

9. "我"在北京的留学生活愉快吗？ _____

△ 二 **词语替换练习**　Substitute the underlined words in the phrases

1. <u>篮球</u>队　_____队　　　2. <u>中国</u>电影　_____电影

3. <u>来中国</u>以前　_____以前　　4. <u>演员</u>的名字　_____的名字

5. <u>古典</u>音乐　_____音乐　　　6. <u>下课</u>以后　_____以后

7. <u>音乐</u>光盘　_____光盘　　　8. <u>篮</u>球　_____球

△ 三 **句型替换练习**　Substitute the underlined words in the sentences

1. <u>我</u>的爱好是<u>听音乐</u>。　　→ _____

2. 我觉得<u>在北京生活很愉快</u>。　→ _____

3. 我喜欢<u>听音乐</u>。　　　　　→ _____

4. 我喜欢<u>听音乐</u>。　　　　　→ _____

5. 我喜欢和<u>她</u>聊天儿。　→ _____

6. 来中国以前，我是<u>大学生</u>。　→ _____

7. 来中国以前，<u>我</u>是<u>大学生</u>。　→ _____

8. <u>他</u>以前是大学篮球队队员。　→ _____

9. <u>乔治</u>的电子邮件地址是 <u>duibudui@hanyu.cn</u>。　→ _____

10. <u>他的电子邮件地址</u>很容易记住。　→ _____

四 连线，使动词和名词组成正确的搭配　**Match the verbs with the nouns**

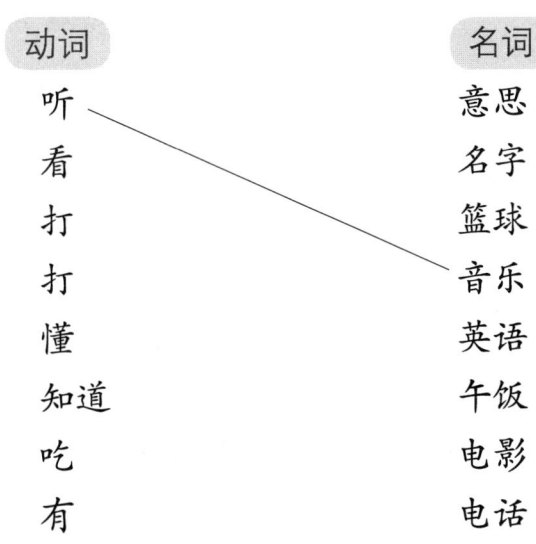

动词	名词
听	意思
看	名字
打	篮球
打	音乐
懂	英语
知道	午饭
吃	电影
有	电话

五 用"特别"完成句子　**Complete the sentences with "特别"**

1. 我喜欢吃中国菜，_____。

2. 我朋友喜欢上网，_____。

3. 我喜欢游览北京的名胜古迹，_____。

4. 我喜欢看电影，_____。

5. 我喜欢聊天儿，_____。

6. 我喜欢学习外语，_____。

7. 我喜欢打球，_____。

8. 我喜欢上汉语课，_____。

9. 我喜欢看电视，_____。

10. 他喜欢听音乐，_____。

11. 妈妈喜欢买东西，_____。

12. 爸爸喜欢看报纸，_____。

六 用"什么"完成对话 **Complete the dialogues with "什么"**

1. A：_____？
   B：我喜欢看电影。

2. A：_____？
   B：这是书。

3. A：_____？
   B：这是水。

4. A：_____？
   B：我的电子邮件地址是
   haobuhao@hanyu.cn。

5. A：_____？
   B：我买音乐光盘。

6. A：_____？
   B：我喜欢看美国电影。

7. A：_____？
   B：我叫山下京美。

8. A：_____？
   B：我同屋喜欢听古典音乐。

七 选择"特别 + 形容词"或"比较 + 形容词"改写句子
Choose "特别 +adjective" or "比较 +adjective" to rewrite the sentences

1. 他认识 3000 个汉字。 → _____

2. 他一个星期有 30 节汉语课。 → _____

3. 我的电脑 3000 元人民币。 → _____

4. 他哥哥的车 10 万 (wàn) 美元。 → _____

5. 他的宿舍每月的房租是 6000 元人民币。 → _____

6. 爸爸每个星期工作六天，晚上还常常加班 (jiā bān)。
   → _____

7. 我认识 1000 个汉字。 → _____

8. 哥哥每个星期工作五天。 → _____

八 读下列轻声词语　Read the following neutral-tone words

1. 哥哥　gēge
2. 姐姐　jiějie
3. 弟弟　dìdi
4. 妹妹　mèimei
5. 杯子　bēizi
6. 勺子　sháozi
7. 椅子　yǐzi
8. 筷子　kuàizi
9. 窗户　chuānghu
10. 头发　tóufa
11. 眼睛　yǎnjing
12. 意思　yìsi

九 读下列儿化词语　Read aloud the following words with retroflex endings

1. 一点儿　yìdiǎnr
2. 一下儿　yíxiàr
3. 一会儿　yíhuìr
4. 有点儿　yǒudiǎnr
5. 花儿　huār
6. 聊天儿　liáo tiānr
7. 饭馆儿　fànguǎnr
8. 馅儿　xiànr

十 写出下列汉字的形旁及其意义类别

Write the semantic radicals in the following characters and indicate the category each radical belongs to

1. 芒（　　　　）
2. 过（　　　　）
3. 绳（　　　　）
4. 期（　　　　）
5. 茶（　　　　）
6. 妻（　　　　）
7. 线（　　　　）
8. 妇（　　　　）
9. 睡（　　　　）
10. 裤（　　　　）
11. 家（　　　　）
12. 坡（　　　　）
13. 朝（　　　　）
14. 尘（　　　　）
15. 讲（　　　　）
16. 春（　　　　）

十一 圈出形旁相同的汉字　Circle the characters with the same semantic radical

1. 睡　安　晴　睛
2. 吗　妈　吃　汽
3. 衬　裤　袜　视
4. 胖　胃　闻　肺
5. 流　记　没　游
6. 信　住　往　什
7. 实　字　买　写
8. 灯　炒　吵　炸
9. 因　同　有　国
10. 很　银　错　饭
11. 地　现　址　话
12. 学　字　室　家

十二 阅读理解　**Reading comprehension**

中国女孩张丽

张丽是北京师范大学外语学院英国文学专业的研究生，今年23岁，是上海人。她家有五口人：爷爷、奶奶、爸爸、妈妈和她。她爸爸妈妈都是中学英语教师。张丽常常和爸爸妈妈一起看美国电影，唱英文歌，她的英语很好。她的大学专业是英语，第二外语是法语。

张丽的爷爷奶奶不会说英语、法语，也不会说普通话，只会说上海话。张丽跟爷爷、奶奶说上海话。张丽的爷爷奶奶很爱张丽，喜欢用上海话给张丽讲故事、跟她聊天儿。所以张丽会说英语、法语、普通话和上海话。

张丽的爱好是画画儿，她特别爱画穿漂亮裙子的女孩儿，可是张丽不爱穿裙子，她最喜欢穿牛仔裤。

最近张丽认识了一位在北京师范大学学习汉语的英国朋友，她常常帮助这位英国朋友学习汉语，张丽觉得教外国人学汉语很有意思。她想以后做一个教外国人学汉语的老师。

文学	wénxué	N	literature
爷爷	yéye	N	(paternal) grandfather
奶奶	nǎinai	N	(paternal) grandmother
普通话	pǔtōnghuà	N	Mandarin Chinese
画	huà	V	to draw
画儿	huàr	N	picture
穿	chuān	V	to wear
裙子	qúnzi	N	skirt
女孩儿	nǚháir	N	girl
可是	kěshì	Conj	but
最	zuì	Adv	most
牛仔裤	niúzǎikù	N	jeans
最近	zuìjìn	N	recently
认识	rènshi	V	to know
外国人	wàiguórén	N	foreigner
想	xiǎng	OpV	to want

判断正误（对的画○，错的画 ×）

Decide whether the following statements are true or false（○ for true and × for false）

1. 张丽是北京师范大学的研究生。　　（　　　）

2. 张丽的大学专业是英国文学。　　（　　　）

3. 张丽今年23岁。　　（　　　）

4. 张丽的爸爸妈妈都是大学英语教师。　　（　　　）

5. 张丽的爷爷奶奶不会说普通话。　　（　　　）

6. 张丽爱画裙子，也爱穿裙子。　　（　　　）

7. 张丽的爱好是教外国人学汉语。　　　　　　（　　）

8. 张丽会说上海话。　　　　　　　　　　　　（　　）

9. 张丽会说英语、法语、汉语。　　　　　　　（　　）

10. 张丽想以后去美国教汉语。　　　　　　　（　　）

十三 按笔顺书写汉字　Write the Chinese characters in the correct stroke order

tīng	丶 丆 口 叮 叮 听 听								
听	听	听	听	听					
tán	⁷ 弓 弓 弓 弓 弓 弓 弹 弹 弹 弹								
弹	弹	弹	弹	弹					
qín	一 二 干 王 王 珏 珏 珏 珏 琴 琴 琴								
琴	琴	琴	琴	琴					
diǎn	丨 冂 冂 由 曲 曲 典 典								
典	典	典	典	典					
liú	丶 丶 丶 氵 汀 汸 浐 浐 浐 流								
流	流	流	流	流					
tè	丿 ⺧ 牛 牛 牜 牪 特 特 特 特								
特	特	特	特	特					
zú	丶 丶 宁 方 方 扩 斺 斺 斺 族 族								
族	族	族	族	族					

pán	ノノ力力舟舟舟舟盘盘
盘	盘 盘 盘 盘
yǒng	丶丶氵氵汀汾泳泳
泳	泳 泳 泳 泳
dào	丶丷丷产产首首首道道道
道	道 道 道 道
yǎn	丶丶氵氵氵沪沪沪沪淯淯演演
演	演 演 演 演
shì	一丅亓耳写写写事
事	事 事 事 事
lán	ノト竺竺竿竿笫笫笐笐筤筤篮篮
篮	篮 篮 篮 篮
qiú	一二千王王丬玎玎球球球
球	球 球 球 球
qián	丶丷丷产产产前前前
前	前 前 前 前
piào	丶丷氵氵氵沪沪沪洒洒洒潭潭漂
漂	漂 漂 漂 漂

liàng	、 一 一 亠 亡 产 亨 亨 亮
亮	亮 亮 亮 亮
liáo	一 T 丌 丌 耳 耳 耶 耶 聊 聊
聊	聊 聊 聊 聊
yú	、 丶 忄 忄 忄 忄 忄 愉 愉 愉 愉 愉
愉	愉 愉 愉 愉
xiāng	ノ 卜 卜 竹 竹 竺 竿 笋 笋 箱 箱 箱 箱 箱
箱	箱 箱 箱 箱

zhōng guó yǒu duō shao rén
中国有多少人
What is the population of China

一　根据课文内容回答问题　Answer the questions according to the text

1. 中国的历史有多长？ _____

2. 中国在哪儿？ _____

3. 中国有多大？ _____

4. 中国的首都在哪儿？ _____

5. 中国有多少人？ _____

6. 中国有多少个民族？ _____

7. 92%的中国人是什么民族？ _____

8. 汉族人的头发是什么颜色？ _____

9. 汉语用什么记录？ _____

10. 汉语有几个声调？ _____

11. 许多外国人觉得说汉语像什么？ _____

12. 许多外国人觉得写汉字像什么？ _____

13. 普通话是汉语吗？ _____

14. 中国的广播、电视用什么语言？ _____

15. 大多数中国人都会说什么话？ _____

16. 广东话是中国的标准话吗？ _____

二　词语替换练习　Substitute the underlined words in the phrases

1. 黑头发　_____头发　　2. 黄皮肤　_____皮肤

3. 普通话　_____话　　　4. 亚洲　_____洲

5. 说<u>汉语</u>　说_____　　6. <u>汉族</u>　汉_____

7. <u>黑头发</u>　黑_____　　8. <u>黄皮肤</u>　黄_____

三 句型替换练习　**Substitute the underlined words in the sentences**

1. <u>中国</u>有 <u>960 万</u>平方公里土地。　→ _____

2. <u>北京</u>是<u>中国</u>的首都。　→ _____

3. <u>中国</u>有 <u>13 亿</u>人，<u>56</u> 个民族。　→ _____

4. <u>92</u>％的中国人是<u>汉族</u>人。　→ _____

5. <u>普通话</u>是标准<u>汉语</u>。　→ _____

6. <u>写汉字</u>像<u>画画儿</u>。　→ _____

7. 我觉得<u>说汉语像唱歌</u>。　→ _____

8. <u>大多数中国人</u>都会说<u>普通话</u>。　→ _____

9. <u>汉族人</u><u>黑头发</u>、<u>黄皮肤</u>。　→ _____

10. <u>学习汉语挺有意思的</u>。　→ _____

四 用"比如……等"完成句子　**Complete the sentences with "比如……等"**

例：中国有不少（shǎo）方言，比如上海话、广东话等。

1. 我们学校有不少外国人，_____。

2. 今天我去商店买了很多东西，_____。

3. 他的爱好很多，_____。

4. 我的房间有不少东西，_____。

5. 她有很多外国朋友，_____。

6. 他有很多外语词典（cídiǎn），_____。

7. 她会说不少方言，_____。

8. 我的房间有不少电器（diànqì），_____。

9. 他知道不少汉字形旁（xíngpáng）的意义（yìyì），_____。

五 用"挺……的"完成句子　Complete the sentences with "挺……的"

1. 他的汉语 ＿＿＿＿＿＿＿＿＿＿＿＿＿＿＿＿＿＿＿＿＿＿＿。

2. 这张音乐光盘 ＿＿＿＿＿＿＿＿＿＿＿＿＿＿＿＿＿＿＿＿。

3. 他同屋的个子 ＿＿＿＿＿＿＿＿＿＿＿＿＿＿＿＿＿＿＿＿。

4. 哥哥工作 ＿＿＿＿＿＿＿＿＿＿＿＿＿＿＿＿＿＿＿＿＿。

5. 他的房租 ＿＿＿＿＿＿＿＿＿＿＿＿＿＿＿＿＿＿＿＿＿。

6. 他妹妹学习 ＿＿＿＿＿＿＿＿＿＿＿＿＿＿＿＿＿＿＿＿。

7. 北京的冬天 ＿＿＿＿＿＿＿＿＿＿＿＿＿＿＿＿＿＿＿＿。

8. 这个菜 ＿＿＿＿＿＿＿＿＿＿＿＿＿＿＿＿＿＿＿＿＿＿。

六 根据画线部分提问　Ask questions about the underlined parts

1. 中国在亚洲东部。　→ ＿＿＿＿＿＿＿＿＿＿＿＿＿＿＿

2. 中国有五千年历史。　→ ＿＿＿＿＿＿＿＿＿＿＿＿＿＿＿

3. 中国有13亿人，56个民族。　→ ＿＿＿＿＿＿＿＿＿＿＿＿

4. 汉语用汉字记录。　→ ＿＿＿＿＿＿＿＿＿＿＿＿＿＿＿＿

5. 汉语有四个声调。　→ ＿＿＿＿＿＿＿＿＿＿＿＿＿＿＿＿

6. 北京是中国的首都。　→ ＿＿＿＿＿＿＿＿＿＿＿＿＿＿＿

7. 普通话是标准汉语。　→ ＿＿＿＿＿＿＿＿＿＿＿＿＿＿＿

8. 中国的广播电视都用普通话。　→ ＿＿＿＿＿＿＿＿＿＿＿

9. 外国人觉得说汉语像唱歌。　→ ＿＿＿＿＿＿＿＿＿＿＿＿

10. 外国人觉得写汉字像画画儿。　→ ＿＿＿＿＿＿＿＿＿＿

七 用"像"完成句子　Complete the sentences with "像"

1. 她的汉语发音很好，＿＿＿＿＿＿＿＿＿＿＿＿＿＿＿＿＿＿。

2. 她姐姐 ＿＿＿＿＿＿＿＿＿＿＿＿＿＿＿＿＿＿＿＿＿＿＿。

3. 他说汉语 ＿＿＿＿＿＿＿＿＿＿＿＿＿＿＿＿＿＿＿＿＿＿。

4. 她唱歌 ＿＿＿＿＿＿＿＿＿＿＿＿＿＿＿＿＿＿＿＿＿＿＿。

5. 她女儿不 _____。

6. 爷爷今年 80 多岁了，身体很好，不 _____。

7. 他的手机 _____。

8. 他的电脑 _____。

八 用汉字写出下列百分数　Write the following percentages using Chinese characters

1. 98 % _____ 　　2. 10 % _____

3. 2 % _____ 　　4. 5 % _____

5. 50 % _____ 　　6. 25 % _____

7. 70 % _____ 　　8. 60 % _____

9. 30 % _____ 　　10. 1 % _____

11. 80 % _____ 　　12. 85 % _____

九 用汉字写出下列数的读法　Write the following numbers using Chinese characters

例：598　　五百九十八

1. 120 _____ 　　2. 3500 _____

3. 789 _____ 　　4. 1005 _____

5. 1050 _____ 　　6. 1500 _____

7. 19000 _____ 　　8. 350000 _____

9. 8960000 _____ 　　10. 120000 _____

11. 125000 _____ 　　12. 78500000 _____

十 用阿拉伯数字改写下列数字　Rewrite the following numbers using Arabic numerals

例：七百三十五　　735

1. 三百五十 _____ 　　2. 四千五百六十八 _____

3. 五万零五十 _____ 　　4. 六十三万 _____

5. 九十二万八千三百七十八 _____ 　　6. 一百九十五万 _____

7. 八百七十六万零五百 _____ 　　8. 三千万 _____

十一 圈出符合汉语声韵拼合规律的音节（对的画○，错的画 ×）
Determine if the following phonetic spellings conform to the spelling rules of Chinese *pinyin* (○for true and × for false)

1. gī ( )		2. zhuàng ( )	
3. jào ( )		4. dèng ( )	
5. qō ( )		6. shiǎo ( )	
7. nèn ( )		8. grì ( )	
9. sīnc ( )		10. fēn ( )	
11. liàng ( )		12. zhiào ( )	
13. yō ( )		14. chūn ( )	
15. zé ( )		16. shuō ( )	

十二 写出下列汉字的形旁及其意义类别
Write the semantic radicals in the following characters and indicate the category each radical belongs to

1. 腹（　　　　）　　2. 肥（　　　　）
3. 宫（　　　　）　　4. 进（　　　　）
5. 瞧（　　　　）　　6. 衬（　　　　）
7. 被（　　　　）　　8. 溜（　　　　）
9. 宝（　　　　）　　10. 炒（　　　　）
11. 眉（　　　　）　　12. 送（　　　　）

十三 写出同音字并组词 **Write the homophones and make words**

序号	拼音	汉字1	组词	汉字2	组词
例	wǔ	五	五个	午	上午
1	shí				
2	yǒu				
3	huà				
4	zài				
5	dōng				
6	shēng				
7	diàn				
8	gōng				

续表

序号	拼音	汉字1	组词	汉字2	组词
9	gē				
10	jiào				
11	míng				
12	liú				
13	zuò				
14	zǎo				

十四 阅读理解 Reading comprehension

我的爱好

我的爱好是跑步，我特别喜欢早上一个人在公园跑步。

我家前面有一个很大的公园。公园里树很多，草地很大。早上公园里人不多。我在公园跑步的时候，可以听见小鸟在树上唱歌，可以看见小狗在草地上玩儿，还可以好好儿想想今天我要做什么。我跑得不快也不慢，每天跑一个小时，觉得很舒服。

这个公园一年四季的风景都很漂亮。春天、夏天、秋天、冬天就像四张美丽的风景画儿。春天，公园里开满了黄色的小花；夏天，树和草地更绿了；秋天，有的树叶红了，有的树叶黄了，有的还是绿的，真是漂亮极了！

我最喜欢公园的冬天。这儿冬天常常下大雪。雪后的公园，山是

公园	gōngyuán	N	park
前面	qiánmian	N	front
树	shù	N	tree
草地	cǎodì	N	lawn
时候	shíhou	N	time
可以	kěyǐ	OpV	can, may
鸟	niǎo	N	bird
快	kuài	Adj	fast
慢	màn	Adj	slow
舒服	shūfu	Adj	comfortable
四季	sìjì	N	four seasons
风景	fēngjǐng	N	scenery
春天	chūntiān	N	spring
秋天	qiūtiān	N	autumn
花	huā	N	flower
绿	lù	Adj	green
树叶	shùyè	N	leaf
红	hóng	Adj	red
极	jí	Adv	extremely
雪	xuě	N	snow
山	shān	N	hill, mountain

白的，树是白的，地也是白的。这时候我喜欢穿红色的运动服在公园里跑步，我觉得在雪地上跑步身体很健康，生活很美好。

白	bái	Adj	white
地	dì	N	ground
运动服	yùndòngfú	N	sportswear
健康	jiànkāng	Adj	healthy
美好	měihǎo	Adj	good, fine

回答问题　Answer the questions

1. "我"的爱好是什么？＿＿＿＿＿＿＿＿＿＿＿＿＿＿

2. "我"特别喜欢在哪儿跑步？＿＿＿＿＿＿＿＿＿＿

3. "我"家附近有什么？＿＿＿＿＿＿＿＿＿＿＿＿＿＿

4. 早上公园里人多吗？＿＿＿＿＿＿＿＿＿＿＿＿＿＿

5. 早上"我"跑步的时候可以听见什么？＿＿＿＿＿＿

6. 早上"我"跑步的时候可以看见什么？＿＿＿＿＿＿

7. 早上"我"跑步的时候可以好好儿想什么？＿＿＿＿

8. "我"每天跑多长时间？＿＿＿＿＿＿＿＿＿＿＿＿＿

9. "我"跑得快吗？＿＿＿＿＿＿＿＿＿＿＿＿＿＿＿＿

10. 公园的春天主要是什么颜色？＿＿＿＿＿＿＿＿＿

11. 公园的夏天主要是什么颜色？＿＿＿＿＿＿＿＿＿

12. 公园的秋天有什么颜色？＿＿＿＿＿＿＿＿＿＿＿

13. "我"最喜欢公园的哪个季节？＿＿＿＿＿＿＿＿＿

14. 在雪地上跑步"我"觉得怎么样？＿＿＿＿＿＿＿＿

十五 作文　Write an essay

《我的国家》（150个字左右）

（16×10=160字）

十六 按笔顺书写汉字 **Write the Chinese characters in the correct stroke order**

dōng	一 ナ 六 东 东								
东	东	东	东	东					
dì	一 十 土 圹 圠 地								
地	地	地	地	地					
shǒu	丶 丷 丷 产 产 产 首 首 首								
首	首	首	首	首					
hēi	丶 冂 冂 冎 四 甲 里 里 黑 黑 黑								
黑	黑	黑	黑	黑					
tóu	丶 丷 二 头 头								
头	头	头	头	头					

huáng	一 十 卄 莌 芏 节 昔 甚 黄 黄 黄								
黄	黄	黄	黄	黄					
pí	一 厂 广 皮 皮								
皮	皮	皮	皮	皮					
lù	一 ⼅ ⺕ 寻 寻 寻 录 录								
录	录	录	录	录					
xiàng	ノ 亻 亻 伫 伫 伫 侉 像 像 像 像								
像	像	像	像	像					
chàng	丨 丨 ⼞ ⼞ ⼞ 唱 唱 唱 唱 唱								
唱	唱	唱	唱	唱					
gē	一 ⼆ 丁 可 哥 哥 哥 哥 歌 歌 歌								
歌	歌	歌	歌	歌					
huà	一 ⼆ ⼓ 亩 亩 画 画 画								
画	画	画	画	画					
tǐng	一 十 才 扩 护 护 挺 挺 挺								
挺	挺	挺	挺	挺					
biāo	一 十 才 木 杧 枦 标 标 标								
标	标	标	标	标					

zhǔn	、 冫 汀 汁 汁 汁 洋 准 准 准
准	准 准 准 准

pǔ	、 、 、 、 、 产 产 产 并 普 普 普
普	普 普 普 普

tōng	、 丶 マ 丂 甬 甬 甬 诵 诵 通
通	通 通 通 通

bō	一 十 扌 扩 扩 扩 护 押 採 採 播 播 播 播
播	播 播 播 播

shù	、 ソ 、 米 米 米 娄 娄 数 数 数 数
数	数 数 数 数

yà	一 丅 丌 亓 亚 亚
亚	亚 亚 亚 亚

dān yuán cè shì yī   yī shí kè
单 元 测 试 一 （1~10课）
Unit Test 1 (Lessons 1~10)

（60分钟）

(60 minutes)

一 根据拼音写出汉字（10分，每题1分）
Write characters according to the *pinyin* (1 mark for each question with a total of 10 marks)

1. liúxuéshēng （   ）   2. xiànzài （   ）

3. jiàoshì （   ）   4. lǎoshī （   ）

5. Hànyǔ （   ）   6. shēngcí （   ）

7. kèwén （   ）   8. fāyīn （   ）

9. zuòyè （   ）   10. zhǔnbèi （   ）

二 写出下列汉字的形旁（5分，每题0.5分）
Write the semantic radical in each character (0.5 mark for each question with a total of 5 marks)

例：妈（女）

1. 家（   ）   2. 机（   ）

3. 忙（   ）   4. 吃（   ）

5. 江（   ）   6. 话（   ）

7. 打（   ）   8. 你（   ）

9. 宿（   ）   10. 近（   ）

三 根据下列声母、韵母和声调写出音节（5分，每题0.5分）
Write the syllables according to the following initials, finals and tones (0.5 mark for each question with a total of 5 marks)

序号	声母	韵母	声调	音节
例	b	a	1	bā
1	d	uei	4	
2	l	iou	2	

86

续表

序号	声母	韵母	声调	音节
3	x	iao	3	
4	q	ü	4	
5	j	üe	2	
6	0	in	1	
7	0	u	3	
8	0	uo	3	
9	0	üan	2	
10	0	ü	3	

四 在正确的音节后画○（5分，每题0.5分）

Mark ○ after the correct syllables (0.5 mark for each question with a total of 5 marks)

1. qi   （   ）   2. biaǒ   （   ）

3. yuèn （   ）   4. chūn   （   ）

5. xùn   （   ）   6. chuáng （   ）

7. jào   （   ）   8. gē   （   ）

9. zhiào （   ）   10. dōu   （   ）

五 写出下列词语的拼音（注意"一"、"不"的变调及轻声、儿化）（12分，每题1分）

Write the *pinyin* for the following words (Note the tone sandhi of "一", "不", the neutral tone and the retroflex ending) (1 mark for each question with a total of 12 marks)

1. 一张桌子 _____   2. 一位老师 _____

3. 一台电视 _____   4. 一把椅子 _____

5. 不错 _____   6. 不冷 _____

7. 一定 _____   8. 一起 _____

9. 画儿 _____   10. 哪儿 _____

11. 爸爸 _____   12. 朋友 _____

六 完成对话（12分，每题1分）

Complete the dialogues (1 mark for each question with a total of 12 marks)

1. A：_____？   2. A：_____？

   B：我不是中国人。   B：我家有三口人。

3. A：_____？   4. A：_____？

   B：我有弟弟。   B：他是我同屋。

5. A：＿＿＿＿＿＿＿＿＿＿？ 　　6. A：＿＿＿＿＿＿＿＿＿＿？

　　B：现在 12 点。 　　　　　　　B：我在一年级一班。

7. A：＿＿＿＿＿＿＿＿＿＿？ 　　8. A：＿＿＿＿＿＿＿＿＿＿？

　　B：我喜欢上网。 　　　　　　　B：我去图书馆。

9. A：＿＿＿＿＿＿＿＿＿＿？ 　　10. A：＿＿＿＿＿＿＿＿＿＿？

　　B：我爸爸身体很好。 　　　　　B：中国有 13 亿人。

11. A：＿＿＿＿＿＿＿＿＿＿？ 　　12. A：＿＿＿＿＿＿＿＿＿＿？

　　B：我去买东西。 　　　　　　　B：我喜欢听中国音乐。

七　组词成句（10 分，每题 1 分）

Make sentences with the given words (1 mark for each question with a total of 10 marks)

例：人　我　中国　是　→我是中国人。

1. 也　我　弟弟　有　没

　＿＿＿＿＿＿＿＿＿＿＿＿＿＿＿

2. 上课　教室　现在　去　我

　＿＿＿＿＿＿＿＿＿＿＿＿＿＿＿

3. 跟　请　读　课文　我

　＿＿＿＿＿＿＿＿＿＿＿＿＿＿＿

4. 姐姐　高　我　很　个子

　＿＿＿＿＿＿＿＿＿＿＿＿＿＿＿

5. 他　英语　是　大学　教师　位　一

　＿＿＿＿＿＿＿＿＿＿＿＿＿＿＿

6. 他　邮件　发　每天　电子　都

　＿＿＿＿＿＿＿＿＿＿＿＿＿＿＿

7. 哥哥　27　今年　岁

　＿＿＿＿＿＿＿＿＿＿＿＿＿＿＿

8. 我们　8 点　11 点半　上课　从　到

　＿＿＿＿＿＿＿＿＿＿＿＿＿＿＿

9. 爱好　游泳　我　是　的

　＿＿＿＿＿＿＿＿＿＿＿＿＿＿＿

10. 像　汉字　朋友　写　画　许多　画儿　外国　觉得

　＿＿＿＿＿＿＿＿＿＿＿＿＿＿＿

八　填写名词（4分，每题0.5分）
Fill in the blanks with nouns (0.5 mark for each question with a total of 4 marks)

例：一个 <u>朋友</u>

1. 一家 ＿＿＿＿＿＿＿＿　　2. 一张 ＿＿＿＿＿＿＿＿

3. 一台 ＿＿＿＿＿＿＿＿　　4. 一把 ＿＿＿＿＿＿＿＿

5. 一种 ＿＿＿＿＿＿＿＿　　6. 一片 ＿＿＿＿＿＿＿＿

7. 一位 ＿＿＿＿＿＿＿＿　　8. 一节 ＿＿＿＿＿＿＿＿

九　连线，使动词和名词组成正确的搭配（8分，每题0.5分）
Match the verbs with the nouns (0.5 mark for each question with a total of 8 marks)

动词	名词
学习 ————————————	汉语
吃	朋友
写	作文
唱	李
姓	教室
叫	电视
打	课
看	汉语
上	生词
说	早饭
听	京美
买	电子邮件
去	电话
读	东西
画	音乐
帮助	歌
发	画儿

十 选词填空（5分，每题0.5分）

Choose the right words to fill in the blanks (0.5 mark for each question with a total of 5 marks)

> 或者　还是　二　两　几　多少　经常　常常　在　给

1. 你有 _____ 个哥哥？

2. 下午我做作业 _____ 复习课文。

3. 我们房间有 _____ 个衣柜。

4. 你同屋是韩国人 _____ 日本人？

5. 你们学校有 _____ 留学生？

6. 他哥哥 _____ 德国工作。

7. 现在是七点 _____ 十五。

8. 下午我 _____ 去图书馆看书。

9. 星期天我 _____ 九点起床。

10. 我每个星期都 _____ 家里打电话。

十一 根据画线部分选择"什么"、"哪儿"、"几"、"哪"、"谁"、"谁的"提问（3分，每题0.5分）

Choose "什么"，"哪儿"，"几"，"哪"，"谁" or "谁的" to ask a question about the underlined part (0.5 mark for each question with a total of 3 marks)

1. 他是我爸爸。　　　→ _____

2. 这是同屋的电脑。　　→ _____

3. 他的爱好是看电影。　→ _____

4. 他是英国人。　　　→ _____

5. 我朋友住留学生宿舍。→ _____

6. 我家有四口人。　　→ _____

十二 用汉字写出下列数和日期的读法（5分，每题0.5分）

Write the following numbers and dates using Chinese characters (0.5 mark for each question with a total of 5 marks)

例：5%　　百分之五

1. 15 _____　　　　2. 59 _____

3. 198 _____　　　　　4. 3005 _____

5. 45000 _____　　　　6. 405 _____

7. 560 _____　　　　　8. 50 % _____

9. 99 % _____　　　　10. 2008 年 8 月 8 日 _____

十三 写出带点汉字的拼音（4 分，每题 0.5 分）

Write the *pinyin* for the dotted characters (0.5 mark for each question with a total of 4 marks)

1. 北京是中国的首都（　　　　）。

2. 他妈妈教（　　　　）汉语。

3. 我们都（　　　　）不是中国人。

4. 他的汉语发（　　　　）音不错。

5. 我爸爸身体很好（　　　　）。

6. 我觉（　　　　）得说汉语像唱歌。

7. 我朋友的爱好（　　　　）是上网。

8. 我每天 11 点睡觉（　　　　）。

十四 阅读短文后判断正误（对的画○，错的画×）（12 分，每题 1 分）

Read the passage and decide whether the following statements are true or false (○ for true and × for false) (1 mark for each question with a total of 12 marks)

美国人大卫

我叫大卫，是美国人。我家在纽约。我家有五口人：爸爸、妈妈、姐姐、妹妹和我。我爱他们。

我爸爸是律师。我妈妈是教师，在中学教音乐。他们工作都很忙。我姐姐是公司职员，我也是公司职员。我妹妹是大学生，她学习法律。

我姐姐结婚了，她丈夫是公司经理。他们有一个儿子，叫皮特，今年三岁。姐姐一家有自己的房子，不在我们家住。

现在我在北京工作，妹妹在学校住，我们家只有爸爸和妈妈两个人。

大卫　Dàwèi
PN　David

皮特　Pítè
PN　Peter

自己　zìjǐ　Pr
oneself

我是一家美国复印机公司的职员。我工作很忙，早上6：30起床，7：30坐出租车去公司上班。从星期一到星期五每天上午8：30上班，11：30下班。中午在公司食堂吃午饭。下午1：00到5：00上班。下班以后，我有时候和朋友们去公司附近的饭馆吃晚饭，有时候回家自己做美式晚餐。晚上我常常在房间上网或者看电视，11：30睡觉。星期六、星期天不工作，我喜欢去外面玩儿，比如旅游或者爬山，有时候去看朋友。我喜欢交朋友，我有不少好朋友，有中国朋友，也有外国朋友。我一个人在北京工作，很想家，也很想在美国的朋友。我经常给家里、给朋友们发电子邮件。

复印机　fùyìnjī
N　copier
出租车　chūzūchē
N　taxi
附近　fùjìn　N　near
饭馆　fànguǎn　N
restaurant
美式　měishì　Adj
of American style
晚餐　wǎncān　N
supper
旅游　lǚyóu　V
to travel
爬山　pá shān
to climb the mountain
交　jiāo　V
to associate with

1. 大卫是美国人，他家在华盛顿。 （　　　）

2. 大卫家有五口人。 （　　　）

3. 大卫的爸爸是律师。 （　　　）

4. 大卫的妈妈也是律师。 （　　　）

5. 大卫的姐姐和姐姐的丈夫都在公司工作。 （　　　）

6. 大卫的姐姐有一个女儿，今年三岁。 （　　　）

7. 大卫的妹妹是学习法律的大学生。 （　　　）

8. 大卫在北京工作。 （　　　）

9. 大卫是一家美国计算机公司的职员。 （　　　）

10. 大卫的宿舍没有计算机。 （　　　）

11. 大卫工作很忙，一天工作七个小时。 （　　　）

12. 星期六、星期天大卫都去爬山。 （　　　）

这是咖啡还是可乐

Is this coffee or coke

一 根据课文内容判断正误（对的画○，错的画 ×）

Decide whether the following statements are true or false according to the text （○ for true and × for false)

1. "我"喜欢在留学生餐厅吃饭，因为很好吃。 （　　）

2. "我"常常在饭馆吃午饭。 （　　）

3. 留学生餐厅有中国菜，也有米饭、包子、面条、饺子。 （　　）

4. 汉堡包不是中国食品。 （　　）

5. 咖喱牛肉饭是中国食品。 （　　）

6. "我"最爱吃包子，不爱吃饺子。 （　　）

7. 留学生餐厅不卖咖啡。 （　　）

8. 每天晚上"我"都自己做晚饭。 （　　）

二 词语替换练习　Substitute the underlined words in the phrases

1. 牛<u>肉</u>　　　牛_____

2. <u>中国</u>菜　　_____菜

3. <u>晚</u>饭　　_____饭

4. <u>蔬菜</u>沙拉　_____沙拉

5. <u>牛</u>肉　　_____肉

6. <u>留学生</u>餐厅　_____餐厅

7. 面包<u>夹火腿</u>　_____夹_____

8. 最<u>喜欢吃</u>的<u>菜</u>　最_____的_____

三 在中餐食品后画○　Mark ○ after Chinese food

例：饺子（○）

1. 包子 （　　）

2. 三明治（sānmíngzhì）（　　）

3. 比萨（bǐsà） （　　）

4. 沙拉 （　　）

5. 汉堡包 （　　）

6. 馒头（mántou） （　　）

7. 咖喱饭 （　　）

8. 饺子 （　　）

四 句型替换练习 **Substitute the underlined words in the sentences**

1. 我最爱吃<u>饺子</u>。 ＿＿＿＿＿＿＿＿＿＿＿＿＿＿＿＿＿

2. <u>我</u>最爱吃饺子。 ＿＿＿＿＿＿＿＿＿＿＿＿＿＿＿＿＿

3. 我最<u>爱</u>吃饺子。 ＿＿＿＿＿＿＿＿＿＿＿＿＿＿＿＿＿

4. <u>我</u>最爱<u>吃</u>饺子。 ＿＿＿＿＿＿＿＿＿＿＿＿＿＿＿＿＿

5. 我做的<u>晚饭</u>很简单。 ＿＿＿＿＿＿＿＿＿＿＿＿＿＿＿

6. 晚上我有时候<u>自己做饭</u>，有时候<u>去饭馆吃饭</u>。

＿＿＿＿＿＿＿＿＿＿＿＿＿＿＿＿＿＿＿＿＿＿＿＿＿＿＿＿＿＿＿

7. <u>晚上</u>我有时候<u>自己做饭</u>，有时候<u>去饭馆吃饭</u>。

＿＿＿＿＿＿＿＿＿＿＿＿＿＿＿＿＿＿＿＿＿＿＿＿＿＿＿＿＿＿＿

8. <u>晚上我</u>有时候<u>自己做饭</u>，有时候<u>去饭馆吃饭</u>。

＿＿＿＿＿＿＿＿＿＿＿＿＿＿＿＿＿＿＿＿＿＿＿＿＿＿＿＿＿＿＿

9. 现在我一个人离开家，在<u>中国</u>留学。 ＿＿＿＿＿＿＿＿＿＿

10. 现在我一个人离开家，在<u>中国留学</u>。 ＿＿＿＿＿＿＿＿＿＿

五 填写名词 **Fill in the blanks with nouns**

1. 一杯＿＿＿＿＿、＿＿＿＿＿　　2. 一片＿＿＿＿＿、＿＿＿＿＿

3. 一位＿＿＿＿＿、＿＿＿＿＿　　4. 一张＿＿＿＿＿、＿＿＿＿＿

5. 一顿＿＿＿＿＿、＿＿＿＿＿　　6. 一台＿＿＿＿＿、＿＿＿＿＿

六 用"（是）……还是……"完成对话
Complete the dialogues with "（是）……还是……"

1. A: ＿＿＿＿＿＿＿＿＿？　　　2. A: ＿＿＿＿＿＿＿＿＿＿？
   B: 这是包子。　　　　　　　　　B: 这是我的书。

3. A: ＿＿＿＿＿＿＿＿＿？　　　4. A: ＿＿＿＿＿＿＿＿＿＿？
   B: 这是咖啡。　　　　　　　　　B: 这是中国菜。

5. A: ＿＿＿＿＿＿＿＿＿？　　　6. A: ＿＿＿＿＿＿＿＿＿＿？
   B: 他是韩国人。　　　　　　　　B: 我在一年级四班。

7. A: _____?

　　B: 这是我同屋的计算机。

8. A: _____?

　　B: 我喜欢去饭馆吃饭。

9. A: _____?

　　B: 我住二号楼。

10. A: _____?

　　B: 我有两个弟弟。

七　用"又……又……"完成句子　Complete the dialogues with "又……又……"

1. 这个菜_____。　　2. 这个饭馆_____。

3. 他的房间_____。　　4. 她写的汉字_____。

5. 她的衣服_____。　　6. 妈妈又会做日本菜_____。

7. 他又喜欢打篮球,_____。　　8. 我今天又有精读课,_____。

9. 他又没有哥哥,_____。　　10. 南希又会说英语,_____。

八　仿照例句,用"……等……"造句

Make sentences with "……等……" following the example

例: 茶、可乐、咖啡　→ 我们买了茶、可乐、咖啡等饮料。

1. 词典、本子、铅笔　　　　　　→ _____

2. 英语、法语、西班牙语　　　　→ _____

3. 日本人、美国人、法国人　　　→ _____

4. 精读课、会话课、听力课　　　→ _____

5. 空调、电视、计算机　　　　　→ _____

6. 听音乐、看电影、上网　　　　→ _____

7. 王老师、李老师、张老师　　　→ _____

8. 英国、美国、德国　　　　　　→ _____

9. 读课文、抄写生词、准备听写　→ _____

10. 打篮球、跑步　　　　　　　　→ _____

11. 中国朋友、日本朋友、美国朋友 → _____

12. 沙拉、饺子、咖喱饭　　　　　→ _____

九　**仿照例句，将下面的两个句子合成一个用主谓短语做定语的句子**

Combine the two sentences given into one with a subject-predicate phrase as an attribute following the example

例：我买饮料。　这种饮料很贵。　→ 我买的这种饮料很贵。

1. 我看书。　这本书很有意思。

　　→ ＿＿＿＿＿＿＿＿＿＿＿＿＿＿＿＿＿＿＿＿＿＿

2. 公司租公寓。　这套（tào）公寓很贵。

　　→ ＿＿＿＿＿＿＿＿＿＿＿＿＿＿＿＿＿＿＿＿＿＿

3. 他爱吃汉堡包。　妈妈做汉堡包。

　　→ ＿＿＿＿＿＿＿＿＿＿＿＿＿＿＿＿＿＿＿＿＿＿

4. 他吃蔬菜沙拉。　他自己做蔬菜沙拉。

　　→ ＿＿＿＿＿＿＿＿＿＿＿＿＿＿＿＿＿＿＿＿＿＿

5. 我洗衣服（yīfu）。　这件（jiàn）衣服是新买的。

　　→ ＿＿＿＿＿＿＿＿＿＿＿＿＿＿＿＿＿＿＿＿＿＿

6. 我喜欢这部电影。　这部电影是中国电影。

　　→ ＿＿＿＿＿＿＿＿＿＿＿＿＿＿＿＿＿＿＿＿＿＿

7. 我写作文（zuòwén）。　作文题目（tímù）是《我的朋友》。

　　→ ＿＿＿＿＿＿＿＿＿＿＿＿＿＿＿＿＿＿＿＿＿＿

8. 他听音乐。　这张音乐光盘是流行音乐。

　　→ ＿＿＿＿＿＿＿＿＿＿＿＿＿＿＿＿＿＿＿＿＿＿

9. 朋友住第三公寓。　第三公寓是留学生公寓。

　　→ ＿＿＿＿＿＿＿＿＿＿＿＿＿＿＿＿＿＿＿＿＿＿

10. 商店卖奶酪。　这种奶酪是英国的。

　　→ ＿＿＿＿＿＿＿＿＿＿＿＿＿＿＿＿＿＿＿＿＿＿

11. 我做晚饭。　今天的晚饭是方便面。

　　→ ＿＿＿＿＿＿＿＿＿＿＿＿＿＿＿＿＿＿＿＿＿＿

12. 我喝咖啡。　这种咖啡很便宜。

→ _____

十　将下面的一般疑问句改成选择疑问句
Rewrite the following questions into alternative questions

例：你喜欢吃面条吗？　→　你喜欢吃面条还是喜欢吃米饭？

1. 乔治喜欢打篮球吗？　　　　→ _____

2. 他是韩国人吗？　　　　　　→ _____

3. 你朋友学习汉语吗？　　　　→ _____

4. 今天是星期四吗？　　　　　→ _____

5. 明天 10 点上课吗？　　　　　→ _____

6. 你的房租是每天 10 美元吗？　→ _____

7. 李老师是女老师吗？　　　　→ _____

8. 现在是 8 点半吗？　　　　　→ _____

9. 你在北京学习汉语吗？　　　→ _____

10. 南希的爸爸是法国人吗？　　→ _____

十一　用下列短语造句　**Make sentences with the following phrases**

1. 最爱吃的菜　　　　　→ _____

2. 最好的朋友　　　　　→ _____

3. 最喜欢看的电影　　　→ _____

4. 最喜欢听的音乐　　　→ _____

5. 最容易记住的汉字　　→ _____

6. 最难写的汉字　　　　→ _____

7. 最喜欢的网站（wǎngzhàn）→ _____

8. 最爱喝的饮料　　　　→ _____

十二　写出你一日三餐常吃的食品的名称　**Write the food you eat every day**

1. 早饭：_____

2. 午饭：_____

3. 晚饭：_____

十三 按 "/" 画出的停顿标记朗读下列句子
Read aloud the following sentences and pause wherever there is a "/"

例：我是 / 中国人。

1. 每天三顿饭 / 是我生活的 / 重要内容。

2. 我觉得 / 在留学生食堂吃饭 / 又方便又便宜。

3. 中国人 / 一天吃 / 三顿饭。

4. 吃晚饭 / 是家里一件 / 重要的事情（shìqing）。

5. 我的早饭 / 常常是 / 一杯牛奶、两片面包。

6. 我的一天 / 从早上七点 / 开始。

7. 我妹妹 / 特别喜欢听 / 欧洲古典音乐。

8. 她知道很多 / 美国电影演员的 / 名字和故事。

十四 写出有下列形旁的汉字并组词或短语
Write the characters with the following semantic radicals and make words or phrases

	形旁	汉字1　组词	汉字2　组词
例	忄、心	忙　很忙	想　想朋友
1	艹		
2	氵		
3	讠		
4	饣		
5	亻		
6	木		
7	口		
8	目		
9	忄		
10	女		

十五 圈出正确的汉字　**Circle the right characters**

1. 我爸爸是复印机（工　公）司的职员。

2. 他是我的中国朋（有　友）。

3. 下午他常常去商（店　电）买东西。

4. 我们房间有空调，（冬　东）天不冷，夏天不热。

5. 周末我们一起去游览北京的（名　明）胜古迹。

6. 他（再　在）房间看书。

7. 我每个星期六给家里打（电　店）话。

8. 今天没有作（业　页）。

9. 哥哥（了　个）子很高。

10. 他也爱吃（包　句）子。

11. 你去（干　千）什么？

12. 餐厅 12 点（开　井）门。

十六 阅读理解　Reading comprehension

中国人的一日三餐

中国人早饭一般在上班以前吃，午饭在上午工作结束以后吃，晚饭在下班以后吃。因此，中国人在说一天时间的时候，常常以三顿饭为标准，比如：早饭以前是早上，早饭以后、午饭以前是上午，吃午饭的时候是中午，午饭以后、晚饭以前是下午，晚饭以后是晚上。

以前，北京人的早饭常常是吃油饼、喝豆浆，上海人爱吃泡饭、咸菜。但是现在很多中国人的早饭是牛奶、面包、鸡蛋，因为早饭的营养很重要，中国人常说"早饭要吃好，午饭要吃饱，晚饭要吃少"。

中国人的早饭时间很短，大家吃了早饭都要去上班或者上学，吃得很快。午饭一般在工作单位或学

餐	cān	M	a measure word for meals
一般	yìbān	Adv	usually
结束	jiéshù	V	to finish
因此	yīncǐ	Conj	so
油饼	yóubǐng	N	deep-fried dough cake
喝	hē	V	to drink
豆浆	dòujiāng	N	soya bean milk
泡饭	pàofàn	N	cooked rice simmered in soup or water
咸菜	xiáncài	N	salted vegetable
鸡蛋	jīdàn	N	egg
因为	yīnwèi	Conj	because
营养	yíngyǎng	N	nutrition
饱	bǎo	Adj	full
短	duǎn	Adj	short
了	le	AsPt	used to indicate the completion of an action
单位	dānwèi	N	unit (as an organization, a department, etc.)

校吃，常常吃快餐。只有晚饭才有比较多的时间准备，所以晚饭常常有好吃的菜，也比较丰盛。而且吃晚饭的时候，全家人都回来了，大家经常在吃晚饭的时候谈谈自己一天的经历或感受，所以吃晚饭是家里一件重要的事情。

快餐	kuàicān	N	fast food
只有……才……		zhǐyǒu……	
cái……			only, alone
好吃	hǎochī	Adj	delicious
丰盛	fēngshèng	Adj	rich, abundant
回来	huílai	V	to be back
谈	tán	V	to talk
经历	jīnglì	N	experience
感受	gǎnshòu	N	feeling

（一）回答问题　Answer the questions

1. 中国人什么时候吃早饭？＿＿＿＿＿＿＿＿＿＿＿＿＿＿

2. 中国人什么时候吃午饭？＿＿＿＿＿＿＿＿＿＿＿＿＿＿

3. 中国人什么时候吃晚饭？＿＿＿＿＿＿＿＿＿＿＿＿＿＿

4. 以前北京人早饭爱吃什么？＿＿＿＿＿＿＿＿＿＿＿＿

5. 以前上海人早饭爱吃什么？＿＿＿＿＿＿＿＿＿＿＿＿

6. 现在很多中国人早饭吃什么？＿＿＿＿＿＿＿＿＿＿＿

7. 中国人的三顿饭还有什么意义？＿＿＿＿＿＿＿＿＿＿

8. 中国人的早饭有什么特点？＿＿＿＿＿＿＿＿＿＿＿＿

9. 午饭有什么特点？＿＿＿＿＿＿＿＿＿＿＿＿＿＿＿＿

10. 晚饭有什么特点？＿＿＿＿＿＿＿＿＿＿＿＿＿＿＿＿

11. 为什么说吃晚饭是家里一件重要的事情？＿＿＿＿＿＿

（二）填空　Fill in the blanks

1. 中国人在说一天时间的时候，常常以三顿饭为标准，比如：早上是指早饭以前，上午是指＿＿＿＿＿＿＿＿＿＿，＿＿＿＿＿＿＿＿＿＿是指吃午饭的时候，下午是指＿＿＿＿＿＿＿＿＿，晚上是指＿＿＿＿＿＿＿＿＿。

2. 以前，北京人的早饭常常吃＿＿＿＿＿＿＿＿＿，上海人的早饭常常吃＿＿＿＿＿＿＿＿＿；现在，中国人的早饭常常吃＿＿＿＿＿＿＿＿＿。

十七 按笔顺书写汉字 **Write the Chinese characters in the correct stroke order**

lí 离	丶一ナ文卤卤离离离离 离 离 离 离								
kāi 开	一二开开 开 开 开 开								
zhòng 重	一二午后百重重重重 重 重 重 重								
yào 要	一丁币币两西更要要 要 要 要 要								
nèi 内	丨冂内内 内 内 内 内								
róng 容	丶宀宀宀宀灾突突容容 容 容 容 容								
nǎi 奶	乚女女奶奶 奶 奶 奶 奶								
piàn 片	丿丿丿片片 片 片 片 片								

miàn	一 丆 丆 丙 而 而 面 面 面
面	面 面 面 面
bāo	丿 勹 勽 匀 包
包	包 包 包 包
cān	丶 卜 ⺀ 歺 歺 歺 叔 叔 叔 叔 叔 叔 叔 餐 餐 餐
餐	餐 餐 餐 餐
tīng	一 厂 厅 厅
厅	厅 厅 厅 厅
cài	一 十 艹 艹 艹 芍 芇 苹 苹 菜 菜
菜	菜 菜 菜 菜
tiáo	丿 夂 夂 冬 条 条 条
条	条 条 条 条
shū	一 十 艹 艹 艹 芢 萨 茈 莊 莊 蔬 蔬 蔬
蔬	蔬 蔬 蔬 蔬
ròu	丨 冂 内 内 肉 肉
肉	肉 肉 肉 肉
zì	丿 亻 冂 白 自 自
自	自 自 自 自

jiǎn	ノ ㇀ ㇀ ㇀ ㇀ ㇓ ㇓ 竹 竹 笧 简 简 简								
简	简	简	简	简					
dān	丶 丷 丷 丷 岂 肖 単 単								
单	单	单	单	单					
biàn	ノ 亻 亻 亻 佰 佰 佰 便 便								
便	便	便	便	便					

nǐ men yào le shén me yǐn liào
你们要了什么饮料

What would you like to drink

一 根据课文内容判断正误（对的画○，错的画 ×）

Decide whether the following statements are true or false according to the text （ ○ for true and × for false)

  1. 昨天"我"和许多朋友去饭馆吃晚饭。   （   ）

  2. 这是一家小饭馆。   （   ）

  3. 这家饭馆的菜很好吃，但是比较远。   （   ）

  4. "我"是第一次去这家饭馆吃饭。   （   ）

  5. "我们"点了两个凉菜、四个热菜。   （   ）

  6. "我们"的饮料是啤酒、果汁、可乐。   （   ）

  7. "我们"没有要点心。   （   ）

  8. "我们"的主食是饺子，因为饺子便宜。   （   ）

  9. 吃了饭"我们"还唱了歌。   （   ）

10. 昨天晚上大家都很高兴。   （   ）

二 词语替换练习 **Substitute the underlined words in the phrases**

1. 学校附近 ＿＿＿＿＿附近   2. 糖醋黄瓜 糖醋＿＿＿＿＿

3. 西红柿炒鸡蛋 ＿＿＿炒＿＿＿   4. 菜的味道 ＿＿＿＿的味道

三 句型替换练习 **Substitute the underlined words in the sentences**

1. 今天是星期五。＿＿＿＿＿＿＿＿＿＿＿＿＿＿＿＿＿＿＿

2. 我们点了两个凉菜。＿＿＿＿＿＿＿＿＿＿＿＿＿＿＿＿＿

3. 我们点了两个凉菜。＿＿＿＿＿＿＿＿＿＿＿＿＿＿＿＿＿

4. 我们要了两瓶果汁。＿＿＿＿＿＿＿＿＿＿＿＿＿＿＿＿＿

5. 大家都爱吃饺子。＿＿＿＿＿＿＿＿＿＿＿＿＿＿＿＿＿

6. 菜很好吃，啤酒也很好喝。＿＿＿＿＿＿＿＿＿＿＿＿＿＿

7. 这个菜的味道很好。＿＿＿＿＿＿＿＿＿＿＿＿＿＿＿＿

8. 这家饭馆比较小。_____

四 选择量词 "瓶"、"听"、"盘"、"家"、"顿"、"片"、"张"、"把" 填空
Choose a measure word from "瓶", "听", "盘", "家", "顿", "片", "张" and "把" to fill in each blank

1. 一_____点心　　　　2. 一_____啤酒

3. 一_____面包　　　　4. 一_____光盘

5. 一_____饭馆　　　　6. 一_____可乐

7. 一_____晚饭　　　　8. 一_____椅子

五 填写宾语　Fill in the blanks with the objects

例：有哥哥、姐姐、弟弟

1. 吃_____、_____、_____　　2. 喝_____、_____、_____

3. 上_____、_____、_____　　4. 说_____、_____、_____

5. 买_____、_____、_____　　6. 看_____、_____、_____

7. 学_____、_____、_____　　8. 听_____、_____、_____

六 仿照例句，用下列动宾短语造句
Use the following verb-object phrases to make sentences following the example

例：上课 → A：今天你上没上课？

　　　　　B：我上课了。／我没上课。

1. 吃早饭 → _____　　2. 洗衣服 → _____

3. 打电话 → _____　　4. 喝啤酒 → _____

5. 买词典 → _____　　6. 看电视 → _____

7. 发电子邮件 → _____　　8. 要果汁 → _____

9. 买光盘 → _____　　10. 点凉菜 → _____

七 用 "但是" 完成句子　Complete the sentences with "但是"

1. 我们的汉语课作业很多，_____。

2. 弟弟的房间很大，_____。

3. 我喜欢吃饺子，_____。

4. 那家饭馆的菜很好吃，_____。

5. 他今年 15 岁，_____。

6. 今天下午我没有课，_____。

7. 爸爸工作很忙，_____。

8. 他的发音很好，_____。

9. 我有一台计算机，_____。

10. 他是中国人，_____。

八 用"所以"完成句子　Complete the sentences with "所以"

1. 我很喜欢吃这个菜，_____。

2. 明天是星期六，_____。

3. 他是日本人，_____。

4. 他不会说汉语，_____。

5. 她的同屋也是韩国人，_____。

6. 他妈妈是中国人，_____。

7. 那家饭馆在学校附近，_____。

8. 她很喜欢看美国电影，_____。

9. 他是上海人，_____。

10. 我们都爱吃饺子，_____。

九 用"因为"完成句子　Complete the sentences with "因为"

1. 他会写汉字，_____。

2. 我买了一台计算机，_____。

3. 昨天晚饭我吃了很多，_____。

4. 我们今天去饭馆吃晚饭，_____。

5. 妈妈现在不工作，_____。

6. 我的房间冬天不冷，夏天不热，_____。

7._____，所以她会说汉语。

8._____，所以今天我 10 点起床。

9._____，所以我们很高兴。

10._____，所以他的汉语很好。

十 用"什么"完成对话　Complete the dialogues with "什么"

1. A：_____？
   B：我喜欢听中国音乐。

2. A：_____？
   B：我喜欢看美国电影。

3. A：_____？
   B：我的爱好是游泳。

4. A：_____？
   B：我最喜欢吃青椒肉丝。

5. A：_____？
   B：这是汉语书。

6. A：_____？
   B：他哥哥在电脑公司工作。

7. A：_____？
   B：我喜欢吃牛肉。

8. A：_____？
   B：昨天晚上我们喝了果汁。

9. A：_____？
   B：明天第一、二节是听力课。

10. A：_____？
    B：我喜欢喝茶。

11. A：_____？
    B：他姐姐是音乐教师。

12. A：_____？
    B：珍妮喜欢听古典音乐。

十一 根据画线部分提问　Ask questions about the underlined parts

1. 明天是星期六。_____

2. 昨天晚上我们去四川饭馆吃了晚饭。_____

3. 我们要了四个热菜。_____

4. 我们点了两个凉菜。_____

5. 我们没要点心。_____

6. 我们要了四瓶啤酒。_____

7. 我们的主食是面条。_____

8. 我们吃了饭还唱了卡拉 OK。_____

十二 按 "/" 画出的停顿标记朗读下列句子

Read aloud the following sentences and pause wherever there is a "/"

1. 我们点了 / 两个凉菜。

2. 我们的主食 / 是饺子，因为 / 大家都爱 / 吃饺子。

3. 晚上 / 我和三个朋友一起 / 去学校附近的 / 一家四川饭馆吃饭。

4. 中国菜 / 很好吃，但是 / 中国菜的菜名 / 很不容易 / 看懂。

5. 在饭馆点菜的 / 时候，最好请服务员（fúwùyuán）/ 帮忙（bāng máng）。

6. 她和同屋 / 在房间 / 常常不说汉语。

十三 写出有下列形旁的汉字并组词或短语

Write the characters with the following semantic radicals and make words or phrases

	形旁	汉字 1　组词	汉字 2　组词
1	土		
2	纟		
3	月		
4	钅		
5	饣		
6	亻		
7	木		
8	氵		
9	忄		
10	女		

十四 写出带点汉字的拼音 Write the *pinyin* for the dotted characters

1. 他每天晚上 12 点睡觉（　　　　　）。

2. 他朋友在上海教（　　　　　）英语。

3. 我的爱好（　　　　　）是跑步。

4. 他喜欢中国音乐（　　　　　）。

5. 这家饭馆的菜很便（　　　　　）宜。

6. 他身体很好（　　　　　）。

7. 中国人黑头发（　　　　　）、黄皮肤。

8. 我觉（　　　　　）得他是韩国人。

9. 他的汉语发（　　　）音不错。

10. 我不爱吃方便（　　）面。

中国菜的菜名

许多外国人都觉得中国菜很好吃，但是中国菜的菜名很难看懂。

中国菜的菜名一般有两方面内容，一是做菜的原料，也就是这个菜是用什么做的。比如，鸡肉、土豆、鸡蛋等。二是做菜的方法，也就是这个菜是怎么做的。比如，炒、炸、炖、烧等。

"西红柿炒鸡蛋"是一道常见的中国菜的菜名，意思是：做菜的原料是西红柿和鸡蛋，做菜的方法是"炒"。

"青椒炒肉丝"也是一道常见的中国菜的菜名，意思是：做菜的原料是青椒和猪肉，做菜的方法是"炒"。

"咖喱烧鸡块"的意思是：做菜的原料是鸡肉，做菜的方法是用咖喱烧。

中国菜里的"肉"一般是猪肉，如果不是猪肉，菜名中会写牛肉或者鸡肉等。

有的菜名在原料后面还会加上原料的形状——丝、块、片、丁等。比如，烧鸡块、炒土豆丝、辣子鸡丁等。

有的菜名里还有作料的名字，有的菜名还告诉我们味道。比如，酸辣汤、糖醋鱼、咖喱牛肉等。

有的菜名表示菜的来历、故事或比喻。比如，麻婆豆腐、宫保鸡丁、霸王

方面	fāngmiàn	N	aspect
内容	nèiróng	N	content
原料	yuánliào	N	ingredient
鸡肉	jīròu	N	chicken (as food)
方法	fāngfǎ	N	method
炸	zhá	V	to deep-fry
炖	dùn	V	to stew
烧	shāo	V	to stew after frying
猪肉	zhūròu	N	pork
后面	hòumian	N	after
形状	xíngzhuàng	N	shape
块	kuài	N	chunk
片	piàn	N	slice
丁	dīng	N	cube
辣子	làzi	N	pepper
作料	zuóliao	N	seasoning
告诉	gàosu	V	to tell
酸辣汤	suānlàtāng	N	hot and sour soup
糖醋鱼	tángcùyú	N	sweet and sour fish
表示	biǎoshì	V	to indicate
来历	láilì	N	origin
比喻	bǐyù	N	metaphor
宫保鸡丁	gōngbǎo jīdīng		Kungpao Chicken

别姬等。这种菜名有时候中国人也看不懂。所以在饭馆点菜的时候，最好的办法是请服务员帮忙。

霸王别姬　bàwáng bié jī
Broiled Chicken with Turtle

办法　bànfǎ　N　way

（一）回答问题　**Answer the questions**

1. 中国菜的菜名一般有什么内容？ _____

2. "炸"是什么意思？ _____

3. "块"是什么意思？ _____

4. "酸辣汤"是什么意思？ _____

5. 看不懂菜名的时候，最好怎么点菜？ _____

（二）填表　**Fill in the table**

菜名 Name of the dish	原料 Ingredients	做法 Cooking method	形状 Shape	味道 Flavor
西红柿炒鸡蛋 xīhóngshì chǎo jīdàn				
青椒炒肉丝 qīngjiāo chǎo ròusī				
醋炒土豆丝 cù chǎo tǔdòusī				
烧豆腐 shāo dòufu				
糖醋拌黄瓜 táng cù bàn huánggua				
土豆烧牛肉 tǔdòu shāo niúròu				

十六 按笔顺书写汉字 **Write the Chinese characters in the correct stroke order**

fù	阝 阝 阝 阝 阝 附 附							
附	附	附	附	附				
jià	丿 亻 亻 价 价 价							
价	价	价	价	价				
diǎn	丨 卜 卜 点 点 点 点 点							
点	点	点	点	点				
liáng	丶 冫 冫 广 广 沪 泸 凉 凉							
凉	凉	凉	凉	凉				
cōng	一 艹 艹 艹 艻 芴 芴 菊 葱 葱 葱							
葱	葱	葱	葱	葱				
bàn	一 十 扌 扌 扩 扝 拌 拌							
拌	拌	拌	拌	拌				
dòu	一 亠 亍 豆 戸 豆 豆							
豆	豆	豆	豆	豆				
fǔ	丶 亠 广 广 广 广 庐 庐 府 府 腐 腐 腐 腐							
腐	腐	腐	腐	腐				

táng	、 ` ´ ᐟ 十 米 米 米 粙 料 粁 精 糖 糖 糖 糖								
糖	糖	糖	糖	糖					
cù	一 厂 厂 丙 两 酉 酉 酉 酐 酢 酢 醋 醋 醋								
醋	醋	醋	醋	醋					
jiāo	一 十 才 木 杉 朾 栌 材 材 栿 柳 椒								
椒	椒	椒	椒	椒					
chǎo	、 ´ ´ 火 火 灯 炒 炒 炒								
炒	炒	炒	炒	炒					
sī	⺯ 幺 纟 丝 丝								
丝	丝	丝	丝	丝					
dàn	一 フ ア 疋 疋 疋 蛋 蛋 蛋 蛋 蛋								
蛋	蛋	蛋	蛋	蛋					
píng	、 ⺍ ⺍ 兰 羊 并 并 瓶 瓶 瓶								
瓶	瓶	瓶	瓶	瓶					
guǒ	丨 口 曰 曰 旦 甲 果 果								
果	果	果	果	果					
tāng	、 ⺀ 氵 汒 沥 汤 汤								
汤	汤	汤	汤	汤					

hē	⌐ ⌐⌐ ⌐⌐ ⌐⌐ ⌐⌐ ⌐⌐ ⌐⌐ ⌐⌐ 喝 喝 喝 喝								
喝	喝	喝	喝	喝					
zhàng	⌐ ⌐⌐ 刀 贝 贝 贝 贝 贝 账 账								
账	账	账	账	账					
zuó	⌐ ⌐⌐ 月 日 旷 昨 昨 昨 昨								
昨	昨	昨	昨	昨					

pín guǒ zěn me mài
苹 果 怎 么 卖
How much is the apple

一 根据课文内容回答问题　Answer the questions according to the text

1. "我"和谁去市场买水果？ _____

2. "我"怎么去市场买水果？ _____

3. 那个市场的水果便宜吗？ _____

4. "我"买了什么水果？ _____

5. "我"为什么没买西瓜？ _____

6. "我"一共花了多少钱？ _____

7. "我"朋友一共花了多少钱？ _____

8. 哪些水果是热带水果？ _____

9. "我们"在哪儿碰到了乔治和珍妮？ _____

10. 乔治和珍妮来这儿干什么？ _____

11. "我们"四个人在市场门口做了什么？为什么？ _____

二 词语替换练习　Substitute the underlined words in the phrases

1. <u>市场</u>大门口 _____大门口　　2. 进口的<u>水果</u>　进口的_____

三 句型替换练习　Substitute the underlined words in the sentences

1. 我骑<u>自行车</u>去市场买<u>水果</u>。 _____

2. 我<u>骑自行车</u>去市场买水果。 _____

3. 苹果<u>五块钱</u>一斤。 _____

4. 苹果五块钱<u>一斤</u>。 _____

5. <u>梨十块钱三斤</u>。 _____

6. 香蕉怎么卖？_____

7. 我们在市场大门口照了一张相。_____

8. 那个市场水果很多。_____

9. 那儿还有不少进口的水果。_____

10. 我们从市场出来的时候，在门口碰到了乔治和珍妮。_____

11. 我一共花了四十八块钱。_____

12. 这张照片是我们在中国买水果的纪念。_____

四 选择"……好吗"或者"……对吗"完成对话
Choose "……好吗" or "……对吗" to complete the dialogues

1. A: _____？   2. A: _____？
   B：好吧。   B：好吧。

3. A: _____？   4. A: _____？
   B：对。   B：对。

5. A: _____？   6. A: _____？
   B：对。   B：好吧。

7. A: _____？   8. A: _____？
   B：对。   B：好吧。

9. A: _____？   10. A: _____？
   B：是的。   B：好吧。

五 用汉字写出下列钱数 Write the following amounts of money using Chinese characters

1. 0.05 元_____   2. 0.50 元_____

3. 0.15 元_____   4. 1.50 元_____

5. 5.00 元_____   6. 5.55 元_____

7. 6.06 元_____   8. 5.50 元_____

9. 5.05 元_____   10. 8.89 元_____

11. 9.99 元_____   12. 18.80 元_____

13. 29.95 元＿＿＿＿＿＿＿＿＿＿

14. 12.08 元＿＿＿＿＿＿＿＿＿＿

15. 35.50 元＿＿＿＿＿＿＿＿＿＿

16. 159.90 元＿＿＿＿＿＿＿＿＿

17. 3500.00 元＿＿＿＿＿＿＿＿

18. 4560.90 元＿＿＿＿＿＿＿＿

19. 689.00 元＿＿＿＿＿＿＿＿＿

20. 12000 元＿＿＿＿＿＿＿＿＿＿

六 用"一共"完成对话 Complete the dialogues with "一共"

1. A：你学了多少汉字？

   B：＿＿＿＿＿＿＿＿＿＿＿。

2. A：昨天你们买了几条裙子？

   B：＿＿＿＿＿＿＿＿＿＿＿。

3. A：你们班有多少学生？

   B：＿＿＿＿＿＿＿＿＿＿＿。

4. A：你一个星期有多少节汉语课？

   B：＿＿＿＿＿＿＿＿＿＿＿。

5. A：今天的晚饭你们花了多少钱？

   B：＿＿＿＿＿＿＿＿＿＿＿。

6. A：你吃了几个包子？

   B：＿＿＿＿＿＿＿＿＿＿＿。

7. A：你发了几封（fēng）电子邮件？

   B：＿＿＿＿＿＿＿＿＿＿＿。

8. A：晚上你们喝了多少瓶啤酒？

   B：＿＿＿＿＿＿＿＿＿＿＿。

七 用"怎么"完成对话 Complete the dialogues with "怎么"

1. A：＿＿＿＿＿＿＿＿＿＿＿？

   B：葡萄两块钱一斤。

2. A：＿＿＿＿＿＿＿＿＿＿＿？

   B：这个汉字读"shí"。

3. A：＿＿＿＿＿＿＿＿＿＿＿？

   B：西瓜五块钱一个。

4. A：＿＿＿＿＿＿＿＿＿＿＿？

   B：竖（shù）、横折（héngzhé）、
   横、竖。

5. A：＿＿＿＿＿＿＿＿＿＿＿？

   B：一撇（piě）、一捺（nà）。

6. A：＿＿＿＿＿＿＿＿＿＿＿？

   B：我用英文发电子邮件。

7. A：＿＿＿＿＿＿＿＿＿＿＿？

   B：我用电话卡（kǎ）打电话。

8. A：＿＿＿＿＿＿＿＿＿＿＿？

   B：我们请服务员点菜。

9. A：＿＿＿＿＿＿＿＿＿＿＿？

   B：我们用汉语介绍自己的爱好。

10. A：＿＿＿＿＿＿＿＿＿＿＿？

    B：我骑自行车去教室上课。

八 用下列短语造句　**Make sentences with the following phrases**

1. 和……见面 _____　2. 在……见面 _____

3. 和……照相 _____　4. 在……照相 _____

5. 和……聊天儿 _____　6. 在……聊天儿 _____

7. 和……散步 _____　8. 在……散步 _____

九 用 "如……" 完成句子　**Complete the sentences with "如……"**

1. 他有不少外国朋友，_____。

2. 我喜欢吃的中国菜很多，_____。

3. 他的爱好很多，_____。

4. 南希会说很多种外语，_____。

5. 昨天我买了很多水果，_____。

6. 我爱吃的水果比较多，_____。

十 写出你常吃的 10 种水果　**Write 10 different kinds of fruit you often eat**

_____　　_____　　_____　　_____

_____　　_____　　_____　　_____

十一 按 "/" 画出的停顿标记朗读下列句子
Read aloud the following sentences and pause wherever there is a "/"

1. 我和朋友 / 骑自行车 / 去市场买了 / 很多水果。

2. 我们四个人 / 在市场大门口 / 照了一张相。

3. 我们班的 / 精读课老师 / 姓李。

4. 这张照片 / 是我们在中国 / 买水果的纪念。

5. 我每天晚上 / 都上网 / 看新闻。

6. 我觉得 / 在北京的留学生活 / 很愉快。

十二 写出有下列形旁的汉字并组词或短语

Write the characters with the following semantic radicals and make words or phrases

	形旁	汉字1　组词	汉字2　组词
1	口		
2	氵		
3	讠		
4	饣		
5	亻		
6	木		
7	囗		
8	贝		
9	宀		
10	女		

十三 圈出正确的汉字　**Circle the right characters**

1. 我喜欢吃鸡（肉　内）。

2. 他买了一个很大的（西　四）瓜。

3. 他每天去留学生餐厅吃（牛　午）饭。

4. 椰（子　了）是热带水果。

5. 欢迎（来　米）我们宿舍玩儿。

6. 他写的汉（学　字）很漂亮。

7. 他们班（考　老）师姓李。

8. （北　从）京是中国的首都。

9. 中国在亚洲东（部　陪）。

10. 中国有960（方　万）平方公里土地。

11. 我们在学校（大　太）门口碰到了朋友。

12. 这是我们在学校上汉语课的（记　纪）念。

十四 阅读理解 Reading comprehension

西红柿是水果还是蔬菜

西红柿的家在南美洲。四百多年前，一位英国人去南美洲旅行，第一次见到了西红柿。他觉得西红柿样子好看，颜色漂亮，就把西红柿带回了英国，送给英国女王做礼物。从此，女王的花园里有了西红柿。

人们都来欣赏西红柿的美丽，还给它起了一个好听的名字——"爱情苹果"。但是，还没有人吃西红柿。因为大家觉得西红柿有一种特别的气味，还和一种有毒的植物有关系。

直到一百多年前，一位勇敢的英国人第一次吃，人们才开始吃西红柿。

但是西红柿是水果还是蔬菜，人们的看法不一样。1895年，一位美国商人进口了一批西红柿。如果西红柿是水果，就不要交进口税；如果西红柿是蔬菜，就要交10%的进口税。美国商人为了不交进口税，认为西红柿是水果，因为它可以生吃；海关官员认为西红柿是蔬菜，因为它可以烹饪，人们常常在吃饭的时候吃西红柿。

南美洲	Nánměizhōu	PN	South America
旅行	lǚxíng	V	to travel
样子	yàngzi	N	appearance
好看	hǎokàn	Adj	good-looking
颜色	yánsè	N	color
送	sòng	V	to give
女王	nǚwáng	N	queen
从此	cóngcǐ	Adv	from then on
欣赏	xīnshǎng	V	to enjoy
起	qǐ	V	to give (a name)
好听	hǎotīng	Adj	pleasant to hear
爱情	àiqíng	N	love
气味	qìwèi	N	smell
毒	dú	N	toxin, poison
植物	zhíwù	N	plant
关系	guānxi	N	relation
直到	zhídào	V	until
勇敢	yǒnggǎn	Adj	brave
看法	kànfǎ	N	opinion
商人	shāngrén	N	businessman
批	pī	M	batch, lot
税	shuì	N	tax
认为	rènwéi	V	to think
生	shēng	Adj	raw, uncooked
海关	hǎiguān	N	customs
官员	guānyuán	N	official
烹饪	pēngrèn	V	to cook

最后，美国高等法院认为，西红柿是蔬菜，因为它和土豆、黄瓜一样，是和饭一起吃的，而水果是吃完饭以后吃的。所以海关还是收了这个商人的进口税。

高等　gāoděng　Adj　high, supreme
法院　fǎyuàn　N　court

而　ér　Conj　but, yet

判断正误（对的画○，错的画 ×）

Decide whether the following statements are true or false (○ for true and × for false)

1. 南美洲是西红柿的家。　　　　　　　　　　　　　　（　　）

2. 英国人觉得西红柿很好吃，所以带回了英国。　　　　（　　）

3. 西红柿还有一个好听的名字——"爱情苹果"。　　　（　　）

4. 第一个吃西红柿的人是美国人。　　　　　　　　　　（　　）

5. 美国商人认为西红柿是蔬菜。　　　　　　　　　　　（　　）

6. 美国海关官员认为西红柿是水果。　　　　　　　　　（　　）

7. 美国商人和海关官员因为交不交税而产生（chǎnshēng）了不同看法。
　　　　　　　　　　　　　　　　　　　　　　　　　　（　　）

8. 最后美国法院认为西红柿是蔬菜。　　　　　　　　　（　　）

十五 按笔顺书写汉字 **Write the Chinese characters in the correct stroke order**

píng	一 十 艹 艹 艹 苹 苹 苹
苹	苹 苹 苹 苹
chǎng	一 十 土 圹 场 场
场	场 场 场 场
jīn	一 厂 斤 斤
斤	斤 斤 斤 斤

lí	一 二 千 禾 禾 利 利 利 利 梨 梨								
梨	梨	梨	梨	梨					
xiāng	一 二 千 禾 禾 禾 香 香 香								
香	香	香	香	香					
jiāo	一 十 艹 艹 艹 芢 芢 芢 萑 萑 蕉 蕉 蕉 蕉								
蕉	蕉	蕉	蕉	蕉					
guā	一 厂 爪 瓜 瓜								
瓜	瓜	瓜	瓜	瓜					
gòng	一 十 廿 共 共 共								
共	共	共	共	共					
kuài	一 十 土 圵 圵 坱 块								
块	块	块	块	块					
yuán	一 二 亍 元								
元	元	元	元	元					
qián	丿 卜 上 钅 钅 钅 钅 钱 钱 钱								
钱	钱	钱	钱	钱					
dài	一 十 卅 卅 芇 芇 带 带 带								
带	带	带	带	带					

yē	一 十 才 木 术 机 机 相 相 棩 椰 椰								
椰	椰	椰	椰	椰					
chéng	一 十 才 木 术 术 杧 杧 杯 橙 橙 橙 橙								
橙	橙	橙	橙	橙					
táo	一 十 才 木 村 村 村 机 桃 桃								
桃	桃	桃	桃	桃					
pèng	一 丆 石 石 石 矿 矿 矿 碰 碰 碰								
碰	碰	碰	碰	碰					
zhào	丨 冂 冂 日 旷 旷 旷 照 照 照 照 照 照								
照	照	照	照	照					
jì	ㄥ ㄠ 纟 纠 纪 纪								
纪	纪	纪	纪	纪					
niàn	ノ 人 人 今 今 念 念 念								
念	念	念	念	念					
zhǒng	ノ 二 千 禾 禾 禾 和 和 种								
种	种	种	种	种					

nǐ chuān duō dà hào de niú zǎi kù
你 穿 多大号 的 牛仔裤

What size are your jeans

一　根据课文内容判断正误（对的画○，错的画 ×）
Decide whether the following statements are true or false according to the text（○ for true and × for false）

1. "我"穿28号的牛仔裤。　　　　　　　　　　　（　　）

2. "我"朋友穿29号的牛仔裤。　　　　　　　　　（　　）

3. "我"朋友喜欢黑色的牛仔裤。　　　　　　　　（　　）

4. "我"和朋友每人买了一条牛仔裤。　　　　　　（　　）

5. "我"买了一件红色的T恤衫。　　　　　　　　（　　）

6. "我"朋友也买了一件T恤衫。　　　　　　　　（　　）

7. "我"还买了运动鞋和毛衣。　　　　　　　　　（　　）

8. "我们"很满意新买的牛仔裤、T恤衫。　　　　（　　）

9. "我们"的牛仔裤、T恤衫不便宜。　　　　　　（　　）

10. "耐克"和"阿迪达斯"是世界名牌。　　　　　（　　）

二　词语替换练习　Substitute the underlined words in the phrases

1. 运动鞋　　　_____鞋　　　2. 专卖店　　　　　_____店

3. 名牌服装　　名牌_____　　4. 他卖的服装　　他卖的_____

5. 蓝色的衬衣　　_____色的衬衣　6. 耐克牌帽子　　_____牌_____

7. 真名牌　　　_____名牌　　8. 阿迪达斯的T恤衫　_____的T恤衫

三　句型替换练习　Substitute the underlined words in the sentences

1. 我穿28号的牛仔裤。_____

2. 我穿28号的牛仔裤。_____

3. 他喜欢黄色的T恤衫。_____

4. 同屋买了一件衬衣。_____

5. 他喜欢<u>黄色</u>的 <u>T 恤衫</u>。_____

6. 我们买到了自己喜欢的<u>牛仔裤</u>。_____

7. 我买了一双<u>"锐步"</u>运动鞋。_____

8. 她买的<u>裙子</u>很漂亮。_____

四 填写名词 Fill in the blanks with nouns

1. 红色的_____ 2. 蓝色的_____

3. 粉红色(fěnhóngsè)的_____ 4. 黄色的_____

5. 白色的_____ 6. 绿色(lǜsè)的_____

7. 黑色的_____ 8. 灰色(huīsè)的_____

五 填写名词 Fill in the blanks with nouns

1. 一件_____、_____ 2. 一条_____、_____

3. 一瓶_____、_____ 4. 一听_____、_____

5. 一双_____、_____ 6. 一盘_____、_____

7. 一张_____、_____ 8. 一家_____、_____

六 用"的"字短语改写句子 Rewrite the sentences with the "的" phrases

例：我的裤子 → 这条裤子是我的。

1. 黑色的书包 → _____

2. 老师的书 → _____

3. 哥哥的房间 → _____

4. 白色的 T 恤衫 → _____

5. 日本制造(zhìzào)的电视 → _____

6. 新衣服 → _____

7. 大号(dàhào)的裤子 → _____

8. 德国汽车 → _____

9. 进口水果 → _____

10. 美国电影　　　→ _____

11. 同屋的作业　　→ _____

12. 耐克的帽子　　→ _____

13. 红色的裙子　　→ _____

14. 妹妹的笔　　　→ _____

15. 英语词典　　　→ _____

16. 旧（jiù）计算机　→ _____

七　填写名词　Fill in the blanks with nouns

1. 我喜欢的_____、_____、_____、_____

2. 朋友新买的_____、_____、_____、_____

3. 他卖的_____、_____、_____、_____

4. 我点的_____、_____、_____、_____

5. 朋友送我的_____、_____、_____、_____

6. 我写的_____、_____、_____、_____

7. 她穿的_____、_____、_____、_____

8. 同屋看的_____、_____、_____、_____

八　用下列短语造句　Make sentences with the following phrases

1. 有点儿贵　　　→ _____

2. 有点儿大　　　→ _____

3. 有点儿忙　　　→ _____

4. 有点儿快　　　→ _____

5. 有点儿慢　　　→ _____

6. 有点儿小　　　→ _____

7. 有点儿远（yuǎn）→ _____

8. 有点儿累（lèi）　→ _____

9. 有点儿不高兴　　　→ _____

10. 有点儿不舒服　　　→ _____

九　完成对话　Complete the dialogues

1. A：你穿的牛仔裤多大？

　　B：_____ 。

2. A：你们国家到北京多远？

　　B：_____ 。

3. A：那家饭馆的青椒肉丝多贵？

　　B：_____ 。

4. A：你爸爸多忙？

　　B：_____ 。

十　用"的"字短语完成对话　Complete the dialogues with the "的" phrases

1. A：这台电脑是你的还是你同屋的？

　　B：_____ 。

2. A：你的电脑是新的还是旧的？

　　B：_____ 。

3. A：你喜欢耐克的运动鞋还是喜欢锐步的？

　　B：_____ 。

4. A：你喜欢蓝色的牛仔裤还是黑色的？

　　B：_____ 。

5. A：你喜欢买进口水果还是本（běn）国的水果？

　　B：_____ 。

6. A：这是你的自行车还是你朋友的？

　　B：_____ 。

7. A：_____ ？

　　B：这是我的书。

8. A：_____ ？

　　B：这是中文报纸。

9. A：_____ ？

　　B：我喜欢吃酸的。

10. A：_____ ？

　　B：这是我写的汉字。

十一 回答问题　**Answer the questions**

1. 你穿多大号的牛仔裤? _____

2. 你喜欢什么牌子的运动鞋? _____

3. 你穿多大的鞋? _____

4. 你喜欢什么颜色的牛仔裤? _____

5. 你喜欢什么牌子的牛仔裤? _____

6. 你喜欢什么颜色的衬衣? _____

7. 你喜欢什么牌子的 T 恤衫? _____

8. 你还知道哪些(nǎxiē)世界名牌? _____

十二 按 "/" 画出的停顿标记朗读下列句子
Read aloud the following sentences and pause wherever there is a "/"

1. 我穿 28 号的 / 牛仔裤，她穿 / 24 号的。

2. 他卖的服装 / 都是真名牌。

3. 最后 / 我们在一家专卖店 / 买到了 / 自己喜欢的 / 牛仔裤。

4. 我的一天 / 从早上 6 点开始。

5. 星期天 / 我和同屋一起 / 去买 / 牛仔裤。

6. 我们买的东西 / 都很 / 漂亮，也很 / 合适。

 十三 写出下列汉字的拼音并组词
Write the *pinyin* for the following characters and make words

序号	汉字	拼音	组词
例	学	xué	学习、学校
1	牛		
2	午		
3	名		
4	各		
5	白		
6	自		
7	音		
8	意		

续表

序号	汉字	拼音	组词
9	西		
10	四		
11	车		
12	东		

十四 圈出形旁相同的汉字 Circle the characters with the same semantic radical in each group

例：你 我 他 房 得

1. 裤 帽 顶 衬 红
2. 价 件 服 裙 运
3. 适 视 袜 迎 逛
4. 蕉 念 照 想 快
5. 语 冷 话 活 词
6. 造 洗 这 近 建
7. 板 饭 钱 很 馆
8. 鞋 桃 椰 聊 梨
9. 蓝 黑 红 黄 苹
10. 草 莓 芒 蕉 带
11. 饭 饺 钣 馆 馒
12. 现 城 场 墙 顷

十五 阅读理解 Reading comprehension

鞋的尺码

在中国，鞋子的尺码用"公分"表示，也常说"号"。如 23 号，意思就是 23 公分长的鞋。鞋的宽度单位是"E"，一般的鞋是"3E"，或者写成"EEE"。

如果鞋上写着"24 EE"，意思就是这双鞋长度是 24 公分，比较瘦。不过中国生产的鞋常常不写宽度单位。

在美国，鞋子的尺码也用"号"表示。但是，美国鞋子的"号"和中国鞋子的"号"不一样，9 号的美国鞋等于 25.5 号的中国鞋，美国用 S、M、L 表示鞋的宽度。在韩国，鞋子的尺码也用"号"，但是韩国

尺码　chǐmǎ　N　size
公分　gōngfēn　N centimeter
号　hào　N　size
宽度　kuāndù　N　width
单位　dānwèi　N　unit
长度　chángdù　N　length
瘦　shòu　N　(of clothes, shoes) tight
生产　shēngchǎn　V to produce
等于　děngyú　V to equal

鞋子的"号"指"毫米"。因此，韩国鞋子有 240 号、265 号、270 号等。鞋号挺有意思的。

现在，中国穿 24 公分鞋子的姑娘已经很常见了，穿 25 公分、25.5 公分鞋子的姑娘也不稀罕了，甚至有穿 26 公分的。不过，要买 26 公分的女鞋还真不是一件容易的事。因为以前的女鞋一般是 23 公分、23.5 公分的，24 公分的鞋都很少。有人认为，穿大码鞋的姑娘多，说明现在中国姑娘的个子比以前高了。

指	zhǐ	V	to refer to

毫米　háomǐ　N
millimeter

姑娘　gūniang　N　girl

稀罕　xīhan　Adj
unusual

甚至　shènzhì　Adv　even

说明　shuōmíng　V
to show

回答问题 *Answer the questions*

1. 中国鞋子的尺码用什么表示？＿＿＿＿＿＿＿＿＿

2. 中国鞋子的宽度用什么表示？＿＿＿＿＿＿＿＿＿

3. "E" 的鞋宽不宽？＿＿＿＿＿＿＿＿＿

4. "24 EEE" 是什么意思？＿＿＿＿＿＿＿＿＿

5. "28 EEEE" 是什么意思？＿＿＿＿＿＿＿＿＿

6. 美国鞋子的尺码用什么表示？＿＿＿＿＿＿＿＿＿

7. 美国鞋子的宽度用什么表示？＿＿＿＿＿＿＿＿＿

8. 韩国鞋子的尺码用什么表示？＿＿＿＿＿＿＿＿＿

9. 你们国家的鞋子的尺码用什么方法表示？＿＿＿＿＿

10. 现在的中国女鞋跟以前的有什么不一样？＿＿＿＿＿

十六 按笔顺书写汉字 **Write the Chinese characters in the correct stroke order**

mǎi	乛 乛 乛 乛 买 买
买	买 买 买 买
chuān	丶 丷 宀 宁 空 空 空 穿 穿
穿	穿 穿 穿 穿
kù	丶 ﻱ 衤 衤 衤 衤 衤 衤 裤 裤 裤
裤	裤 裤 裤 裤
lán	一 艹 艹 艹 艹 艹 茻 蓝 蓝 蓝 蓝 蓝
蓝	蓝 蓝 蓝 蓝
guàng	丿 犭 犭 犭 狅 狂 狅 逛 逛
逛	逛 逛 逛 逛
mài	一 十 士 击 売 卖 卖
卖	卖 卖 卖 卖
shì	丶 讠 讠 讠 讠 讠 试 试
试	试 试 试 试
fú	丿 刀 月 月 肝 肝 服 服
服	服 服 服 服

zhuāng	`、 ` ` ` 丬 圹 圹 壮 壮 娄 娄 娄 裝 装 装 装`							
装	装	装	装	装				
jiàn	`丿 亻 亻 仁 仁 件`							
件	件	件	件	件				
hóng	`乙 纟 纟 红 红 红`							
红	红	红	红	红				
wà	`、 ⊃ 礻 礻 礻 衤 衬 衬 袜 袜`							
袜	袜	袜	袜	袜				
yùn	`一 二 云 云 运 运 运`							
运	运	运	运	运				
xié	`一 ㄿ 艹 艹 共 古 吉 革 革 革 靯 靯 鞋 鞋`							
鞋	鞋	鞋	鞋	鞋				
qún	`、 ⊃ 礻 礻 礻 衤 衬 衬 袆 裑 裙 裙`							
裙	裙	裙	裙	裙				
chèn	`、 ⊃ 礻 礻 礻 衤 衬 衬`							
衬	衬	衬	衬	衬				
mào	`丨 冂 冃 帅 帆 帆 帽 帽 帽 帽`							
帽	帽	帽	帽	帽				

zhēn	一 十 十 古 古 方 有 直 直 真 真								
真	真	真	真	真					
pái	丿 丿 丿 片 片 片 片 胂 胂 牌 牌 牌								
牌	牌	牌	牌	牌					
jiǎ	丿 亻 亻 亻 亻 伊 仮 作 作 假 假								
假	假	假	假	假					

wáng lǎo shī jiāo nǐ men shén me

王老师教你们什么

What does Mr. Wang teach you

一 根据课文内容回答问题　**Answer the questions according to the text**

　　1. "我们" 班有几门汉语课？　_____

　　2. 李老师教什么课？　_____

　　3. 王老师教什么课？　_____

　　4. 谁教听力课？　_____

　　5. "我" 觉得精读课怎么样？　_____

　　6. "我" 觉得会话课怎么样？　_____

　　7. "我" 觉得听力课怎么样？　_____

　　8. "我" 问刘老师问题时，她让 "我" 怎么样？　_____

　　9. 南希告诉 "我" 提高听力的好办法是什么？　_____

　　10. 南希送了 "我" 什么？　_____

二 词语替换练习　**Substitute the underlined words in the phrases**

　　1. <u>听力</u>课　_____课　　　2. <u>听力课</u>老师　_____老师

　　3. <u>汉语</u>语法　_____语法　　4. <u>汉语课</u>本　汉语_____

　　5. <u>听</u>不懂　_____不懂　　　6. 声音<u>很小</u>　声音_____

　　7. 大声地<u>回答问题</u>　大声地_____　8. <u>阅读</u>练习　_____练习

三 句型替换练习　**Substitute the underlined words in the sentences**

　　1. 李老师教我们<u>精读课</u>。_____

　　2. <u>李老师</u>教我们精读课。_____

　　3. 我们<u>两个星期</u>写一篇汉语作文。_____

4. 同学们用汉语介绍自己的<u>家庭</u>。_____

5. 同学们用<u>汉语</u>介绍自己的<u>家庭</u>。_____

6. <u>同学们</u>用汉语介绍自己的<u>家庭</u>。_____

7. 我觉得听力课最<u>难</u>。_____

8. 我觉得<u>听力课</u>最难。_____

9. 他坚持每天听汉语广播。_____

10. 她送我一套汉语课本的<u>光盘</u>。_____

四 **填写宾语** Fill in the blanks with objectes

1. 写_____、_____、_____ 2. 听_____、_____、_____

3. 问_____、_____、_____ 4. 看_____、_____、_____

5. 买_____、_____、_____ 6. 教_____、_____、_____

7. 送_____、_____、_____ 8. 查_____、_____、_____

9. 说_____、_____、_____ 10. 介绍_____、_____、_____

五 **用"教"、"问"、"送"、"告诉"造双宾语句子**
Make sentences with double objects using "教"，"问"，"送" and "告诉"

1. 教_____

2. 问_____

3. 送_____

4. 告诉_____

六 **根据画线部分提问** Ask questions about the underlined parts

1. <u>刘老师</u>教我们听力课。_____

2. 王老师教我们<u>口语课</u>。_____

3. 李老师教我们<u>精读课</u>。_____

4. 李老师教<u>我们</u>精读课。_____

5. <u>李老师</u>教我们精读课。_____

6. 爸爸让我学习汉语。_____

7. 老师让我们写汉语作文。_____

8. 爸爸让我学习汉语。_____

9. 老师让我们写汉语作文。_____

10. 我告诉同屋一个提高听力的好办法。_____

11. 她告诉我一个提高听力的好办法。_____

12. 她告诉朋友一个提高听力的好办法。_____

13. 她告诉我一个提高听力的好办法。_____

14. 她告诉我一个提高听力的好办法。_____

七 完成句子　Complete the sentences

1. 别着急，_____。

2. 别太快，_____。

3. 别等他，_____。

4. 别说话，_____。

5. 别唱歌，_____。

6. 别点菜了，_____。

7. 别买了，_____。

8. 别睡了，_____。

9. 别吃了，_____。

10. 别喝了，_____。

八 完成下列兼语句　Complete the following pivotal sentences

1. 老师让_____。

2. 妈妈让_____。

3. 朋友让_____。

4. 哥哥让_____。

5. 我让_____。

6. 同屋让_____。

7. 饭店的服务员让_____。

8. 专卖店老板让_____。

9. 公司老板让_____。

10. 听力课老师让_____。

九 用下列动宾短语做定语并造句
Make sentences using the following verb-object phrases as attributes

例：说汉语 → 我说汉语的时候声音很小。

1. 写汉字 → _____

2. 画画儿 → _____

3. 喝茶 → _____

4. 练习发音 → _____

5. 买东西 → _____

6. 打篮球 → _____

7. 买咖啡（kāfēi）→ _____

8. 吃午饭 → _____

9. 听录音 → _____

10. 上网 → _____

11. 上课 → _____

12. 唱歌 → _____

13. 买水果 → _____

14. 看书 → _____

15. 听音乐 → _____

16. 看电影 → _____

◢ **选择"的"、"地"填空** Choose "的" or "地" to fill in each blank

1. 这是我同屋 _____ 电脑。

2. 他哥哥是一家计算机公司 _____ 职员。

3. 老师让我们大声 _____ 读课文。

4. 她耐心 _____ 介绍了她的研究生专业。

5. 我们班 _____ 汉语老师都是女老师。

6. 我小声 _____ 告诉她，我是外国人。

7. 我们今天买 _____ 衣服都是真名牌。

8. 那儿 _____ 水果很便宜。

9. 北京是中国 _____ 首都。

10. 我觉得我在北京 _____ 留学生活很愉快。

11. 李老师热情 _____ 回答了我 _____ 问题。

12. 她友好（yǒuhǎo）_____ 欢迎我去她家玩儿。

十一 按"/"画出的停顿标记朗读下列句子
Read aloud the following sentences and pause wherever there is a "/"

1. 李老师 / 教我们 / 听力课。

2. 每次下课以后 / 我都问 / 黄老师问题。

3. 李老师 / 给我们讲 / 汉语语法（yǔfǎ）知识。

4. 每天听课文录音 / 或者听广播、看电视 / 是提高听力的 / 好办法。

5. 她说的汉语 / 真好听，像唱歌 / 一样。

6. 我觉得 / 阅读课 / 最难，因为 / 生词 / 比较多。

十二 写出含有以下形旁的汉字并注音、组词
Write the characters with the following semantic radicals, write down the *pinyin* with tone marks and make words

	形旁	汉字	拼音	组词
例	亻	他	tā	他们
1	讠			
2	亻			
3	纟			
4	一			
5	宀			
6	火			
7	氵			
8	辶			

十三 圈出正确的汉字　Circle the right characters

1. 他妈妈是（音　意）乐教师。

2. 来中国（以　已）前他是公司职员。

3. 他有一个新的汉语（名　各）字。

4. 他（在　再）上海工作。

5. 老师耐心地回答了她的（问　间）题。

6. 我们班有五个日本（人　入　八）。

7. 今天我们学习（第　弟）9课。

8. 晚上我在宿舍（夏　复）习课文。

十四 阅读理解 Reading comprehension

我的汉语课

现在我在中国的一所大学学习汉语。我从星期一到星期五每天上午都有课，星期二下午还有两节辅导课，一个星期一共有22节汉语课。

我们班一共有四门汉语课：精读课、口语课、听力课、阅读课。对于我们欧洲留学生来说，听懂听力材料不太难。可是做听力练习很难，因为听力练习都是用汉字写的，有些汉字不认识，看懂听力练习要花比较多的时间。这样做练习的时间就不够了，常常做不完题目，影响了成绩。

开始我觉得阅读课最难，因为生词比较多。不过上了两次课以后，我觉得阅读课不那么难了，因为阅读练习不太难。虽然阅读的时候有些汉字不认识，可是有的生词的意思可以根据前面或者后面的句子猜出来，有的生词对做练习没有影响，比如有些表示地方、人物、事物名称的生词。现在我每次的阅读练习都能做对60%，有时候能做对70%。我很高兴，我渐渐地喜欢上阅读课了。

我们一个星期一共要学习七十个左右的生词。下课以后，我要用四个小时的时间听录音、写汉字、读课文、做作业。

为了提高自己的汉语水平，我还有一位"小"老师。她是北京人，是这所大学外语系英语专业的学生。我和我的"小"老师一个星期在

辅导	fǔdǎo	V
to tutor		
对于……来说		
duìyú……lái shuō		
for		
材料	cáiliào	N
material		
够	gòu	Adj enough
影响	yǐngxiǎng	V
to influence, to affect		
成绩	chéngjì	N
test result		
那么	nàme	Pr so
根据	gēnjù	Prep
according to		
猜	cāi	V to guess
地方	dìfang	N
place		
人物	rénwù	N
people		
事物	shìwù	N
thing		
名称	míngchēng	N
name		
渐渐	jiànjiàn	Adv
gradually		
左右	zuǒyòu	N
around, about		

一起学习一次，每次两个小时。首先，她辅导我学习汉语，然后我辅导她学习英语。为了让我听懂，她喜欢用英语解释汉语语法，但是我喜欢她用汉语解释，因为她用汉语解释的时候，我马上就会回忆起老师讲过的内容，容易听懂。而且她说的汉语真好听，像唱歌一样。

现在我认识的汉字越来越多了，汉语学习越来越轻松了，我也越来越喜欢学习汉语了。我很感谢我的"大"老师，也很感谢我的"小"老师。

首先	shǒuxiān	Conj
first		
然后	ránhòu	Conj
then		
解释	jiěshì	V
to explain		
回忆	huíyì	V
to recall		
轻松	qīngsōng	Adj
easy		

判断正误（对的画○，错的画×）

Decide whether the following statements are true or false (○ for true and × for false)

1. "我"是学习汉语的美国人。 （　　）

2. "我"每天上午都有汉语课，只有星期六、星期天休息。 （　　）

3. "我们"班一个星期有一次辅导课。 （　　）

4. "我"有四门汉语课。 （　　）

5. "我"觉得听力课最难。 （　　）

6. "我"觉得听懂听力材料不难。 （　　）

7. "我"的听力成绩不太好，因为我做听力练习要用很多时间。 （　　）

8. 如果听力练习是用拼音写的，"我"的听力成绩一定会比现在好。（　　）

9. 开始"我"觉得阅读课最难。 （　　）

10. 现在"我"觉得有些不认识的汉字并不影响我做阅读练习。 （　　）

11. 现在"我"每次的阅读练习都能做对60%。 （　　）

12. "我"有一位互相（hùxiāng）帮助学习的中国大学生。 （　　）

13. "我"的"小"老师是一位北京姑娘。 （　　）

14. "我"的"小"老师说的汉语很好听。 （　　）

15. "我"喜欢"小"老师用英语辅导"我"学习汉语。 （　　）

16. 现在"我"学习汉语越来越轻松了。 （　　）

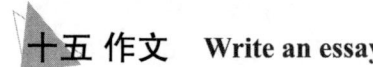

十五 作文　Write an essay

《我的汉语课》（200个字左右）

（16×13＝208字）

十六 按笔顺书写汉字　Write the Chinese characters in the correct stroke order

fǎ	丶丶氵汀汁泮法法									
法	法	法	法	法						
piān	ノ ト 尐 竹 竹 竹 竺 竺 笃 笃 笃 篇 篇 篇									
篇	篇	篇	篇	篇						

dī	ノ イ 亻 仸 仾 低 低
低	低 低 低 低

yuè	` 冂 门 门 闩 闫 阅 阅 阅 阅
阅	阅 阅 阅 阅

yì	` 亠 亠 立 产 音 音 音 音 意 意 意
意	意 意 意 意

sī	丶 冂 日 田 田 思 思 思
思	思 思 思 思

shào	乚 纟 纟 纟 纽 纽 绍 绍
绍	绍 绍 绍 绍

tíng	` 亠 广 广 庐 庄 庄 庭 庭
庭	庭 庭 庭 庭

shēng	一 十 士 吉 击 声 声
声	声 声 声 声

dá	ノ ノ 𥫗 𥫗 𥫗 竺 竺 竺 竺 竺 答 答 答
答	答 答 答 答

pà	丶 丷 丬 忄 忄 怕 怕 怕
怕	怕 怕 怕 怕

sù	一 ナ 一 一 丙 束 束 涑 涑 速
速	速 速 速 速

zháo/zhe	、 丷 丷 半 兰 羊 差 养 着 着 着
着	着 着 着 着

jí	丿 ク 々 気 刍 刍 急 急 急
急	急 急 急 急

nài	一 丁 厂 厂 而 而 而 耐 耐
耐	耐 耐 耐 耐

màn	丶 丷 忄 忄 忄 忄 悍 悍 悍 悍 慢 慢 慢
慢	慢 慢 慢 慢

guàn	丶 丷 忄 忄 忄 忄 忄 惯 惯 惯
惯	惯 惯 惯 惯

tí	一 十 扌 扌 扩 护 押 押 押 捍 提 提
提	提 提 提 提

tào	一 ナ 大 太 本 本 本 套 套 套
套	套 套 套 套

gǎn	一 厂 厂 厂 戌 咸 咸 咸 感 感 感
感	感 感 感 感

今天冷还是昨天冷

Which day is colder, today or yesterday

一 根据课文内容回答问题　**Answer the questions according to the text**

1. "我还不习惯北京的天气"这句话是什么意思？ _____

2. 北京的气温有什么特点？ _____

3. "我"怎么不舒服？ _____

4. "我"得了什么病？ _____

5. "我"今天为什么没去上课？ _____

6. "我"病了，老师对"我"怎么样？ _____

7. 李老师告诉"我"，许多留学生刚来北京容易怎么样？ _____

8. 同屋告诉"我"什么？ _____

9. "我"现在怎么样？ _____

二 词语替换练习　**Substitute the underlined words in the phrases**

1. <u>北京</u>的天气	_____的天气	2. <u>昨天</u>晚上	_____晚上
3. 昨天<u>晚上</u>	昨天_____	4. <u>留</u>学生	_____学生
5. <u>感冒</u>药	_____药	6. <u>凉</u>多了	_____多了

三 句型替换练习　**Substitute the underlined words in the sentences**

1. 同屋替我<u>请假</u>。 _____

2. 她替我<u>请假</u>。 _____

3. 大夫让我好好儿<u>休息</u>。 _____

4. 我刚来<u>北京</u>，不习惯北京的天气。 _____

5. 她刚来北京常常<u>拉肚子</u>。 _____

6. 昨天我忘了<u>写</u>作业。 _____

7. 妈妈让我多<u>穿衣服</u>。_____

8. 我还不习惯<u>吃中国菜</u>。_____

9. 现在我不想吃饭，只想<u>喝水</u>。_____

10. <u>北京夏天</u>常常下雨。_____

四 写出反义词　Write the antonyms

例：大——小

1. 多—— 　　2. 早—— 　　3. 难—— 　　4. 贵——

5. 低—— 　　6. 热—— 　　7. 慢—— 　　8. 上——

9. 来—— 　　10. 凉——

五 根据条件，写出比较句（只选做一种句型）

Write comparative sentences based on the given situations (using only one sentence pattern)

例：哥哥身高（shēngāo）178 厘米（límǐ）。　　弟弟身高 182 厘米。

　　→（1）弟弟比哥哥高。　　　　（2）哥哥比弟弟矮。

　　　（3）弟弟比哥哥高一点儿。　　（4）弟弟比哥哥高 4 厘米。

1. 早上的温度是 5℃。　　中午的温度是 15℃。

　　→_____

2. 昨天的最高温度是 18℃。　　今天的最高温度是 24℃。

　　→_____

3. 爸爸身高 178 厘米。　　妈妈身高 165 厘米。

　　→_____

4. 北京到上海 1500 公里。　　北京到广州（Guǎngzhōu）3000 公里。

　　→_____

5. 麻婆豆腐一盘 6 元。　　青椒肉丝一盘 15 元。

　　→_____

6. 我家三口人。　　他家六口人。

　　→_____

7. 爸爸 52 岁。　　妈妈 50 岁。

　　→_____

8. 第 9 课有 21 个生词。　　第 10 课有 24 个生词。

　　→ _____

9. 他的房间的房租一天 5 美元。　　我的房间的房租一天 10 美元。

　　→ _____

10. 同屋的计算机 6000 元人民币。　　我的计算机 8000 元人民币。

　　→ _____

11. 一班有 13 个学生。　　三班有 15 个学生。

　　→ _____

12. 苹果 5 元一斤。　　梨 10 元 3 斤。

　　→ _____

13. 他有两个中国朋友。　　我有四个中国朋友。

　　→ _____

14. 一班有 1 个美国学生。　　二班有 3 个美国学生。

　　→ _____

15. 我们班有 4 个男同学。　　他们班有 6 个男同学。

　　→ _____

16. 我们班有 12 个女同学。　　他们班有 9 个女同学。

　　→ _____

六　**根据条件，写出比较句（只选做一种句型）**

Write comparative sentences based on the given situations (using only one sentence pattern)

例：同屋每天 6 点起床。　　我每天 7 点起床。

　　→（1）同屋每天比我起得早。　　（2）我每天比同屋起得晚。

1. 南希会说四种外语。　　山下会说一种外语。

　　→ _____

2. 他认识 1000 个汉字。　　我认识 500 个汉字。

　　→ _____

3. 朋友早上 7 点起床。　　我早上 6 点半起床。

　　→ _____

4. 他晚上 11 点睡觉。　　我晚上 12 点睡觉。

　　→ _____

5. 南希买了两件 T 恤衫。　　山下买了一件 T 恤衫。

　　→ _____

6. 朋友买了五斤苹果。　　我买了三斤苹果。

　　→ _____

七　用"动词 + 宾语"完成句子　Complete the sentences with "verb+object"

例：他昨天去上海看朋友了。

1. 下课后，朋友来我的房间_____。

2. 李老师来宿舍_____。

3. 下个月爸爸、妈妈要来北京_____。

4. 晚上我常常去网吧_____。

5. 下课后我去商店_____。

6. 今天星期五，我和同屋晚上想去饭馆_____。

7. 上午上了四节课，现在我想回宿舍_____。

8. 他妈妈病了，下星期他要回国_____。

八　用"刚"完成对话　Complete the dialogues with "刚"

1. A：你们班下课了吗？

　　B：_____。

2. A：你们班开始学习第 16 课了吗？

　　B：_____。

3. A：你朋友回国了吗？

　　B：_____。

4. A：你朋友到北京了吗？

　　B：_____。

5. A：你写完作文了吗？

　　B：_____。

6. A：你上网了吗？

　　B：_____。

7. A：你吃午饭了吗？

　　B：_____。

8. A：你给朋友发电子邮件了吗？

　　B：_____。

九 用比较句完成对话　Complete the dialogues using comparative sentences

1. A：今天热还是昨天热？

　　B：＿＿＿＿＿＿＿＿＿＿。

2. A：你高还是你姐姐高？

　　B：＿＿＿＿＿＿＿＿＿＿。

3. A：苹果贵还是葡萄贵？

　　B：＿＿＿＿＿＿＿＿＿＿。

4. A：你家人多还是他家人多？

　　B：＿＿＿＿＿＿＿＿＿＿。

5. A："耐克"运动鞋贵还是"锐步"运动鞋贵？

　　B：＿＿＿＿＿＿＿＿＿＿。

6. A：你爸爸年纪（niánjì）大还是妈妈年纪大？

　　B：＿＿＿＿＿＿＿＿＿＿。

7. A：你比弟弟高多少？

　　B：＿＿＿＿＿＿＿＿＿＿。

8. A：你妈妈比爸爸小几岁？

　　B：＿＿＿＿＿＿＿＿＿＿。

9. A：今天比昨天高几度？

　　B：＿＿＿＿＿＿＿＿＿＿。

10. A：西红柿炒鸡蛋比青椒肉丝便宜几块钱？

　　　B：＿＿＿＿＿＿＿＿＿＿。

 十 按"/"画出的停顿标记朗读下列句子
Read aloud the following sentences and pause wherever there is a "/"

1. 我还／不习惯／北京的天气。

2. 昨天晚上／我头疼、嗓子疼，浑身／没劲儿。

3. 北京／空气／很干燥，春天／常常／刮大风。

4. 今天早上／我让同屋／替我请假。

5. 朋友告诉我／中国菜比日本菜／油腻多了。

6. 现在／每天三顿饭／是我生活的／重要内容。

 十一 写出含有以下形旁的汉字并注音、组词
Write the characters with the following semantic radicals, write down the *pinyin* with tone marks and make words

	形旁	汉字	拼音	组词
1	忄			
2	冫			
3	氵			

续表

	形旁	汉字	拼音	组词
4	日			
5	目			
6	钅			
7	饣			
8	女			

十二 写出带点汉字的拼音 Write the *pinyin* for the dotted characters

1. 我觉得很渴（　　　　）。

2. 爸爸和（　　　　）妈妈都很忙。

3. 我想喝（　　　　）水。

4. 中午比较暖和（　　　　）。

5. 他今天请假，不来上（　　　　）课。

6. 他买了一双白（　　　　）色的耐克运动鞋。

7. 下（　　　　）午我们没有课。

8. 我常常自（　　　　）己做晚饭。

9. 他们班老师姓王（　　　　）。

10. 她买的新毛（　　　　）衣很漂亮。

11. 朋友让我别着（　　　　）急。

12. 他的感冒已（　　　　）经好了。

13. 大夫给我开了西（　　　　）药。

14. 爸爸的手（　　　　）很大。

十三 阅读理解 Reading comprehension

我肚子不舒服

昨天是星期五，学习了一个星期，大家都想放松一下。我和几个朋友一起去吃火锅。

这家火锅店是重庆风味的，火

放松	fàngsōng	V	to relax
火锅	huǒguō	N	hotpot
重庆	Chóngqìng	PN	
name of a Chinese city			
风味	fēngwèi	N	flavor

锅汤很辣，调料很辣，凉菜也很辣。火锅汤是红色的，上面有一层油。涮火锅的菜很多，有猪肉片、牛肉片、羊肉片、鱼片，还有豆腐、粉丝、白菜等。但是从火锅里涮出来，都是一个味道——又香又辣。虽然很辣，但是味道真好，价格也不贵。我们吃了很多肉，喝了很多啤酒，因为啤酒是免费的。晚上 11 点我们才回宿舍。

回宿舍不久，我就开始肚子疼，而且疼得很厉害，吃了药也不行。晚上我上了四次厕所，到早上 5 点才好一点儿，但是肚子还有点儿疼。今天我想休息，我让同学替我向老师请假。上午同屋陪我去学校医院看病。大夫说我得的是急性肠胃炎，原因是昨天晚饭我吃得太辣、太油、太多了。

看来我的"外国肚子"还不习惯"重庆火锅"的味道。以后我要多多"练习"，让我的肚子早点儿习惯中国菜的美味。

辣	là	Adj	hot, spicy
调料	tiáoliào	N	condiment
上面	shàngmian	N	above
层	céng	M	*a measure word*
油	yóu	N	oil
涮	shuàn	V	to scald thin slices of meat in boiling water
粉丝	fěnsī	N	vermicelli made from bean starch
白菜	báicài	N	Chinese cabbage
香	xiāng	Adj	savoury
虽然	suīrán	Conj	although
免费	miǎn fèi	V//O	to be free of charge
不久	bùjiǔ	Adj	soon
而且	érqiě	Conj	furthermore
厉害	lìhai	Adj	terrible
不行	bùxíng	Adj	not to take effect
向	xiàng	Prep	to
陪	péi	V	to accompany
医院	yīyuàn	N	hospital
看病	kàn bìng	V//O	to see a doctor
大夫	dàifu	N	doctor
得	dé	V	to have (an illness)
急性	jíxìng	Adj	acute
肠胃炎	chángwèiyán	N	enterogastritis
原因	yuányīn	N	reason
看来	kànlái	V	It seems...
美味	měiwèi	N	delicious food

（一）判断正误（对的画○，错的画 ×）

Decide whether the following statements are true or false (○ for true and × for false)

1. 昨天晚上"我"和朋友们吃了火锅。　　　　　　　　　（　　　）

2. 那家火锅店的火锅味道很好。　　　　　　　　　　　（　　　）

3. 那家火锅店菜的种类（zhǒnglèi）很多。　　　　　　（　　　）

4. 那家火锅店的菜都是辣的。 （　　）

5. 那家火锅店的汤是辣的，调料是辣的，但是凉菜不辣。 （　　）

6. "我们"喝了很多啤酒，因为啤酒是免费的。 （　　）

7. 回宿舍"我"就开始拉肚子。 （　　）

8. "拉肚子"的意思是上厕所。 （　　）

9. 今天早上"我"还不舒服。 （　　）

10. 同屋替"我"向老师请了假。 （　　）

11. 今天上午朋友陪"我"去学校医院看病。 （　　）

12. 大夫说"我"拉肚子是昨天晚饭吃得太多了。 （　　）

13. 大夫说"我"得的是急性肠胃炎。 （　　）

14. "我"以后不想吃重庆火锅了。 （　　）

15. "我"觉得"我"拉肚子是"我"的肚子不习惯重庆火锅的味道。（　　）

（二）回答问题　**Answer the question**

"以后我要多多'练习'，让我的肚子早点儿习惯中国菜的美味"，这句话是什么意思？

_____

_____

十四 按笔顺书写汉字　**Write the Chinese characters in the correct stroke order**

zào	丶 丶 丬 火 火 炉 炉 炉 炉 炉 炉 燥 燥 燥 燥 燥
燥	燥　燥　燥　燥
chūn	一 二 三 声 夫 丢 表 春 春
春	春　春　春　春
fēng	丿 几 凡 风
风	风　风　风　风

yǔ	一 一 厂 厅 币 雨 雨 雨 雨								
雨	雨	雨	雨	雨					

wēn	丶 丶 氵 氵 沪 沪 沪 渭 渭 温 温 温								
温	温	温	温	温					

chén	丶 口 曰 曰 且 尸 尸 尽 晨 晨 晨								
晨	晨	晨	晨	晨					

yè	丶 一 亠 广 广 夜 夜 夜 夜								
夜	夜	夜	夜	夜					

téng	丶 一 广 广 广 疒 疒 疼 疼 疼								
疼	疼	疼	疼	疼					

sǎng	丶 丬 口 口 叮 咿 哾 嗓 嗓 嗓 嗓 嗓 嗓								
嗓	嗓	嗓	嗓	嗓					

hún	丶 丶 氵 氵 沪 沪 浑 浑 浑								
浑	浑	浑	浑	浑					

shū	丿 人 人 午 午 舍 舍 舍 舒 舒								
舒	舒	舒	舒	舒					

duàn	丶 丶 丶 ㅛ 半 米 米 迷 断 断 断 断								
断	断	断	断	断					

pēn	丶 口 口 口⁺ 口⁺ 吐 吐 咕 喷 喷 喷
喷	喷 喷 喷 喷
tì	丶 口 口 口⁺ 口⁺ 咕 咕 咕 嚏 嚏 嚏 嚏 嚏 嚏
嚏	嚏 嚏 嚏 嚏
bí	丿 亻 亇 白 自 自 帛 帛 鼻 鼻 畠 畠 鼻 鼻
鼻	鼻 鼻 鼻 鼻
tì	丶 丶 氵 氵 沪 泸 泸 涕 涕 涕
涕	涕 涕 涕 涕
mào	丨 冂 冂 日 日 冃 冒 冒 冒
冒	冒 冒 冒 冒
yào	一 艹 艹 艻 药 药 药 药 药
药	药 药 药 药
yóu	丶 丶 氵 氵 汩 油 油 油
油	油 油 油 油
nì	丿 几 月 月 肝 肝 肝 肝 脲 腻 腻 腻
腻	腻 腻 腻 腻

bǎi jīng de tiān qì gēn dōng jīng de

北京的天气跟东京的

yí yàng ma

一样吗

Is the weather in Beijing the same as that in Tokyo

一 根据课文内容回答问题　**Answer the questions according to the text**

1. "我"哪天感冒的？＿＿＿＿＿＿＿＿＿＿＿＿＿＿＿＿

2. "我"什么时候去医院看病的？＿＿＿＿＿＿＿＿＿＿＿

3. 大夫怎么看病的？＿＿＿＿＿＿＿＿＿＿＿＿＿＿＿＿＿

4. "我"现在怎么样？＿＿＿＿＿＿＿＿＿＿＿＿＿＿＿＿＿

5. "我"打算明天干什么？＿＿＿＿＿＿＿＿＿＿＿＿＿＿＿

6. "我"感冒的原因是什么？＿＿＿＿＿＿＿＿＿＿＿＿＿＿

7. "我"感冒的时候，老师和同学对"我"怎么样？＿＿＿＿

8. 爸爸妈妈最担心"我"什么？＿＿＿＿＿＿＿＿＿＿＿＿＿

9. 爸爸妈妈要"我"注意什么？＿＿＿＿＿＿＿＿＿＿＿＿＿

10. 北京现在的天气怎么样？＿＿＿＿＿＿＿＿＿＿＿＿＿＿

二 词语替换练习　**Substitute the underlined words in the phrases**

1. 中药　＿＿＿＿＿药　2. 气候特点　＿＿＿＿＿特点

3. 照顾自己　照顾＿＿＿＿　4. 生病的时候　＿＿＿＿的时候

5. 北京的天气　北京的＿＿＿＿　6. 天气的变化　＿＿＿＿的变化

三 句型替换练习　**Substitute the underlined words in the sentences**

1. 同屋陪我去看病。＿＿＿＿＿＿＿＿＿＿＿＿＿＿＿＿＿

2. 我打算明天去上课。＿＿＿＿＿＿＿＿＿＿＿＿＿＿＿＿

3. 我跟他们说了话。＿＿＿＿＿＿＿＿＿＿＿＿＿＿＿＿＿

153

4. <u>我</u>让<u>妈妈</u>别担心。 _____

5. <u>我</u>打算<u>明天去上课</u>。 _____

6. 妈妈最担心<u>我生病</u>。 _____

7. 朋友送<u>我</u>水果和点心。 _____

8. 朋友送我<u>许多水果</u>。 _____

四 **根据条件，用"跟……不一样"造句**

Make sentences with "跟……不一样" based on the given situations

例：我喜欢黑色的牛仔裤，他喜欢蓝色的牛仔裤。

→ 我喜欢的牛仔裤颜色跟他喜欢的不一样。

1. 北京早上和晚上的温度低，中午的温度高。

→ _____

2. 北京的温差比较大，广州没有温差。

→ _____

3. 他的车是红色的，我的车是白色的。

→ _____

4. 他的计算机 3000 元，我的计算机 5000 元。

→ _____

5. 他们班有精读课、会话课、听力课，我们班有精读课、会话课、听力课、报刊课。

→ _____

6. 他的房间一天 5 美元，我的房间一天 4.5 美元。

→ _____

7. 爸爸今年 58 岁，妈妈今年 50 岁。

→ _____

8. 哥哥的车是"本田"（Běntián），我的车是"奔驰"（Bēnchí）。

→ _____

9. 我穿 28 号的牛仔裤，她穿 24 号的。

   → _____

10. 弟弟身高 180 厘米，哥哥身高 178 厘米。

   → _____

五 用语气助词"了₂"完成对话
Complete the dialogues with the modal particle "了₂"

1. A：你现在还发热吗？

   B：_____。

2. A：你同屋在房间吗？

   B：_____。

3. A：你给家里打电话了吗？

   B：_____。

4. A：_____？

   B：我刚回宿舍。

5. A：你同屋睡觉了吗？

   B：_____。

6. A：他们班下课了吗？

   B：_____。

7. A：你朋友回国了吗？

   B：_____。

8. A：_____？

   B：我下午看了这张光盘。

六 用"一天比一天"完成句子　**Complete the sentences with "一天比一天"**

1. 北京的天气_____。

2. 他的汉语_____。

3. 她认识的汉字_____。

4. 他写的汉字_____。

5. 他的中国朋友_____。

6. 她的发音_____。

7. 他的汉语作文_____。

8. 他的个子_____。

七 选择"不"、"没（没有）"、"别"填空
Choose "不"，"没（没有）" or "别" to fill in each blank

1. 昨天我给妈妈打电话的时候，_____告诉妈妈我生病了。

2. 下星期她朋友来北京，她_____去旅游了。

3. 去年他哥哥大学毕业后就工作了，_____读研究生。

4. _____等她了，她今天有事儿，_____和我们一起去吃饭了。

5. 夏天我_____回国，我想去中国南方旅游。（现在是5月）

6. 夏天我_____回国，我去中国东北旅游了。（现在是9月）

7. 昨天我们吃的火锅很辣，但是我_____拉肚子。

8. _____唱歌了，大家都休息了。

9. 明天我们班有听写，今天晚上我_____去唱歌了。

10. _____告诉妈妈我生病了。

11. _____担心，一次成绩不好没关系。

12. 昨天我_____看见他来上课。

 八 按"/"画出的停顿标记朗读下列句子
Read aloud the following sentences and pause wherever there is a "/"

1. 在国外生活 / 跟在家里生活 / 不一样。

2. 我早晚没有 / 多穿衣服，所以感冒了。

3. 我病了以后，老师和同学们 / 很关心我，来宿舍看我，送了我许多 / 水果和点心。

4. 现在天气 / 一天比一天冷了。

5. 北京每年冬天 / 都会下几场（chǎng）雪，雪后的北京 / 更加美丽了。

6. 秋天 / 是北京 / 最好的季节（jìjié），天气不冷 / 也不热，很少刮风下雨。

九 写出两个同音字并组词 Write two homophones and make words

序号	拼音	汉字1 组词	汉字2 组词
例	shí	十　十个	食　食堂
1	míng		
2	dì		
3	zài		
4	jiào		
5	wèi		
6	nán		
7	yǔ		

续表

序号	拼音	汉字1 组词	汉字2 组词
8	guā		
9	qián		
10	biàn		

 十 **圈出正确的汉字** Circle the right characters

1. 大（夫 天）给他开了药。

2. 昨（天 夫）晚上我去医院看病了。

3. 他（已 以）经不发热了。

4. 晚上我（自 白）己做饭。

5. 我让妈妈别（但 担）心我的病。

6. 他的汉语水（平 来）很高。

7. 我每天参加（体 休）育锻炼。

8. 爸爸妈妈让我（住 注）意身体。

 十一 **阅读理解** Reading comprehension

北京的气候

北京一年有四个季节：春天、夏天、秋天、冬天。北京的气候特点是四季分明，空气干燥，温差比较大。

北京的春天从3月开始，春天常常刮大风，很少下雨，空气很干燥。

6、7、8月是北京的夏天，也是北京的雨季，傍晚经常下大雨或雷阵雨。北京的夏天比较热，白天最高温度是38℃左右，夜晚的气温比白天的要低10℃左右，人们可以好好儿休息。

9、10、11月是北京的秋天。秋天是北京最好的季节，天气不冷也不

分明　fēnmíng　Adj　distinct

雨季　yǔjì　N　raining season
傍晚　bàngwǎn　N　evening
雷阵雨　léizhènyǔ　N
thunder shower

热，很少刮风下雨，秋高气爽，非常舒服。北京人秋天喜欢去郊游，欣赏大自然的美丽风景。

北京的冬天从12月开始，白天一天比一天短，天气一天比一天冷，最冷的时候夜里最低温度只有－18℃，白天最高温度是－5℃。但是北京有供暖系统，一般11月开始送暖气，第二年3月停暖气。室内温度在16℃以上，人们在房间里不会觉得冷。北京每年冬天都会下几场雪，雪后的北京白茫茫的一片，更加美丽了。

秋高气爽	qiū gāo qì shuǎng fine autumn day
郊游	jiāoyóu V to go outing
大自然	dàzìrán N natural world
风景	fēngjǐng N scenery
夜里	yèli N at night
只	zhǐ Adv only
白天	báitiān N day
供暖系统	gōngnuǎn xìtǒng heating system
暖气	nuǎnqì N central heating
停	tíng V to stop
室内	shìnèi N indoors
白茫茫	báimángmáng Adj a vast expanse of whiteness

填空 Fill in the blanks

1. 北京一年有＿＿＿＿个季节。

2. ＿＿＿＿是北京的春天。

3. ＿＿＿＿是北京的夏天。

4. ＿＿＿＿是北京的秋天。

5. ＿＿＿＿是北京的冬天。

6. 北京最好的季节是＿＿＿＿。

7. 北京夏天的最高温度＿＿＿＿。

8. 北京冬天的最低温度＿＿＿＿。

9. 北京＿＿＿＿常常下雨。

10. 北京＿＿＿＿常常刮大风。

11. 北京冬天室内不冷，因为有＿＿＿＿。

12. 北京每年冬天都会＿＿＿＿。

13. 北京的供暖系统每年＿＿＿＿月开始送暖气，＿＿＿＿月停暖气。

14. 北京的气候特点是＿＿＿＿、＿＿＿＿、＿＿＿＿。

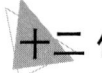 十二 作文　**Write an essay**

《我家乡的天气》（200 个字左右）

（16×13＝208 字）

十三 **按笔顺书写汉字**　**Write the Chinese characters in the correct stroke order**

péi	了 阝 阝 阝 阝 阫 陪 陪 陪							
陪	陪	陪	陪	陪				
zū	一 二 千 千 禾 禾 租 租 租							
租	租	租	租	租				

yī	一 丆 丆 匸 医 医 医									
医	医	医	医	医						
bìng	丶 亠 广 疒 疒 疒 疒 病 病 病									
病	病	病	病	病						
ké	丶 丨 口 口丶 吖 吩 咳 咳 咳									
咳	咳	咳	咳	咳						
sòu	丶 丨 口 口丶 口丶 吭 咋 啉 啉 嗽 嗽 嗽									
嗽	嗽	嗽	嗽	嗽						
suàn	丿 𠂉 𠂉 𠂉 竹 竹 竹 笪 笪 笪 笪 算 算 算									
算	算	算	算	算						
biàn	丶 亠 亣 亣 亦 亦 变 变									
变	变	变	变	变						
jiě	丿 ⺈ 广 角 角 角 角 解 解 解 解 解									
解	解	解	解	解						
tōu	丿 亻 亻 㑒 㑒 偸 偸 偸 偸 偸 偷									
偷	偷	偷	偷	偷						
kū	丶 丨 口 口 吅 吅 吅 哭 哭 哭									
哭	哭	哭	哭	哭						

yàng	一 十 才 木 术 杧 栏 栏 样
样	样　样　样　样

dān	一 寸 扌 扪 扣 扣 担 担
担	担　担　担　担

qiū	ノ 二 千 禾 禾 禾 秒 秒 秋
秋	秋　秋　秋　秋

gù	一 厂 厅 厄 厄 厊 厎 顾 顾 顾
顾	顾　顾　顾　顾

cān	ㄣ ㄙ ㅗ 乡 矢 叅 参 参
参	参　参　参　参

duàn	ノ ト ト ヒ 钅 钅 钉 钉 针 铧 铲 铲 锻 锻
锻	锻　锻　锻　锻

liàn	、 ソ 少 火 炉 炉 炼 炼 炼
炼	炼　炼　炼　炼

shāo	、 ソ 少 火 灯 灶 烧 烧 烧 烧
烧	烧　烧　烧　烧

xìng	、 ソ ᵉ 兴 兴 兴
兴	兴　兴　兴　兴

nǐ zuì jìn zěn me yàng
你最近怎么样

gěi péng you de yì fēng xìn
——给朋友的一封信

How are you doing these days — A letter to a friend

一 **根据课文内容回答问题** Answer the questions according to the text

1. 京美觉得在北京的留学生活怎么样？ _____

2. 京美觉得她的汉语老师怎么样？ _____

3. 京美觉得她的外国同学怎么样？ _____

4. 京美忙吗？ _____

5. 课余时间京美的同学们干什么？ _____

6. 老师告诉京美，在北京学习汉语和在外国学习汉语有哪些不一样？

_____

7. 京美常常在哪儿吃午饭？ _____

8. 晚上和周末，京美常常去饭馆吃什么菜？ _____

9. 京美觉得自己比刚来北京时怎么样？ _____

10. 北京有外国人熟悉的快餐店吗？有哪些？ _____

11. 京美觉得北京的秋天怎么样？ _____

12. 京美知道和子有男朋友吗？ _____

13. "警察"是谁？ _____

14. 下星期京美要干什么？ _____

二 **词语替换练习** Substitute the underlined words in the phrases

1. 新朋友　　　　新_____　　2. 外国风味 _____风味

3. 期中考试 _____考试　　4. 男朋友 _____朋友

5. 小狗"警察"　　小狗_____　　6. 中国菜　　_____菜

7. 不冷也不热　　不____也不____　　8. 熟悉的快餐店　　熟悉的_____

三 句型替换练习　Substitute the underlined words in the sentences

1. <u>我在北京生活</u>挺愉快的。_____

2. <u>汉语老师</u>很热情。_____

3. <u>外国同学</u>很友好。_____

4. <u>中国菜</u>很好吃。_____

5. 问<u>他</u>好。_____

6. <u>秋天</u>是北京最好的季节。_____

7. <u>这种咖啡</u>很好喝。_____

8. 你的朋友<u>铃木</u>忙吗?_____

9. 我得去<u>复习</u>了。_____

10. 各国同学用汉语介绍自己国家的<u>情况</u>。_____

四 填写宾语　Fill in the blanks with objects

1. 送_____、_____、_____

2. 看_____、_____、_____

3. 陪_____、_____、_____

4. 注意_____、_____、_____

5. 感谢_____、_____、_____

6. 介绍_____、_____、_____

7. 认识_____、_____、_____

8. 照顾_____、_____、_____

五 用"像……什么的"完成句子　Complete the sentences with "像……什么的"

1. 北京的名胜古迹很多,_____。

2. 我喜欢吃的中国菜很多,_____。

3. 他去过的国家不少,_____。

4. 她的爱好很多,_____。

5. 他爸爸去过中国许多地方,_____。

6. 他们房间有不少电器,_____。

7. 今天我去商店买了很多吃的东西，＿＿＿＿＿＿＿＿＿＿＿＿＿＿＿＿。

8. 中国有许多有名（yǒumíng）的地方，＿＿＿＿＿＿＿＿＿＿＿＿＿＿＿。

9. 他知道许多世界名牌，＿＿＿＿＿＿＿＿＿＿＿＿＿＿＿＿＿＿＿。

10. 他知道不少世界有名的大学，＿＿＿＿＿＿＿＿＿＿＿＿＿＿＿＿。

六 用"得"(děi) 完成句子　Complete the sentences with "得"

1. 我感冒了，＿＿＿＿＿＿＿＿＿＿＿＿＿＿＿＿＿＿＿＿＿＿＿＿＿。

2. 明天我们班有听写，＿＿＿＿＿＿＿＿＿＿＿＿＿＿＿＿＿＿＿＿。

3. 我朋友今天下午到北京，＿＿＿＿＿＿＿＿＿＿＿＿＿＿＿＿＿＿。

4. 7：50 了，＿＿＿＿＿＿＿＿＿＿＿＿＿＿＿＿＿＿＿＿＿＿＿＿。

5. 现在是晚上12 点了，＿＿＿＿＿＿＿＿＿＿＿＿＿＿＿＿＿＿＿。

6. 下课了，＿＿＿＿＿＿＿＿＿＿＿＿＿＿＿＿＿＿＿＿＿＿＿＿＿。

7. 下午我不去买东西，＿＿＿＿＿＿＿＿＿＿＿＿＿＿＿＿＿＿＿＿。

8. 你不舒服，＿＿＿＿＿＿＿＿＿＿＿＿＿＿＿＿＿＿＿＿＿＿＿＿。

9. 天气很冷，＿＿＿＿＿＿＿＿＿＿＿＿＿＿＿＿＿＿＿＿＿＿＿＿。

10. 天气很热，＿＿＿＿＿＿＿＿＿＿＿＿＿＿＿＿＿＿＿＿＿＿＿。

11. 我的感冒已经好了，＿＿＿＿＿＿＿＿＿＿＿＿＿＿＿＿＿＿＿＿。

12. 我没有钱了，＿＿＿＿＿＿＿＿＿＿＿＿＿＿＿＿＿＿＿＿＿＿＿。

七 选择"怎么样"、"什么"、"怎么"完成对话
Choose "怎么样"，"什么" or "怎么" to complete the dialogues

1. A：＿＿＿＿＿＿＿＿＿＿＿？
   B：他买的牛仔裤挺漂亮的。

2. A：＿＿＿＿＿＿＿＿＿＿＿？
   B：我想买咖啡、面包。

3. A：＿＿＿＿＿＿＿＿＿＿＿？
   B：我骑自行车去教室。

4. A：＿＿＿＿＿＿＿＿＿＿＿？
   B：他用汉语介绍他的爱好。

5. A：＿＿＿＿＿＿＿＿＿＿＿？
   B：说汉语像唱歌。

6. A：＿＿＿＿＿＿＿＿＿＿＿？
   B：他的笔记本电脑又轻又薄。

7. A：_____？
   B：我用电脑给朋友写信。

8. A：_____？
   B：她的汉语很好。

9. A：_____？
   B：他的女朋友很漂亮。

10. A：_____？
    B：那家饭馆的菜很贵。

11. A：_____？
    B：我喜欢听古典音乐。

12. A：_____？
    B：写汉字像画画儿。

13. A：_____？
    B：北京的秋天真美。

14. A：_____？
    B：我家的小狗很可爱。

八　根据所给条件，用"还＋动词／形容词"造句

Make sentences with "还＋ verb /adjective" based on the given situations

例：去年他住留学生一公寓，今年他也住留学生一公寓。
　　→ 他还住留学生一公寓。

1. 我家过去（guòqù）住那儿，现在也住那儿。
   →_____

2. 去年他在上海工作，今年也在上海工作。
   →_____

3. 我中午吃了包子，晚上也吃包子。
   →_____

4. 他两年前来北京师范大学学习汉语，现在也在北京师范大学学习汉语。
   →_____

5. 这种电脑上个星期卖6000元人民币，这个星期价格没有变。
   →_____

6. 他打算明年回国，现在在北京学习汉语。
   →_____

7. 她生病以后没有瘦。
   →_____

8. 他上次考试不及格（jígé），这次考试也不及格。
   →_____

9. 爸爸参加工作就在这家公司工作，三十年了，没有换（huàn）过工作。

→ _____

10. 我家的小狗一年前很瘦，一年了，它好像没有长胖。

→ _____

九 完成句子　Complete the sentences

1. 刚来北京时，_____。

2. 刚学汉语时，_____。

3. 我们班刚下课，_____。

4. 我刚认识她的时候，_____。

5. 刚学汉语的时候，_____。

6. 他大学刚毕业，_____。

十 根据所给条件，用"就要……了"造句
Make sentences with "就要……了" based on the given situations

例：今天星期三，我们星期四考试。→ 我们就要考试了。

1. 8：00 上课，现在 7：55。

→ _____

2. 飞机（fēijī）10：00 起飞（qǐfēi），现在 9：58。

→ _____

3. 火车（huǒchē）6：23 开车（kāi chē），现在 6：20。

→ _____

4. 11：30 下课，现在 11：25。

→ _____

5. 11 月 25 日期中考试，今天 11 月 20 日。

→ _____

6. 飞机 12：05 到北京，现在 12：00。

→ _____

7. 他的生日（shēngrì）是 3 月 3 日，今天 3 月 1 日。

　　→ _____

8. 她 1 月 12 日回国，今天 1 月 10 日。

　　→ _____

9. 晚会（wǎnhuì）7：30 开始，现在 7：25。

　　→ _____

10. 电影 8：15 开始，现在 8：05。

　　→ _____

11. 今天 9 月 1 日，他 9 月 2 日到北京。

　　→ _____

12. 下个月 18 号是妈妈 50 岁生日。

　　→ _____

十一 按 "/" 画出的停顿标记朗读下列句子
Read aloud the following sentences and pause wherever there is a "/"

1. 北京也有 / 我们熟悉的 / 快餐店。

2. 下星期 / 我们就要 / 期中考试了。

3. 在中国 / 学习汉语 / 跟在外国 / 学习汉语 / 不一样。

4. 我觉得 / 我比刚来中国的时候 / 胖多了。

5. 京美觉得 / 中国菜比日本菜 / 油腻多了，但是 / 很好吃。

6. 没有课的时候，我喜欢一个人 / 逛北京的胡同。

十二 填写合适的汉字组成词语　Fill in the blanks with proper characters and make words

1. ＿＿＿友、友＿＿＿　　2. ＿＿＿期、期＿＿＿　　3. ＿＿＿语、语＿＿＿

4. ＿＿＿家、家＿＿＿　　5. ＿＿＿爱、爱＿＿＿　　6. ＿＿＿准、准＿＿＿

7. 中＿＿＿、中＿＿＿　　8. 小＿＿＿、小＿＿＿　　9. 比＿＿＿、比＿＿＿

十三 圈出形旁相同的汉字　Circle the characters with the same semantic radical in each group

1. 熟　照　蕉　热　　2. 问　闻　吃　词　　3. 狗　把　打　排

4. 讨　语　活　论　　5. 红　江　绿　紫　　6. 看　晴　吹　瞄

7. 样　板　拉　村　　8. 胖　伴　期　腻　　9. 情　快　悉　点

10. 家　安　常　察　　11. 刘　别　行　判　　12. 贵　贫　贯　财

十四 阅读理解 Reading comprehension

和子的回信

京美:

你好! 收到你的信很高兴, 知道你在北京生活很愉快, 我们也放心了。

我现在很忙。正在准备写毕业论文, 我想写关于日本女性文学方面的论文。指导老师很严格, 就是那位大家都很害怕的中田先生, 我有点儿担心。

下课后, 我还在那家报社打工。这个工作收入不低, 可以支付我自己的生活费。报社还免费提供宿舍, 也不太累, 就是起得太早, 每天早上4:30就得出门送报纸。6:00送完报纸时, 我已经很累了, 所以上午上课的时候, 我常常偷偷打瞌睡, 真不好意思。我早上送报纸的时候常常想, 我大学毕业以后, 一定要办一份晚报, 不让送报纸的人早起了。

铃木还好, 他工作很忙。他们公司派他明年3月去美国学习英语。如果去中国学习汉语多好啊!

小狗"警察"又长胖了一点儿, 矮矮的、胖胖的, 不爱活动, 喜欢睡觉。

我们打算下星期六去看红叶, 真希望和你一块儿去。上星期天我和铃木逛街, 买了一块很流行的手表, 是瑞士的名牌手表, 挺贵的, 样子有点儿奇怪, 但是我很喜欢。

回信	huíxìn	N	reply
放心	fàng xīn	V//O	to feel relieved
毕业	bì yè	V//O	to graduate
论文	lùnwén	N	thesis, dissertation
关于	guānyú	Prep	about
女性	nǚxìng	N	female gender, woman
指导	zhǐdǎo	V	to supervise
严格	yángé	Adj	strict
害怕	hàipà	V	to be afraid of
中田	Zhōngtián	PN	name of a person
报社	bàoshè	N	newspaper office
打工	dǎ gōng	V//O	to work part-time
收入	shōurù	N	income
支付	zhīfù	V	to pay
提供	tígōng	V	to provide
打瞌睡	dǎ kēshuì		to doze off
办	bàn	V	to establish, to set up
份	fèn	M	*a measure word*
晚报	wǎnbào	N	evening paper
派	pài	V	to send
活动	huódòng	V	to exercise, to move about
希望	xīwàng	V	to hope
一块儿	yíkuàir	Adv	together
手表	shǒubiǎo	N	watch
瑞士	Ruìshì	PN	Swiss
奇怪	qíguài	Adj	strange

好了，不多写了。铃木问你好。

　祝

身体好！

　　　　　　　　　　　和子

　　　　　　　　12 月 10 日

判断正误（对的画〇，错的画 ×）

Decide whether the following statements are true or false (〇 for true and × for false)

1. 和子收到了京美的信。　　　　　　　　（　　　）
2. 和子现在是研究生。　　　　　　　　　（　　　）
3. 和子已经在写毕业论文了。　　　　　　（　　　）
4. 和子想写中国文学方面的论文。　　　　（　　　）
5. 和子有论文指导老师。　　　　　　　　（　　　）
6. 和子的指导老师很严格。　　　　　　　（　　　）
7. 和子下课以后要打工。　　　　　　　　（　　　）
8. 和子打工的工作是早上送报纸。　　　　（　　　）
9. 和子不满意她打工的工作。　　　　　　（　　　）
10. 和子每天早上花两个小时送报纸。　　（　　　）
11. 铃木明年自己花钱去美国学英语。　　（　　　）
12. 铃木现在是和子的同学。　　　　　　（　　　）
13. "警察"是和子的小狗的名字。　　　　（　　　）
14. 和子的小狗不爱活动。　　　　　　　（　　　）
15. 和子打算下个月去看红叶。　　　　　（　　　）
16. 和子买了一块瑞士名牌手表。　　　　（　　　）

十五 作文　Write an essay

《一封信》（250 个字左右）

（16×16=256字）

十六 按笔顺书写汉字 Write the Chinese characters in the correct stroke order

fēng	一 十 土 圭 圭 圭 封 封									
封	封	封	封	封						
xìn	ノ 亻 亻 亻 信 信 信 信 信									
信	信	信	信	信						

qíng	´ ´ ´ 忄 忄 忄 忄 情 情 情
情	情 情 情 情
pái	一 寸 扌 扌 扫 扫 抈 捐 排 排 排
排	排 排 排 排
pàng	丿 刀 月 月 月 肝 肨 胖
胖	胖 胖 胖 胖
shú	` ㇐ 亠 亠 亨 亨 享 享 郭 孰 孰 孰 熟 熟
熟	熟 熟 熟 熟
xī	ノ ㇒ ㇇ 㸚 平 乎 采 采 悉 悉 悉
悉	悉 悉 悉 悉
kǎo	` ´ 丷 火 灯 灯 灶 炌 烤 烤
烤	烤 烤 烤 烤
jì	一 二 千 禾 禾 季 季 季
季	季 季 季 季
báo	一 十 艹 艹 莎 莎 莎 莎 蒲 蒲 蓮 薄 薄
薄	薄 薄 薄 薄
shù	一 十 才 木 杧 杈 杈 树 树
树	树 树 树 树

fú	丨 冂 巾 巾 巾 帪 帪 帪 幅 幅 幅
幅	幅　幅　幅　幅

tú	丨 冂 冂 冈 冈 冈 图 图
图	图　图　图　图

gǒu	丿 犭 犭 犭 犳 狗 狗 狗
狗	狗　狗　狗　狗

jǐng	一 十 卅 艹 芍 芍 苟 苟 苟 苟 苟 敬 敬 敬 警 警 警 警
警	警　警　警　警

chá	丶 丷 宀 灾 灾 灾 灾 灾 穷 窄 穿 察 察 察
察	察　察　察　察

ǎi	丿 丨 乚 矢 矢 矢 矨 矨 矮 矮 矮 矮 矮
矮	矮　矮　矮　矮

jiù	丶 亠 六 古 亨 京 京 京 就 就
就	就　就　就　就

de/děi	丿 彳 彳 彳 祁 得 得 得 得 得
得	得　得　得　得

zhù	丶 礻 礻 礻 礻 礻 祀 祀 祝
祝	祝　祝　祝　祝

nǐ xué hàn yǔ duō cháng shí jiān le
你学汉语多 长 时间了
How long have you been studying Chinese

一 根据课文内容回答问题　**Answer the questions according to the text**

1. "我" 来中国学习汉语多长时间了？ _____

2. "我" 觉得自己的汉语现在怎么样？ _____

3. "我" 发现中国人有什么习惯？ _____

4. "我" 觉得中国人的这个习惯怎么样？ 为什么？ _____

5. "我" 的午觉怎么样？ _____

6. 中国朋友告诉 "我" 什么？ _____

7. "我" 对什么感到遗憾？ _____

8. "我" 为什么感到遗憾？ _____

二 词语替换练习　**Substitute the underlined words in the phrases**

1. 睡午觉的习惯 _____的习惯　　2. 两个多小时 两个多_____

3. 两个钟头 _____个钟头　　4. 二十多分钟 _____多分钟

5. 半个小时 半个_____　　6. 太长了 太_____了

7. 休息时间 _____时间　　8. 大城市 _____城市

三 句型替换练习　**Substitute the underlined words in the sentences**

1. 他没有时间睡午觉。 _____

2. 我希望了解中国老百姓的生活。 _____

3. 我希望了解中国老百姓的生活。 _____

4. 我来中国学了三个多月汉语了。 _____

5. 现在我有时间打篮球。 _____

6. 现在中国人渐渐地<u>不睡午觉了</u>。 _____

7. <u>中国人有睡午觉的习惯</u>。 _____

8. 我们中午休息<u>一个多钟头</u>。 _____

四 用下列动词的重叠形式造句
Make sentences with the reduplicative form of the following verbs

1. 看 _____ 2. 听 _____

3. 打 _____ 4. 写 _____

5. 休息 _____ 6. 练习 _____

7. 学习 _____ 8. 锻炼 _____

9. 睡觉 _____ 10. 聊天儿 _____

11. 唱歌 _____ 12. 见面 _____

五 用"一般"完成对话 Complete the dialogues with "一般"

1. A：你每天几点起床？

   B：_____ 。

2. A：你每天几点睡觉？

   B：_____ 。

3. A：你每天中午在哪儿吃午饭？

   B：_____ 。

4. A：你什么时候上网？

   B：_____ 。

5. A：你什么时候锻炼？

   B：_____ 。

6. A：你每天几点去教室？

   B：_____ 。

7. A：你什么时候给家里打电话？

   B：_____ 。

8. A：周末你常常干什么？

   B：_____ 。

六 用时段词改写下列短语 Rewrite the phrases with the words indicating duration of time

例：10 月 25 日 ~ 10 月 26 日 → 两天

1. 8：00 ~ 10：00 → _____

2. 20：00 ~ 20：30 → _____

3. 1 月 1 日 ~ 1 月 31 日 → _____

4. 7：45 ~ 7：50 → _____

5. 8：00 ~ 8：45 → _____

6. 8：10 ~ 8：50 → _____

7. 5 月 1 日 ~ 5 月 15 日 → _____

8. 2001 年 1 月 1 日 ～ 2002 年 6 月 30 日 → _____

9. 18 个月 → _____   10. 36 个小时 → _____

11. 90 分钟 → _____   12. 14 天 → _____

13. 21 天 → _____   14. 6 个月 → _____

15. 24 个小时 → _____   16. 120 分钟 → _____

七   根据所给条件，用时量补语造句

Make sentences with complements of duration based on the given situations

例：6:30 ～ 6:50   洗澡 → 我洗了 20 分钟的澡。

1. 7：00 ～ 7：15   吃早饭 → _____

2. 8：00 ～ 11：30   上课 → _____

3. 12：00 ～ 12：30   吃午饭 → _____

4. 13：00 ～ 15：00   睡午觉 → _____

5. 16：15 ～ 16：45   听课文录音 → _____

6. 17：00 ～ 18：00   打篮球 → _____

7. 18：00 ～ 19：00   做晚饭 → _____

8. 20：00 ～ 22：00   写作业 → _____

9. 23：00 ～ 23：30   洗澡 → _____

10. 11：00 ～ 7：00   睡觉 → _____

11. 我 9 月开始学习汉语，现在 11 月，还在学习汉语。

     → _____

12. 我 3 月开始找工作，现在 9 月，还没找到工作。

     → _____

13. 爸爸 22 岁开始工作，他今年 52 岁，还在工作。

     → _____

14. 弟弟两年以前开始上大学。

     → _____

15. 妹妹 7：00 开始打电话，现在 7：30 了，她还在打电话。

　　→ _____

16. 姐姐三年前去美国工作，现在还在美国工作。

　　→ _____

17. 哥哥一年前开始读研究生。

　　→ _____

18. 他们 12：00 开始吃午饭，现在 1：00 了，他们还在吃。

　　→ _____

19. 我 11：00 开始等他，他 11：20 来的。

　　→ _____

20. 我 11：00 开始等他，现在 11：20，他还没来。

　　→ _____

八　用"太……了"完成句子　Complete the sentences with "太……了"

1. 你今天买的牛仔裤不合适，_____。

2. 今天最高温度 38℃，_____。

3. 今天最低温度 0℃，_____。

4. 你穿这件衬衣不合适，_____。

5. 昨天你没去唱卡拉 OK，_____。

6. 这家饭馆的饺子 _____。

7. 今天的课 _____。

8. 我最近学习很紧张，_____。

九　仿照例句，用"只＋动词"改写句子
Rewrite the sentences with "只 +verb" following the example

例：她今天买了牛仔裤，没买衬衣、袜子、鞋子。

　　→ 她今天只买了牛仔裤。

1. 我没有哥哥、没有弟弟、没有姐姐，有妹妹。

　　→ _____

2. 他会打篮球，不会打排球（páiqiú），不会打网球（wǎngqiú），也不会打棒球（bàngqiú）、乒乓球（pīngpāngqiú）。

   → _____

3. 她吃鱼肉，不吃猪肉、牛肉、鸡肉。

   → _____

4. 她喜欢白色，不喜欢黑色、蓝色、红色等颜色。

   → _____

5. 她是美国人，会说英语，不会说别的语言。

   → _____

6. 他有韩国朋友，没有别的国家的朋友。

   → _____

7. 他今天买了不少苹果，没有买别的水果。

   → _____

8. 她爱欧洲古典音乐，不爱听别的音乐。

   → _____

十 用时量补语完成对话
Complete the dialogues with complements of duration

1. A：你来北京多长时间了？
   B：_____。

2. A：你看了多长时间电视了？
   B：_____。

3. A：你们休息了几分钟了？
   B：_____。

4. A：你爸爸已经工作了多少年了？
   B：_____。

5. A：昨天你上了几个小时的网？
   B：_____。

6. A：你学了多长时间的汉语了？
   B：_____。

7. A：你听了多长时间的音乐了？
   B：_____。

8. A：你们认识了多长时间？
   B：_____。

9. A：你们聊了多长时间了？
   B：_____。

10. A：这次你感冒了几天？
   B：_____。

十一 按"/"画出的停顿标记朗读下列句子

Read aloud the following sentences and pause wherever there is a "/"

1. 我希望了解 / 中国老百姓的 / 生活。

2. 我觉得 / 自己的汉语水平 / 有了很大的提高，学习 / 也没有以前 / 紧张了。

3. 我认为 / 中国人睡午觉的习惯 / 不错，很有 / 科学道理。

4. 大城市的 / 中国人、在公司工作的 / 中国人也渐渐地 / 不睡午觉了。

5. 你的男朋友铃木 / 最近工作 / 一定很忙吧?

6. 我在公司工作的时候 / 中午休息时间 / 很短。

十二 给下列多音字注音并组词

Write *pinyin* for the following polyphones and make words

序号	汉字	拼音1	组词	拼音2	组词
例	好	hǎo	好吃	hào	爱好
1	觉				
2	长				
3	为				
4	教				
5	和				
6	发				
7	同				
8	便				
9	了				
10	大				

十三 圈出正确的汉字　Circle the right characters

1. 我好(九　久)没见老朋友了。

2. 我们中午(休　体)息时间很短。

3. 我们就要期中(考　老)试了。

4. 在公司工(做　作)的人不睡午觉。

5. 北京一年有四个(季　李)节。

6. 我(学　字)了三个月的汉语了。

7. 我想了解中国老(百　白)姓的生活。

8. 我的午觉时（间　问）太长了。

9. 你有什么（受　爱）好？

10. 下午 2：00 我常常很（困　因）。

十四 阅读理解 Reading comprehension

生活习惯

　　每个人都有自己的生活习惯。比如，每天都在相同的时间起床、吃饭、学习、睡觉，生活比较有规律。东西放在固定的地方，比如，衣服放在衣柜里，书放在书柜里，现金和存折放在固定的地方。这样用的时候比较方便。如果每天的时间安排、放东西的地方都有规律，渐渐地就养成了自己的生活习惯。这种有规律的生活习惯是一种好习惯。

　　好习惯不那么容易养成，因为它有规定，有时候还会让人觉得"麻烦"。比如，早上到了时间就得起床，不能舒舒服服地睡懒觉，东西要经常整理。

　　不过，好习惯养成后也就成了一件很自然的事情，如果改变自己的生活规律，你可能还会觉得不习惯呢。比如，工作的时间睡觉，睡觉的时间吃饭等。

　　如果每天的时间安排没有规律、东西不放在固定的地方，那生活就太乱了。生活没有规律是一种坏习惯。

　　坏习惯很容易养成，因为它没有规律，想什么时候起床，就什么时候起床；想什么时候睡觉，就什么时候睡觉；东西想放在什么地方，就放在什么地方，也不需要整理。

　　有人说，世界上那些特别伟大的人物，生活都没有规律，如英国的物理学家牛顿。

相同	xiāngtóng	Adj same
规律	guīlù	N regularity
固定	gùdìng	Adj fixed
书柜	shūguì	N bookcase
现金	xiànjīn	N cash
存折	cúnzhé	N bankbook
养成	yǎngchéng	V to develop
规定	guīdìng	N rule
麻烦	máfan	Adj troublesome
睡懒觉	shuì lǎnjiào	V//O to sleep in
整理	zhěnglǐ	V to sort out
自然	zìrán	Adj natural
改变	gǎibiàn	V to change
乱	luàn	Adj disorderly
需要	xūyào	OpV to need
伟大	wěidà	Adj great
物理学家	wùlǐxuéjiā	N physicist
牛顿	Niúdùn	PN Sir Isaac Newton

一般人睡觉的时候，这些伟大人物在工作；一般人工作的时候，他们休息。其实，这些伟大的人物也有自己的生活习惯，只是他们的习惯跟我们一般人的不一样，比较特别。

朋友，你有自己的生活习惯吗？

其实　qíshí　Adv　actually

（一）回答问题　Answer the questions

1. 什么是生活习惯？ _____

2. 没有固定的生活习惯是方便还是不方便？为什么？ _____

3. 为什么刚开始养成好习惯时不方便？ _____

4. 为什么养成好习惯以后生活很方便？ _____

5. 伟大人物有没有固定的生活习惯？ _____

6. 你觉得生活要有规律吗？ _____

（二）填表　Fill in the table

好习惯的表现	
坏习惯的表现	

十五 作文　Write an essay

《我的课余生活》（250个字左右）

（16×16=256字）

十六 按笔顺书写汉字　Write the Chinese characters in the correct stroke order

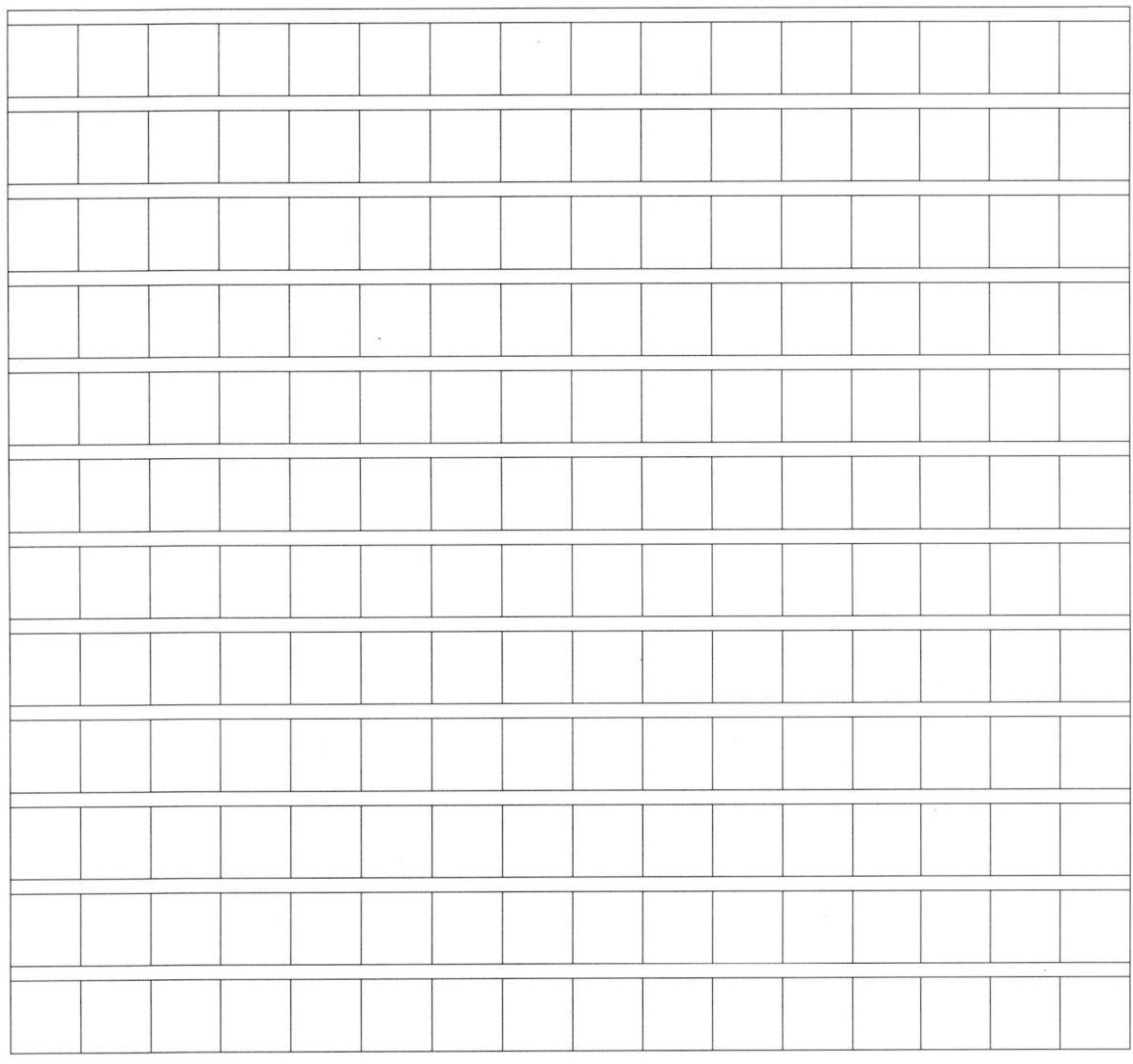

jǐn	丨 刂 刂 収 収 竖 竖 竖 紧 紧								
紧	紧	紧	紧	紧					
yú	丿 人 仝 仝 仝 余 余								
余	余	余	余	余					

xī	ノ メ 广 产 产 矛 希 希
希	希 希 希 希

wàng	` 丶 亡 切 切 切 胡 朔 望 望 望
望	望 望 望 望

bān	' ノ 力 月 舟 舟 舟 舸 舨 般 般
般	般 般 般 般

zhōng	ノ 广 与 与 车 车 钇 钇 钟
钟	钟 钟 钟 钟

shén	` 丶 礻 礻 衤 衤 衵 袇 神
神	神 神 神 神

kē	ノ 二 千 禾 禾 禾 利 科 科
科	科 科 科 科

lǐ	一 二 千 王 玑 玑 玾 玾 理 理
理	理 理 理 理

duǎn	ノ 上 三 天 矢 矢 矢 矩 短 短 短 短
短	短 短 短 短

kùn	丨 冂 冂 用 闲 困 困
困	困 困 困 困

zǒng	丶 丷 丷 丷 芦 芎 总 总 总								
总	总	总	总	总					
xiāng	乡 乡 乡								
乡	乡	乡	乡	乡					
suí	阝 阝 阝 阝 陌 陌 陌 陌 随 随								
随	随	随	随	随					
sú	丿 亻 亻 亻 伙 伙 伀 俗 俗								
俗	俗	俗	俗	俗					
zòu	一 二 三 声 夫 夫 表 奏 奏								
奏	奏	奏	奏	奏					
chéng	一 十 土 圹 圹 圿 城 城 城								
城	城	城	城	城					
jiàn	丶 丶 氵 汀 泸 泸 泸 洴 渐 渐 渐								
渐	渐	渐	渐	渐					
yí	丶 丷 口 虫 虫 串 串 贵 贵 贵 遗 遗								
遗	遗	遗	遗	遗					
hàn	丶 丶 忄 忄 忄 忴 忴 忴 忴 忴 憾 憾 憾 憾 憾 憾								
憾	憾	憾	憾	憾					

tiān ān mén guǎng chǎng dà bu dà

天安门广场大不大

Is Tian'anmen Square large

一 根据课文内容判断正误(对的画○,错的画×)
Decide whether the following statements are true or false according to the text (○ for true and × for false)

1. 天安门广场是世界上最大的广场。 （   ）

2. 天安门广场也是名胜古迹。 （   ）

3. 广场北边是天安门城楼。 （   ）

4. 天安门广场现在只是人们散步的地方。 （   ）

5. 星期六"我"和朋友去天安门广场玩儿。 （   ）

6. "我"和朋友坐出租车去了天安门广场。 （   ）

7. 广场东边是人民大会堂。 （   ）

8. 今天天气不太好。 （   ）

9. 广场上有许多中国人在散步。 （   ）

10. "我"喜欢在天安门广场散步。 （   ）

二 词语替换练习 Substitute the underlined words in the phrases

1. 自行车 _____车   2. 天安门广场 _____广场

3. 国家博物馆 _____博物馆   4. 有名的地方 有名的_____

5. 新鲜空气 新鲜_____   6. 广场中间 _____中间

7. 广场北边 广场_____   8. 广场西边 _____西边

9. 休闲的地方 休闲的_____   10. 举世闻名的故宫 举世闻名的_____

三 句型替换练习 Substitute the underlined words in the sentences

1. 早上空气很新鲜。_____

2. 明天我想去逛天安门广场。_____

3. 今天天晴。_____

4. 街道两旁干干净净的。_____

5. 路上人很少。_____

6. 我来北京以后一直想去参观故宫。_____

7. 我们骑了半个小时到了天安门广场。_____

8. 我们骑自行车去天安门广场。_____

9. 我觉得在天安门广场散步的感觉真好。_____

10. 天安门广场是中国有名的名胜古迹。_____

四 用正反疑问句改写下列句子

Rewrite the following sentences into positive-negative interrogative sentences

例：他不是留学生。 → 他是不是留学生？

1. 他是中国人。 → _____

2. 他有姐姐。 → _____

3. 我喜欢看电影。 → _____

4. 我们教室很干净。 → _____

5. 他个子很高。 → _____

6. 北京冬天很冷。 → _____

7. 明天晚上我去看朋友。 → _____

8. 今天上午我没去上课。 → _____

9. 下周末我妹妹回国。 → _____

10. 我下午洗了衣服。 → _____

11. 晚上我不上网。 → _____

12. 我没有同屋。 → _____

13. 我现在很忙。 → _____

14. 这个菜很好吃。 → _____

五 用"从……+ 动词"完成对话 **Complete the dialogues with "从……+verb"**

1. A：我们从哪儿去他家？

    B：＿＿＿＿＿＿＿＿＿＿＿。

2. A：你们打算从哪儿回北京？

    B：＿＿＿＿＿＿＿＿＿＿＿。

3. A：你们从哪儿去美国？

    B：＿＿＿＿＿＿＿＿＿＿＿。

4. A：我们怎么回学校？

    B：＿＿＿＿＿＿＿＿＿＿＿。

5. A：你从哪儿去上海？

    B：＿＿＿＿＿＿＿＿＿＿＿。

6. A：我们从哪儿走最近？

    B：＿＿＿＿＿＿＿＿＿＿＿。

7. A：我们从哪儿坐车最方便？

    B：＿＿＿＿＿＿＿＿＿＿＿。

8. A：我们怎么回东京？

    B：＿＿＿＿＿＿＿＿＿＿＿。

六 用下列形容词的重叠形式造句（只选做一种句型）

Make sentences with the reduplicative form of the following adjectives (using only one sentence pattern)

例：高兴 （1）她每天都高高兴兴的。

          （2）她高高兴兴地出门了。

          （3）看着她高高兴兴的样子，大家也挺高兴的。

1. 大＿＿＿＿＿＿＿＿＿＿

2. 小＿＿＿＿＿＿＿＿＿＿

3. 高＿＿＿＿＿＿＿＿＿＿

4. 黑＿＿＿＿＿＿＿＿＿＿

5. 胖＿＿＿＿＿＿＿＿＿＿

6. 干净＿＿＿＿＿＿＿＿＿＿

7. 整齐＿＿＿＿＿＿＿＿＿＿

8. 认真＿＿＿＿＿＿＿＿＿＿

9. 安静＿＿＿＿＿＿＿＿＿＿

10. 舒服＿＿＿＿＿＿＿＿＿＿

七 用"显得"完成句子 **Complete the sentences with "显得"**

1. 你穿这件衣服＿＿＿＿＿＿＿＿＿＿＿＿＿＿＿＿＿＿。

2. 你穿这条裙子＿＿＿＿＿＿＿＿＿＿＿＿＿＿＿＿＿＿。

3. 老人（lǎorén）穿牛仔裤＿＿＿＿＿＿＿＿＿＿＿＿＿＿。

4. 她房间里东西很少，＿＿＿＿＿＿＿＿＿＿＿＿＿＿＿＿。

5. 她房间里东西很多，＿＿＿＿＿＿＿＿＿＿＿＿＿＿＿＿。

6. 他经常穿世界名牌，＿＿＿＿＿＿＿＿＿＿＿＿＿＿＿＿。

7. 他穿黑色大衣，＿＿＿＿＿＿＿＿＿＿＿＿＿＿＿＿＿＿＿＿＿＿＿＿。

8. 今天老师穿了一条白裙子，＿＿＿＿＿＿＿＿＿＿＿＿＿＿＿＿＿＿。

9. 穿白色的衣服＿＿＿＿＿＿＿＿＿＿＿＿＿＿＿＿＿＿＿＿＿＿＿。

10. 爸爸今天穿了一套运动服，＿＿＿＿＿＿＿＿＿＿＿＿＿＿＿＿＿。

八 根据课文，画一张天安门广场的平面图，标出天安门城楼、正阳门、人民大会堂、国家博物馆、人民英雄纪念碑和故宫的位置

Read the text and draw a plan of Tian'anmen Square. Mark the positions of Tian'anmen Tower, Zhengyang Gate, the Great Hall of People, the National Museum and the Imperial Palace

九 用"一直"改写句子 Rewrite the sentences with "一直"

例：我家在这儿住了 30 多年了。→ 我家 30 多年来一直住在这儿。

1. 我很小就想当大夫。→ ＿＿＿＿＿＿＿＿＿＿＿＿＿＿＿＿＿＿

2. 爸爸在这家公司工作了 30 年了。→ ＿＿＿＿＿＿＿＿＿＿＿＿＿

3. 我家在这儿住了 40 多年了。→ ＿＿＿＿＿＿＿＿＿＿＿＿＿＿

4. 奶奶年轻的时候很漂亮，现在老了，也很漂亮。→ ＿＿＿＿＿＿＿

5. 他 60 多岁了，还没结婚。→ ＿＿＿＿＿＿＿＿＿＿＿＿＿＿＿＿

6. 我很小就想来中国旅游。→ _____

7. 他在中国留学三年没回国。→ _____

8. 弟弟小时候身体不太好，现在身体也不太好。→ _____

十 按 "/" 画出的停顿标记朗读下列句子
Read aloud the following sentences and pause wherever there is a "/"

1. 天安门广场 / 现在是中国 / 举行重要政治活动的 / 地方。

2. 路上 / 人很少，街道两旁 / 干干净净的。

3. 天安门广场 / 真大啊！

4. 我觉得 / 在天安门广场散步的感觉 / 真好！

5. 我们学校的 / 大部分（bùfen）建筑 / 都是红色的。天晴的时候，蓝天、白云、青（qīng）山、红楼，十分好看。

6. 天安门城楼后面 / 是举世闻名的 / 故宫博物院。

十一 写出含有以下形旁的汉字并注音、组词
Write the characters with the following semantic radicals, write down the *pinyin* with tone marks and make words

序号	形旁	汉字	拼音	组词
1	女			
2	夂			
3	木			
4	扌			
5	犭			
6	禾			
7	口			
8	门			

十二 写出带点汉字的拼音 Write the *pinyin* for the dotted characters

1. 他头疼，嗓子疼，还发（ _____ ）烧。

2. 我朋友昨天理发（ _____ ）了。

3. 中国人一般都有睡午觉（ _____ ）的习惯。

4. 他觉（ _____ ）得自己的汉语不错。

5. 他的午觉时间太长（ _____ ）了。

6. 中国的首都（　　　　　）是北京。

7. 我喜欢逛北京的胡同（　　　　　）。

8. 他没有同（　　　　　）屋。

9. 他来北京以后买了（　　　　　）许多书。

10. 我希望了（　　　　　）解中国老百姓的生活。

11. 大（　　　　　）夫让我打针。

12. 我感冒以后，大（　　　　　）家都很关心我。

十三 阅读理解 Reading comprehension

（一）北　京

北京在中国的北方，是中国的首都，是全国的政治文化中心。

北京是一座古老的城市，已经有三千多年历史了，做过元、明、清三个朝代的首都。北京作为首都，到现在也有八百五十多年了。

北京的城市建设很有中国文化的特点：以故宫为中心，南北对称。街道又直又宽，方向很正，地名中常用方向词，如东长安街、西单、东单北大街、中关村南大街等。

北京话里轻声词、儿化词特别多。北京人关心政治，业余时间喜欢种花儿、养鸟儿。

北京是中国大学最多的城

北方	běifāng	N	north
文化	wénhuà	N	culture
座	zuò	M	*a measure word*
古老	gǔlǎo	Adj	ancient
元	Yuán	PN	a dynasty in Chinese history
清	Qīng	PN	a dynasty in Chinese history
朝代	cháodài	N	dynasty
作为	zuòwéi	V	to be as
建设	jiànshè	V	to build
对称	duìchèn	Adj	symmetric
直	zhí	Adj	straight
宽	kuān	Adj	wide
方向	fāngxiàng	N	direction
正	zhèng	Adj	straight

东长安街　Dōngcháng'ān Jiē　PN
name of a street in Beijing

西单　Xīdān　PN　name of a place in Beijing

东单北大街　Dōngdān Běidàjiē　PN
name of a street in Beijing

中关村南大街　Zhōngguāncūn Nándàjiē
PN　name of a street in Beijing

轻声	qīngshēng	N	neutral tone
儿化	érhuà	N	retroflex ending
业余	yèyú	Adj	sparetime

市，有八十多所大学，像北京
大学、清华大学、中国人民大
学、北京师范大学等著名大学
都在北京。

北京也是中国对外交流最
多的城市，许多外国大公司在北
京都有办事处。世界闻名的中国
电子城——中关村也在北京。

北京欢迎世界各国的朋友
们。

北京大学　　Běijīng Dàxué　　PN
name of an esteemed Chinese university
清华大学　　Qīnghuá Dàxué　　PN
name of an esteemed Chinese university
中国人民大学
Zhōngguó Rénmín Dàxué　　PN
name of an esteemed Chinese university
对外　　duì wài　　foreign, external
交流　　jiāoliú　　V　　to exchange
办事处　　bànshìchù　　N　　office, agency
闻名　　wénmíng　　V　　to be famous
电子　　diànzǐ　　N　　electron

判断正误（对的画〇，错的画×）

Decide whether the following statements are true or false (〇 for true and × for false)

1. 北京在中国的北方。 （　　）
2. 北京是中国的首都，是全国的政治经济中心。 （　　）
3. 北京是一座古老的城市。 （　　）
4. 北京做首都有三千多年了。 （　　）
5. 北京以天安门为中心。 （　　）
6. 北京城的路方向很正。 （　　）
7. 北京的地名中常用方向词。 （　　）
8. 北京人很喜欢养狗。 （　　）
9. 北京人关心经济。 （　　）
10. 中国大学最多的城市是北京。 （　　）
11. 中国对外交流最多的城市是上海。 （　　）
12. 中关村是世界闻名的电子城。 （　　）
13. 中关村在北京。 （　　）
14. 现在北京有许多外国大公司的办事处。 （　　）

（二）我的大学

我的大学校园很大，从东到西15公里，从南到北5公里，是一个长方形。

校园的东边是教学区，又叫东区。教学区有教学楼、办公楼、图书馆、实验楼、计算机中心、会议中心等。校园的西边是生活区，又叫西区。生活区有学生公寓、运动场、食堂、餐厅、银行、邮局、商店等。地铁在我们学校的东边、西边都有站，这样我们去东区学习或者回西区吃饭、休息都很方便。

学校北边有一座美丽的山，我们校园就建在山脚下。这座山不太高，山上树很多，一年四季郁郁葱葱。我们学校的大部分建筑都是红色的。天晴的时候，蓝天、白云、青山、红楼，十分好看。

我们大学已经有三百多年的历史了，是一所世界知名大学，每年都有不少外国学者或留学生来我们学校工作、学习。

我在这所大学已经学习了七年了，明年就要博士研究生毕业了。我爱我的大学，它给了我知识和力量。

校园	xiàoyuán	N	campus
长方形	chángfāngxíng	N	rectangle
教学	jiàoxué	N	teaching
区	qū	N	area, district
办公	bàn gōng	V//O	to work
实验	shíyàn	N	experiment
运动场	yùndòngchǎng	N	sports ground
站	zhàn	N	station
这样	zhèyàng	Pr	so
山脚	shānjiǎo	N	foot of a mountain or hill
郁郁葱葱	yùyùcōngcōng	Adj	lush and green
知名	zhīmíng	Adj	famous
学者	xuézhě	N	scholar
博士	bóshì	N	doctor (an academic degree)
力量	lìliang	N	power

判断正误（对的画○，错的画 ×）

Decide whether the following statements are true or false (○ for true and × for false)

1. "我"的大学在山脚下。 　　　　　　　　　　　（　　　）

2. "我"的大学校园是正方形的。 　　　　　　　　（　　　）

3. "我"的大学分为东区和西区。 　　　　　　　　（　　　）

4. 东区是生活区，西区是教学区。 　　　　　　　（　　　）

5. 校园里有地铁站。 　　　　　　　　　　　　　（　　　）

6. "我"的大学校园的房子大部分是白色的。　　　　（　　）

7. 不少外国人在"我"的大学学习或者研究。　　　　（　　）

8. "我"的大学是一所世界知名大学。　　　　　　　（　　）

9. "我"是这所大学的博士生。　　　　　　　　　　（　　）

10. "我"在这所大学学习了七年。　　　　　　　　　（　　）

11. "我"喜欢我的大学，因为它给了我知识和力量。　（　　）

12. "我"的大学里面没有学生公寓。　　　　　　　　（　　）

13. "我"的大学已经有一百多年历史了。　　　　　　（　　）

14. "我"博士研究生毕业了。　　　　　　　　　　　（　　）

十四 作文　Write an essay

要求：介绍一个自己国家有名的地方。请用上方位词语，250个字左右。

Directions: Introduce a famous place in your country using nouns of locality in your essay in about 250 characters.

（16×16＝256字）

十五 按笔顺书写汉字 Write the Chinese characters in the correct stroke order

nán	一 十 十 冇 内 内 南 南 南
南	南　南　南　南
jī	一 二 千 禾 禾 禾 和 积 积
积	积　积　积　积
jiàn	一 ㇆ ㇆ ㇗ ㇗ 聿 建 建
建	建　建　建　建
zhù	丿 𠂉 𠂆 竹 竹 竹 竺 竿 筑 筑 筑
筑	筑　筑　筑　筑
wù	丿 𠂆 牛 牛 牛 物 物 物
物	物　物　物　物
jǔ	丶 丷 丷 兴 产 兴 兴 举 举
举	举　举　举　举

wén	`丶 亻 门 门 闩 闻 闻 闻 闻 闻
闻	闻 闻 闻 闻
zhèng	一 丁 下 下 正 正 正 政 政
政	政 政 政 政
zhì	丶 氵 汋 汋 治 治 治 治
治	治 治 治 治
zhí	一 十 亡 亡 亡 直 直 直
直	直 直 直 直
jiē	丿 彳 彳 彳 彳 彳 往 往 往 街 街
街	街 街 街 街
páng	丶 亠 亠 亠 产 产 产 旁 旁 旁
旁	旁 旁 旁 旁
lù	丶 口 口 口 口 足 足 足 趵 趵 路 路 路
路	路 路 路 路
jìng	丶 丷 氵 氵 冸 冸 冸 净
净	净 净 净 净
qíng	丨 刂 日 日 旷 旷 旷 晴 晴 晴 晴 晴
晴	晴 晴 晴 晴

huī	一 ナ ナ ナ 灰 灰								
灰	灰	灰	灰	灰					
xiǎn	丶 冂 曰 日 旦 旱 昻 显 显								
显	显	显	显	显					
sàn	一 十 卅 卅 芇 苩 青 背 背 背 散 散								
散	散	散	散	散					
bù	丨 卜 止 止 牛 牛 步								
步	步	步	步	步					
xiān	丿 ク ク 各 各 角 鱼 鱼 鱼 鲜 鲜 鲜 鲜 鲜								
鲜	鲜	鲜	鲜	鲜					

单元测试二（11~20课）
dān yuán cè shì èr　shí yī èr shí kè

Unit Test 2 (Lessons 11~20)

（60分钟）

(60 minutes)

 一　给下列汉字注音并组词或短语（12分，每题0.5分）

Write the *pinyin* for the following characters and make words or phrases (0.5 mark for each question with a total of 12 marks)

序号	汉字	拼音	组词	序号	汉字	拼音	组词
例	中	zhōng	中国				
1	午			13	名		
2	牛			14	各		
3	休			15	了		
4	体			16	子		
5	肉			17	买		
6	内			18	卖		
7	学			19	天		
8	字			20	夫		
9	百			21	喝		
10	白			22	渴		
11	部			23	问		
12	陪			24	间		

组词成句（10分，每题1分）
Make sentences with the words (1 mark for each question with a total of 10 marks)

1. 写 教 他 汉字 我们

   _____

2. 我 大夫 休息 让

   _____

3. 问题 他 我 问 了 一个

   _____

4. 作文 汉语 我们 老师 一篇 让 写

   _____

5. 我 天气 冷 一天比一天 朋友 打 电话 晚上 现在 了 告诉

   _____

6. 的 的 同屋 昨天 牛仔裤 买 德国 是

   _____

7. 北京 来 了 他 就要 女朋友

   _____

8. 比 弟弟 哥哥 多 高 了

   _____

9. 洗澡 一般 我 早上

   _____

10. 贵 新 我 他 没有 的 的 电脑 买

   _____

 用指定词语完成句子（10分，每题1分）
Complete the sentences with the given words or expressions (1 mark for each question with a total of 10 marks)

1. 我喜欢吃中国菜，_____。（最）

2. 今天天晴，我和朋友去逛天安门广场，可是_____

   _____。（忘了）

3. 我在这儿认识了许多外国朋友，_____。

   （像……什么的）

4. 现在 7：50，我们 8：00 上课，_____。（得 +Verb）

5. 他是日本人，_____。（所以）

6. 晚上睡觉以前，我喜欢_____。

（动词重叠　The reduplicative form of a verb）

7. 她的房间_____。

（形容词重叠　The reduplicative form of an adjective）

8. 下课休息的时候，同学们_____。

（动词重叠　The reduplicative form of a verb）

9. 这家饭馆的菜好吃又不贵，_____。（所以）

10. 这几天我_____，周末我想好好儿休息休息。

（有点儿）

四 按要求完成对话（8分，每题1分）

Complete the dialogues based on the given situations (1 mark for each question with a total of 8 marks)

1. A：_____？（选择疑问句）

　　B：这是咖啡。　　　　　　(Alternative interrogative sentence)

2. A：_____？（选择疑问句）

　　B：这不是我的毛衣。　　　(Alternative interrogative sentence)

3. A：_____？（正反疑问句）

　　B：我觉得学习汉语很有意思。(Positive-negative interrogative sentence)

4. A：_____？（正反疑问句）

　　B：这家饭馆的菜不贵。　　(Positive-negative interrogative sentence)

5. A：_____？（询问时量补语）

　　B：我学了一年半的汉语了。(Asking about the complement of duration)

6. A：_____？（比较句的疑问形式）

　　B：今天比昨天热一点儿。　(Interrogative form of a comparative sentence)

7. A：_____？（哪＋measure word＋noun）

　　B：李老师教一年级一班的听力课。

8. A: _____？（怎么）

　　B：苹果十块钱三斤。

五 选择"什么"、"怎么"、"怎么样"完成对话（8分，每题1分）
Choose "什么", "怎么" or "怎么样" to complete each dialogue (1 mark for each question with a total of 8 marks)

1. A: _____？

　　B：我的爱好是上网。

2. A: _____？

　　B：她的汉语很好。

3. A: _____？

　　B：牛仔裤100元一条。

4. A: _____？

　　B：我每天走路去教室上课。

5. A: _____？

　　B：我喜欢吃中国菜。

6. A: _____？

　　B：我最近很忙。

7. A: _____？

　　B：这个汉字读 jīng。

8. A: _____？

　　B：我喜欢看中国电影。

六 选择"这儿"、"那儿"、"哪儿"填空（3分，每空0.5分）
Choose "这儿", "那儿" or "哪儿" to fill in each blank (0.5 mark for each question with a total of 3 marks)

1. _____是留学生餐厅。

2. _____没有地铁站，你看，地铁站在_____。

3. 请问，_____有厕所？

4. 我们班教室在_____？

5. 这是我的房间，_____是朋友的房间。

七 根据条件，用时量补语造句（10分，每题1分）
Make sentences with complements of duration based on the given situations (1 mark for each question with a total of 10 marks)

例：7：00 ~ 7：15　吃早饭 → 我吃了15分钟的早饭。

　1. 8：00 ~ 10：00　上听力课　→ _____

　2. 11：30 ~ 12：00　吃午饭　→ _____

　3. 12：00 ~ 14：00　睡午觉　→ _____

4. 14：00 ~ 16：00　做作业　→ _____

5. 16：00 ~ 16：30　听录音　→ _____

6. 17：30 ~ 18：00　锻炼　　→ _____

7. 19：00 ~ 21：30　看电视　→ _____

8. 22：00 ~ 23：00　上网　　→ _____

9. 23：30 ~ 23：45　洗澡　　→ _____

10. 24：00 ~ 7：00　睡觉　　→ _____

 根据条件，写出5个不同的比较句（10分，每句2分）

Make five different comparative sentences based on the given situations (2 marks for each question with a total of 10 marks)

今天各地的最高温度				
北京 20℃	上海 12℃	天津 18℃	哈尔滨 7℃	香港 26℃

1. _____

2. _____

3. _____

4. _____

5. _____

 用下列主谓短语或动宾短语做定语造句（12分，每题1分）

Make sentences with the following subject-predicate phrases or verb-object phrases as attributes (1 mark for each question with a total of 12 marks)

例：我买 → 我买的书很贵。

1. 我休息　→ _____

2. 我喜欢　→ _____

3. 妈妈做　→ _____

4. 朋友送　→ _____

5. 他写 → _____

6. 我住 → _____

7. 喝茶 → _____

8. 听音乐 → _____

9. 看电影 → _____

10. 学习汉语 → _____

11. 买东西 → _____

12. 上网 → _____

 用 "/" 画出句中的语音停顿（5分，每题1分）

Mark " / " where there should be a pause (1 mark for each question with a total of 5 marks)

1. 我觉得我比刚来北京时胖多了。

2. 我们骑了半个小时到了天安门广场。

3. 我觉得中国人睡午觉的习惯不错，很有科学道理。

4. 大多数中国人都会说普通话。

5. 我特别爱看胡同里的四合院。

 阅读短文后判断正误（12分，每题1分）

Read the passage and decide whether the following statements are true or false (1 mark for each question with a total of 12 marks)

我的宿舍

我在学校的留学生宿舍住。这是一幢六层的新宿舍楼，一共有120个房间。楼里有餐厅、网吧、健身房、咖啡厅和小卖部。

我和同屋的宿舍在四层，有一个15平方米的卧室，一个3平方米的

幢	zhuàng	M	*a measure word for buildings*
网吧	wǎngbā	N	Internet bar
健身房	jiànshēnfáng	N	gym
咖啡厅	kāfēitīng	N	coffee house
小卖部	xiǎomàibù	N	snack counter, small store
卧室	wòshì	N	bedroom

卫生间。房间里有一台彩色电视机、一台冰箱、一个电话、两张床、两张桌子、两把椅子和两个衣柜。卧室的窗户朝南，阳光充足。房间里还安装了空调和暖气。冬天不冷，夏天不热，我们很满意。我的宿舍的房租是每天20美元，我和同屋每人每天10美元。

我朋友苏珊在北京工作。她的宿舍比我的大得多，有两个卧室、一个客厅、一个厨房、一个卫生间，还有一个阳台。但是房租也很贵，每天40美元。这套宿舍是苏珊的公司替她租的。苏珊很喜欢她的宿舍，因为离她的公司很近。

卫生间　wèishēngjiān　N
restroom

窗户　chuānghu　N　window
朝　cháo　Prep　to
阳光　yángguāng　N　sunshine
充足　chōngzú　Adj　sufficient

苏珊　Sūshān　PN　name of
a person

阳台　yángtái　N　balcony

1. "我"住在新的留学生宿舍楼。 （　　）

2. "我"住在这座宿舍楼的最高层。 （　　）

3. "我们"楼里有网吧、咖啡厅，但是没有餐厅。 （　　）

4. "我们"的新宿舍楼里有健身房。 （　　）

5. "我"的房间一共18平方米。 （　　）

6. "我"的房间里有电视、电话、空调、冰箱。 （　　）

7. "我"的卧室的窗户朝南。 （　　）

8. "我们"宿舍的房租是每天10美元。 （　　）

9. "我"和同屋都很满意我们的房间。 （　　）

10. "我"朋友苏珊的宿舍很大，有两个卧室。 （　　）

11. 苏珊的房租比"我"的房租每天多40美元。 （　　）

12. 苏珊很喜欢她的宿舍，因为很大。 （　　）

nín yào duì huàn shén me
您要兑换什么
What do you want to convert

一 根据课文内容判断正误（对的画○，错的画 ×）

Decide whether the following statements are true or false according to the text（○ for true and × for false)

1. 在中国可以用外币买东西。 （　　）

2. "我"来中国带的是支票。 （　　）

3. 学校附近有一家银行。 （　　）

4. 中国的银行不能兑换旅行支票。 （　　）

5. "我"是第一次去学校附近的这家银行。 （　　）

6. 在中国的银行换钱不收手续费。 （　　）

7. 银行的年轻女职员会说英语、日语和汉语。 （　　）

8. 在中国，可以在银行窗口取现金，也可以用银行卡取现金。 （　　）

9. 中国有的银行卡在中国、外国都可以用。 （　　）

10. "我"很满意这家银行的服务。 （　　）

二 词语替换练习　**Substitute the underlined words in the phrases**

1. <u>学校</u>附近 ＿＿＿＿＿附近　　　2. <u>手续</u>费 ＿＿＿＿＿费

3. <u>中国</u>银行 ＿＿＿＿＿银行　　　4. <u>外</u>币 ＿＿＿＿＿币

5. <u>银行</u>密码 ＿＿＿＿＿密码　　　6. <u>银行</u>卡 ＿＿＿＿＿卡

7. <u>换</u>钱 ＿＿＿＿＿钱　　　8. <u>银行</u>营业厅 ＿＿＿＿＿营业厅

9. 年轻的<u>女职员</u> 年轻的＿＿＿＿　　　10. <u>年轻的</u>女职员 ＿＿＿＿＿女职员

三 句型替换练习　**Substitute the underlined words in the sentences**

1. 小姐用<u>英语</u>对我说"你好"。 ＿＿＿＿＿＿＿＿＿＿＿＿＿＿＿＿＿＿

2. 小姐用英语对我<u>说</u>"你好"。 ＿＿＿＿＿＿＿＿＿＿＿＿＿＿＿＿＿＿

3. 小姐用英语对我说<u>"你好"</u>。 ＿＿＿＿＿＿＿＿＿＿＿＿＿＿＿＿＿＿

4. 小姐用英语对我说"你好"。 _____

5. 人们在中国只能用人民币消费。 _____

6. 我要用美元换人民币。 _____

7. 刷卡买东西很方便。 _____

8. 听说学校附近有一家银行。 _____

四 选词填空（一个词可以多次选择）

Choose a proper word to fill in each blank (A word may be used more than once)

> 能　会　想　要　可以　得（děi）　应该　可能

1. 他吃了饭以后 _____ 开车，现在不 _____ 喝酒（jiǔ）。

2. 你已经大学毕业了，_____ 找工作了。

3. 刚来北京的时候，我一句汉语也不 _____ 说。

4. 你的汉语很好，_____ 在中国找工作。

5. 他现在 _____ 看懂中文报纸了。

6. 明天我 _____ 陪朋友参观故宫，不 _____ 上课，我 _____ 请你替我请假。

7. 奶奶虽然年纪比较大，但是她 _____ 发电子邮件。

8. 我的电脑坏了，现在不 _____ 发电子邮件。

9. 睡觉前不 _____ 喝咖啡。

10. 他昨天晚上发热，今天 _____ 不来上课。

11. 学生如果有事不 _____ 来上课，_____ 向老师请假。

12. 明天有考试，今天晚上我 _____ 好好儿复习。

13. 参观故宫不 _____ 拍照片。

14. 我不 _____ 包饺子。

15. 从北京到上海坐火车 _____ 12个小时。

16. 明天我很 _____ 和你们一起去旅游，但是我有课，不 _____ 去。

17. 现在 12 点了，_____去吃饭了。

18. 你发热了，_____休息两天再上课。

19. 我_____用用你的词典吗？

20. 坐公共汽车（gōnggòng qìchē）_____买票。

五 用能愿动词的正反形式完成对话
Complete the dialogues with the positive-negative form of the optative verb

例：A：你会不会说汉语？
　　B：会说一点儿。

1. A：_____？
　 B：下午我要去银行取钱。

2. A：_____？
　 B：以后我不想去旅行社（lǚxíngshè）工作。

3. A：_____？
　 B：我会开车。

4. A：_____？
　 B：明年我想考研究生。

5. A：_____？
　 B：我会说一点儿。

6. A：_____？
　 B：对不起，这儿不能吸烟。

7. A：_____？
　 B：明天你可以休息。

8. A：_____？
　 B：你可以进来。

六 选择介词"从"、"在"、"对"填空 Choose "从", "在" or "对" to fill in each blank

1. 我们_____学校东门等你。

2. 她姐姐_____上海学习汉语。

3. _____学校去那家饭馆比较近。

4. 他现在可能_____房间睡觉。

5. 老师常常_____我们说："别着急。"

6. _____我的宿舍到教室不远。

7. 他_____每个人都很好。

8. 我今天_____8 点到 12 点都有课。

9. 他想_____上海回国。

10. _____这儿走比较近（jìn）。

11. 他弟弟_____德国工作。

12. 我_____下午3点到5点做作业。

13. 老师_____大家都很关心。

14. 她以前_____在医院工作。

15. 妈妈_____我说："要注意身体。"

16. 我_____教室门口等你。

七 根据条件，用"更"造句

Make sentences with "更" based on the given situations

例：锐步运动鞋每双800元人民币，耐克运动鞋每双900元人民币。

→ 耐克运动鞋比锐步运动鞋更贵。

1. 珍妮身高1.67米，南希身高1.75米。

→ _____

2. 他认识800个汉字，他的同屋认识1000个汉字。

→ _____

3. 她期中考试成绩是98分，我期中考试成绩是95分。

→ _____

4. 从北京坐飞机到纽约12个小时，从北京坐飞机到巴黎（Bālí）14个小时。

→ _____

5. 我的午觉睡两个小时，同屋的午觉睡3个小时。

→ _____

6. 第23课有32个生词，第24课有36个生词。

→ _____

7. 我的车15万元人民币，哥哥的车18万元人民币。

→ _____

8. 我每天晚上 11 点睡觉，同屋每天晚上 12 点睡觉。

  → _____

9. 我房间的房租每天 12 美元，我朋友房间的房租每天 18 美元。

  → _____

10. 今天最高温度 30℃，昨天最高温度 33℃。

  → _____

11. 今天最低温度 0℃，明天最低温度 -5℃。

  → _____

12. 今天北京最低温度 -5℃，天津（Tiānjīn）最低温度 -1℃。

  → _____

13. 我穿 24 号的鞋，她穿 26 号的鞋。

  → _____

14. 山下穿 26 号的牛仔裤，珍妮穿 28 号的牛仔裤。

  → _____

八 用"听说"完成句子   Complete the sentences with "听说"

1. 大多数中国人都会说普通话，_____。

2. 天安门广场有 44 万平方米，_____。

3. 我想 9 月去北京旅游，_____。

4. 吃中国菜容易胖，_____。

5. 明天我想去那个市场买水果，_____。

6. 山下的同屋南希非常聪明，_____。

7. 在北京，早上和晚上要多穿衣服，_____。

8. 北京有许多外国风味的饭馆，_____。

九 用"／"画出句中的语音停顿，并按画出的停顿朗读下列句子

Mark "/" where there should be a pause. Then read aloud the following sentences and pause wherever there is a "/"

1. 人们在中国只能用人民币消费。

2. 因为带旅行支票比带现金更安全。

3. 我应该办一张在中国、在外国都可以用的银行卡。

4. 银行的营业厅里整整齐齐、干干净净的。

十 朗读下列双音节词语，注意后一个音节要读得重一些、长一些

Read aloud the following disyllabic words. Note: The latter syllable is pronounced with stress and longer than the former one

1. 中国	2. 现金	3. 旅行	4. 支票	5. 安全
6. 银行	7. 手续	8. 密码	9. 年轻	10. 服务
11. 再见	12. 现在	13. 教室	14. 老师	15. 同学
16. 学习	17. 汉语	18. 北京	19. 大学	20. 美国

十一 写出两个同音字并组词　Write two homophones and make words

序号	拼音	汉字1　组词	汉字2　组词
1	bì		
2	zhí		
3	yào		
4	zì		
5	yīng		
6	duì		
7	shū		
8	mǎ		
9	shǒu		
10	xīn		

十二 圈出形旁相同的汉字并简单写出这个形旁的意思

Circle the characters with the same semantic radical in each group and write the meanings of the semantic radical in simple Chinese

序号	A　B　C　D	意思
例	ⓎⓎ 注　往	与人有关
1	见　费　贵　台	
2	城　现　墙　场	
3	燥　澡　炒　吵	
4	喝　渴　洗　汁	
5	很　银　饭　钱	
6	咳　话　吸　吃	
7	楼　杯　板　报	
8	饺　饭　馒　慢	

十三 填写合适的汉字　Fill in the blanks with proper characters

1. 我没带外币现＿＿＿＿＿＿＿＿。

2. 用银行卡取钱一定要记住自己的＿＿＿＿＿＿＿＿码。

3. 天安门后面是举世闻＿＿＿＿＿＿＿＿的故宫博物院。

4. 早晨空气很新＿＿＿＿＿＿＿＿。

5. 我希望＿＿＿＿＿＿＿＿解中国老百姓的生活。

6. 我觉得很＿＿＿＿＿＿＿＿憾。

7. 北京也有我们＿＿＿＿＿＿＿＿悉的快餐店。

8. 我喜欢吃中国家＿＿＿＿＿＿＿＿菜。

9. 北京有很多现代＿＿＿＿＿＿＿＿筑。

10. 爸爸的爱好是散＿＿＿＿＿＿＿＿。

11. 上课的时候我们讨论大家都关心的事＿＿＿＿＿＿＿＿。

12. 妈妈很想知道我在中国留学的＿＿＿＿＿＿＿＿况。

十四 阅读理解 Reading comprehension

人为什么要挣钱

人为什么要挣钱？因为要生活。但是挣了钱以后怎么花钱？对这个问题，人们的想法可能不太一样。

前年我大学毕业以后，找到了一份自己比较满意的工作。虽然很忙，但是我很喜欢，工资也比较高。

一年以后，我用自己挣的钱买了一辆我最喜欢的轿车。这辆车很新潮，不过也很贵，比我一年的工资还多。

妈妈说我不该买这么贵的车。挣了钱，首先应该养成存钱的习惯，每个月存一点儿，十年以后就有不少钱了。十年以后，我也该结婚了，结婚要用很多钱。

我觉得挣钱是为了花钱，不是为了存钱。只要我有健康的身体、有知识、有能力，就一定能找到工作，能挣到钱。所以我认为，挣了钱，首先要注意身体健康，加强营养，加强锻炼，还要注意学习，不断学习新知识、新技术，这样才能找到好工作，挣更多的钱。有了钱，还应该做一件自己在没有钱的时候很想做的事情，比如，去一个很想去的地方旅游，或者买一件很想买的东西。

妈妈说的话也很有道理，谈恋爱、结婚要花很多钱。但是，只关心我在银行存了多少钱的女孩儿，我一定不和她结婚。因为她喜欢的不是我，而是钱。这样的女孩儿应该和钱结婚。

挣钱	zhèng qián V//O to make money
问题	wèntí N question
想法	xiǎngfǎ N point of view
前年	qiánnián N the year before last
工资	gōngzī N salary
辆	liàng M *a measure word*
轿车	jiàochē N car
新潮	xīncháo Adj fashionable
只要……就……	zhǐyào……jiù…… as long as
能力	nénglì N competence
加强	jiāqiáng V to strengthen
谈恋爱	tán liàn'ài to date, to have a courtship (with sb.)

（一）判断正误（对的画○，错的画 ×）

Decide whether the following statements are true or false (○ for true and × for false)

1. "我"觉得挣钱是为了买很贵的汽车。　　　　　　　　　　（　　　）

2. "我"已经工作两年了。　　　　　　　　　　　　　　　　（　　　）

3. 因为这辆车的样子很漂亮，所以"我"买了。　　　　　　　（　　　）

4. 妈妈觉得"我"买的车太贵了。　　　　　　　　　　　　　（　　　）

5. 妈妈认为每月存钱是一个好习惯。　　　　　　　　　　　（　　　）

6. "我"认为挣了钱首先应该买一件自已很喜欢的东西。　　　（　　　）

7. "我"不喜欢只喜欢钱的女孩儿。　　　　　　　　　　　　（　　　）

8. "我"喜欢比较忙、工资也比较高的工作。　　　　　　　　（　　　）

9. "我"花钱的顺序是：做一件很想做的事情，注意身体，注意学习。

　　　　　　　　　　　　　　　　　　　　　　　　　　　（　　　）

10. "我"认为能挣钱的条件是：身体健康，有新知识、新技术，长得漂亮。

　　　　　　　　　　　　　　　　　　　　　　　　　　　（　　　）

（二）填表　Fill in the table

	怎么花钱
妈妈的想法	
我的想法	

十五 作文　Write an essay

《如果我有 100 万美元》（200 个字左右）

（16×13=208 字）

十六 按笔顺书写汉字 **Write the Chinese characters in the correct stroke order**

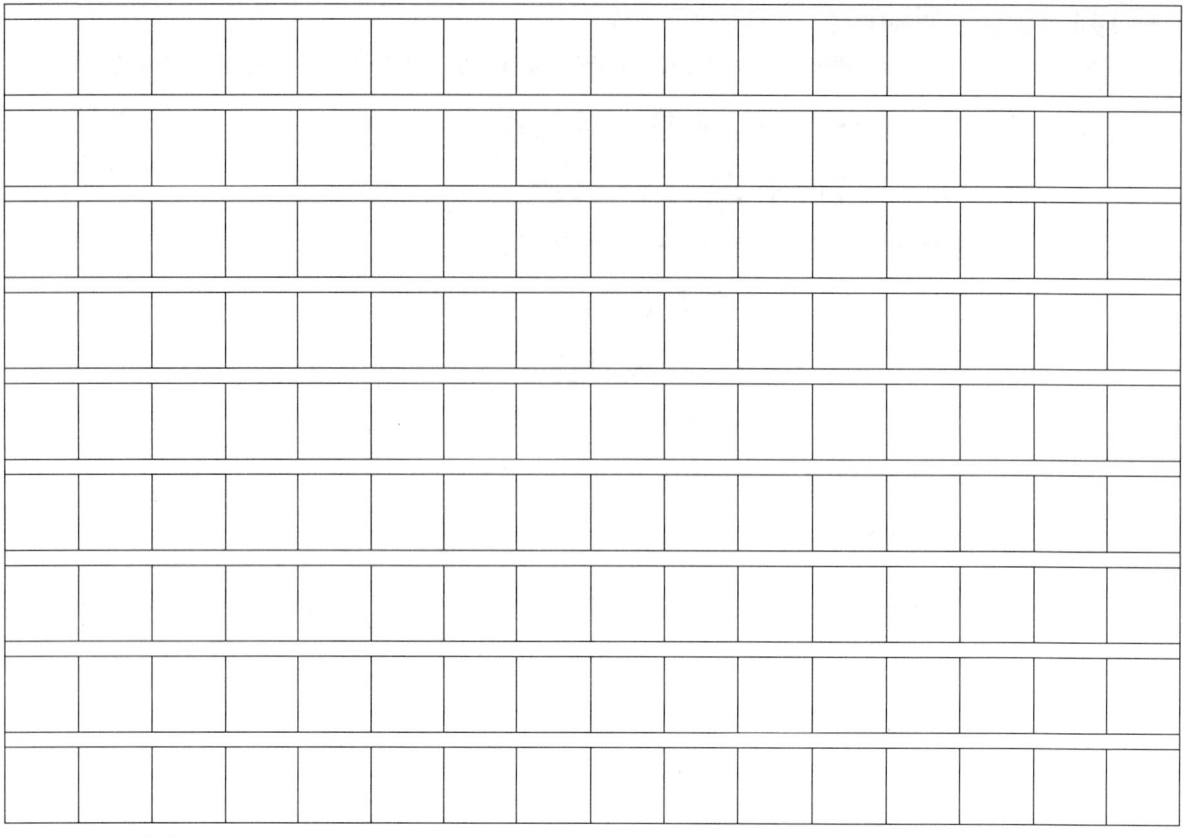

duì	丶 丷 丷 丷 冴 台 乡 兑								
兑	兑	兑	兑	兑					
huàn	一 亅 扌 扩 护 护 护 换 换								
换	换	换	换	换					
xiāo	丶 丶 氵 氵 氵 消 消 消 消 消								
消	消	消	消	消					
fèi	一 二 弓 弔 弗 弗 带 费 费								
费	费	费	费	费					

xū	' ' 彡 纟 纩 纩 须 须 须									
须	须	须	须	须						
bì	一 宀 冂 币									
币	币	币	币	币						
lǚ	` 亠 方 方 方 於 旅 旅 旅									
旅	旅	旅	旅	旅						
piào	一 一 一 西 西 西 西 严 票 票									
票	票	票	票	票						
yín	丿 夕 七 钅 钅 钅 钅 钽 钽 银 银									
银	银	银	银	银						
háng	' 彳 彳 彳 行 行									
行	行	行	行	行						
yíng	一 十 艹 芦 芦 芦 带 营 营 营									
营	营	营	营	营						
zhěng	一 一 一 二 束 束 束 束 敕 敕 敕 敕 敕 整 整 整									
整	整	整	整	整						
qīng	一 七 车 车 车 轻 轻 轻 轻									
轻	轻	轻	轻	轻						

néng	㇐ ㇐ 㐅 ⺼ ⺼ ⺼ 㲋 能 能 能
能	能 能 能 能
shōu	丨 丩 丩 丩 收 收
收	收 收 收 收
xù	纟 纟 纟 纟 纟 纟 纟 纟 纟 续 续
续	续 续 续 续
qǔ	一 厂 TT 耳 耳 耳 取 取
取	取 取 取 取
mì	丶 宀 宀 宀 宓 宓 宓 宓 密 密 密
密	密 密 密 密
gāi	丶 讠 讠 讠 讠 该 该 该
该	该 该 该 该
cún	一 ナ 才 存 存 存
存	存 存 存 存

qù zhōng guān cūn zěn me zuò chē

去中关村怎么坐车

How can I get to Zhongguancun by bus

一 根据课文内容判断正误（对的画○，错的画 ×）

Decide whether the following statements are true or false according to the text (○ for true and × for false)

1. 张文心家在中关村。 （　　）

2. 张文心家的房子是新买的。 （　　）

3. 从学校去张文心家可以坐公共汽车。 （　　）

4. 从学校去张文心家坐车要换车。 （　　）

5. 从学校去张文心家骑车要半个小时。 （　　）

6. 如果张文心不来接"我"，"我"可能会迷路，因为这个住宅小区太大了。

　　　　　　　　　　　　　　　　　　　　　　　　 （　　）

7. 张文心家有三口人。 （　　）

8. 张文心的爸爸是计算机公司的经理。 （　　）

9. 张文心的妈妈是大学教授。 （　　）

10. 张文心的样子很像她爸爸。 （　　）

11. "我"去张文心家时，她妈妈不在家。 （　　）

12. 中午"我"在张文心家吃了买来的饺子。 （　　）

13. "我们"吃的是牛肉白菜馅儿的饺子。 （　　）

14. 这是"我"第一次在中国人家里吃饭。 （　　）

15. "我"不会用筷子。 （　　）

二 词语替换练习　**Substitute the underlined words in the phrases**

1. 复<u>印</u>机 ＿＿＿＿＿＿机　　2. <u>数学</u>教授 ＿＿＿＿＿＿教授

3. <u>叉</u>子 ＿＿＿＿＿子　　　　4. <u>家</u>里 ＿＿＿＿＿里

5. 学会用<u>筷子</u> 学会＿＿＿＿　6. 往<u>前</u>走 往＿＿＿＿走

7. <u>住宅</u>楼 ＿＿＿＿＿楼　　　8. <u>猪肉</u>白菜馅儿 ＿＿＿＿＿馅儿

三 句型替换练习　Substitute the underlined words in the sentences

1. 她家住<u>中关村大街</u>5号。_____

2. 你到<u>中关村</u>下车。_____

3. 她担心<u>我不知道怎么去她家</u>。_____

4. <u>她</u>和<u>我</u>一块儿骑自行车去她家。_____

5. <u>张文心</u>很像她爸爸。_____

6. 下车后向<u>右</u>拐。_____

7. 过红绿灯再往前走<u>100</u>米。_____

8. 她家住<u>3</u>区<u>8</u>号楼<u>103</u>。_____

9. 中午我们吃了自己<u>包</u>的饺子。_____

10. 我一定得学会唱<u>中国歌</u>。_____

四 根据下图，用"先……，到……，再……，一直……，就到了"完成对话
Complete the dialogues with "先……，到……，再……，一直……，就到了"according to the picture below

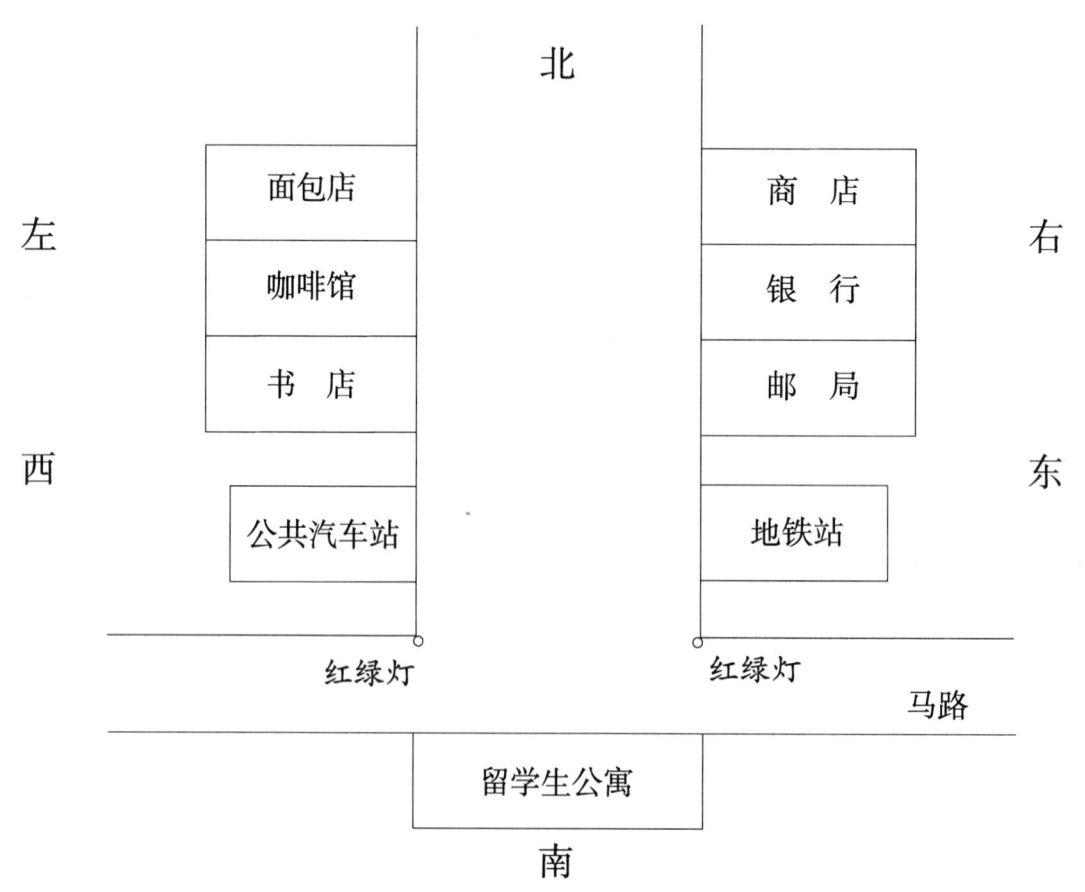

1. A：请问，去银行怎么走？（A 在书店）

   B：_____。

2. A：请问，去邮局怎么走？（A 在商店）

   B：_____。

3. A：请问，去地铁站怎么走？（A 在书店）

   B：_____。

4. A：请问，去地铁站怎么走？（A 在面包店）

   B：_____。

5. A：请问，去公共汽车站怎么走？（A 在地铁站）

   B：_____。

6. A：请问，去留学生公寓怎么走？（A 在地铁站）

   B：_____。

7. A：请问，去商店怎么走？（A 在留学生公寓）

   B：_____。

8. A：请问，去公共汽车站怎么走？（A 在留学生公寓）

   B：_____。

五 说明怎么去一个地方（如朋友家、饭馆、商店、名胜古迹）

Explain how to get to a place (such as your friend's home, a restaurant, a shop, a scenic spot, and so on)

_____

_____

六 按照汉语写地址的顺序写一个你熟悉的地址

Write an address you are familiar with Chinese characters

_____

_____

七 用动词"像"完成句子　Complete the sentences with the verb "像"

1. 他女儿 _____。

2. 他 _____。

3. 他写的汉字 _____。

4. 他儿子 _____。

5. 他和他哥哥 _____。

6. 她和她妹妹 _____。

7. 她爸爸、妈妈很漂亮，但是 _____。

8. 他们夫妻俩都不太漂亮，但是 _____。

9. 他爸爸不爱说话，妈妈爱说话，他也不爱说话，_____。

10. 她爸爸喜欢打篮球，妈妈喜欢游泳，她 _____。

八 用"一边……一边……"完成句子　Complete the sentences with "一边……一边……"

1. 我喜欢一边看电视，_____。

2. 爸爸常常一边看报纸，_____。

3. 同屋喜欢一边听音乐，_____。

4. 他们在大厅一边聊天儿，_____。

5. 他一边开车，_____。

6. 她一边打电话，_____。

7. 他们一边喝啤酒，_____。

8. 她一边洗衣服，_____。

九 用"如果"完成句子　Complete the sentences with "如果"

1. _____，我们去游览长城（Chángchéng）。

2. _____，请给我打电话。

3. _____，我早上一定会多穿衣服。

218

4. _____, 明天我就去上课。

5. _____, 我要买很大的房子。

6. _____, 星期六晚上我去看你。

7. _____, 我就不想去买衣服了。

8. _____, 请告诉我。

9. _____, 我想请你吃晚饭。

10. _____, 我给你打电话。

十 完成句子 Complete the sentences

1. 第一次用筷子时，我觉得 _____。

2. 第一次看见汉字时，我觉得 _____。

3. 第一次听到中国人说汉语时，我觉得 _____。

4. 第一次吃中国菜时，我觉得 _____。

5. 第一次开车时，我觉得 _____。

6. 我第一次来中国是 _____。

7. 我第一次喝啤酒是 _____。

8. 我第一次做的饭是 _____。

十一 选择"就"的正确位置 Choose the right positions for "就"

例：她家__就__在这儿_____住。

1. 他_____是_____我的_____中国朋友。

2. 我家_____在_____这儿_____。

3. 她爸爸_____在_____北京_____工作。

4. 我_____喜欢_____听老师_____说汉语。

5. 留学生餐厅有很多好吃的东西，但我_____爱_____吃_____包子。

6. 这儿_____是_____烤鸭（kǎoyā）店。

7. 他_____从小_____在_____北京_____生活，所以汉语发音很好。

8. 我 _____ 觉得 _____ 他 _____ 像 _____ 中国人。

9. 火车 _____ 很快 _____ 要 _____ 开了。

10. 她 _____ 下星期 _____ 要 _____ 回国了。

 十二 用 "/" 画出句中的语音停顿，并按画出的停顿朗读下列句子

Mark "/" where there should be a pause. Then read aloud the following sentences and pause wherever there is a "/"

1. 我的中国朋友张文心家在中关村。

2. 她担心我不知道怎么去她家。

3. 中午我们吃了自己包的猪肉白菜馅儿饺子。

4. 她家的地址是中关村大街5号中关园3区8号楼103。

 十三 朗读下列双音节词语，注意后一个音节要读得重一些、长一些

Read aloud the following disyllabic words. Note: The latter syllable is pronounced with stress and longer than the former one

1. 马路	2. 住宅	3. 小区	4. 地址	5. 可能
6. 相同	7. 数学	8. 复印	9. 猪肉	10. 白菜
11. 今天	12. 生词	13. 汉字	14. 课文	15. 练习
16. 拼音	17. 不错	18. 作业	19. 准备	20. 明天

 十四 给下列汉字注音并组词

Write the *pinyin* for the following characters and make words

序号	汉字	拼音	组词	序号	汉字	拼音	组词
1	住			9	北		
2	往			10	从		
3	坐			11	午		
4	座			12	牛		
5	兑			13	几		
6	总			14	九		
7	百			15	用		
8	白			16	周		

十五 圈出正确的汉字　Circle the right characters

1. 你再走五分钟（左　在）右。

2. 我习惯用刀、（叉　又）子吃饭。

3. 马路右边是一个（住　往）宅小区。

4. 他（母　每）亲是大夫。

5. 那是一（座　坐）十五层的高楼。

6. 刚来北京时，我（容　客）易感冒。

7. 朋友请我去他家做（客　容）。

8. 我觉得带支票出国更安（全　金）。

9. 这是什（公　么）？

10. 昨天我参观了故（宫　官）。

十六 阅读理解　Reading comprehension

包饺子

饺子是中国北方的传统食品，中国人喜欢吃，外国人也喜欢吃。但是我不会包饺子，我一直很想学包饺子。上星期六，留学生办公室让我们去留学生餐厅学习包饺子。有的同学很快就学会了，有的同学还不太会。下面是我的学习记录。

包饺子的原料：

面粉、猪肉末（或者牛肉末、羊肉末）、鸡蛋、蔬菜末和调料。调料主要有盐、酱油、香油、料酒、葱、姜。

包饺子的方法：

① 和面。在面粉里加水搅拌，面粉成团儿就可以了。包饺子的面团应该不软不硬。

传统	chuántǒng	Adj	traditional
食品	shípǐn	N	food
办公室	bàngōngshì	N	office
末	mò	N	powder
羊肉	yángròu	N	mutton
盐	yán	N	salt
酱油	jiàngyóu	N	soy sauce
香油	xiāngyóu	N	sesame oil
料酒	liàojiǔ	N	cooking wine
姜	jiāng	N	ginger
和	huó	V	to mix
搅拌	jiǎobàn	V	to mix
团儿	tuánr	N	something shaped like a ball
软	ruǎn	Adj	soft
硬	yìng	Adj	hard or firm to touch

② 和馅儿。在肉末里加调料（如盐、酱油、香油、料酒、姜、葱等）、蔬菜末搅拌。

③ 擀皮儿和包饺子。先把面团儿擀成薄薄的饺子皮儿，用饺子皮儿把馅儿包住。如果不会擀，也可以去商店买做好的饺子皮儿。

教我们包饺子的大师傅说，包饺子不太难，煮饺子最难。可是，这次我们没有学习煮饺子，真遗憾。以后我一定要学会煮饺子。

擀　gǎn　V
to roll (pastry, dough, etc.)

皮儿　pír　N　wrapper

大师傅　dàshīfu　N
chef

煮　zhǔ　N　to boil

（一）判断正误（对的画○，错的画 ×）

Decide whether the following statements are true or false (○ for true and × for false)

1. 饺子是中国南方的传统食品。　　　　　　　　　　　　（　　）

2. 留学生办公室让"我们"包饺子。　　　　　　　　　　（　　）

3. 包饺子的原料有：面粉、肉末、鸡蛋、蔬菜和调料。　（　　）

4. 包饺子的调料是：盐、糖、姜、醋、葱、香油、酱油。（　　）

5. 牛肉不能包饺子。　　　　　　　　　　　　　　　　　（　　）

6. 包饺子的顺序是：和面、和馅儿、擀皮儿、用皮儿包馅儿。（　　）

7. 师傅告诉"我们"，煮饺子比包饺子更难。　　　　　　（　　）

8. "我"不想学习煮饺子，因为太难了。　　　　　　　　（　　）

（二）填表　**Fill in the table**

包饺子的学习记录

包饺子的原料	
包饺子的方法	①
	②
	③

十七 按笔顺书写汉字　Write the Chinese characters in the correct stroke order

xiān	ノ ⺧ 丬 生 乒 先										
先	先	先	先	先							
wǎng	ノ ⺈ 彳 彳 彳 行 往 往										
往	往	往	往	往							
guò	一 十 寸 寸 讨 过										
过	过	过	过	过							
lǜ	⺦ ⺦ 纟 纩 纩 纩 纾 绣 绿 绿										
绿	绿	绿	绿	绿							
dēng	丶 ⺀ 丬 火 灯 灯										
灯	灯	灯	灯	灯							
guǎi	一 十 扌 扌 护 护 拐 拐										
拐	拐	拐	拐	拐							
zhái	丶 丷 宀 宀 宅 宅										
宅	宅	宅	宅	宅							
qū	一 丁 又 区										
区	区	区	区	区							

zhǐ	一 十 土 圵 圵 址 址
址	址 址 址 址

qīn	、 二 六 立 产 辛 亲 亲
亲	亲 亲 亲 亲

yìn	´ に E 印 印
印	印 印 印 印

shòu	一 寸 才 扩 扩 扩 扩 授 授 授
授	授 授 授 授

zhū	´ 犭 犭 犭 犭 狆 狆 猪 猪 猪
猪	猪 猪 猪 猪

xiàn	´ 亻 亽 钌 钌 饣 馅 馅 馅 馅
馅	馅 馅 馅 馅

kuài	' ' ' ' ' 竹 竺 竺 符 符 筷 筷
筷	筷 筷 筷 筷

sháo	ノ 勹 勺
勺	勺 勺 勺 勺

chā	了 又 叉
叉	叉 叉 叉 叉

dāo	刁 刀
刀	刀 刀 刀 刀
cūn	一 十 才 木 村 村 村
村	村 村 村 村
wán	一 二 干 王 玝 玗 玩
玩	玩 玩 玩 玩

kè tīng hòu bian shì shén me
客厅后边是什么
What is behind the sitting room

一 根据课文内容回答问题　**Answer the questions according to the text**

1."我"家的房子是什么样的建筑？ _____

2."我"家的房子有几层？ _____

3.客厅在哪儿？ _____

4.书房在哪儿？ _____

5.书房后边是什么？ _____

6.卧室在哪儿？ _____

7."我"家有几间卧室？ _____

8.家里为什么没有哥哥的卧室？ _____

9."我"家有阳台吗？在哪儿？ _____

10."我们"常常在阳台干什么？ _____

11.为什么说"我"家住在这儿生活很方便？ _____

12."我"家的房子有点儿旧了，为什么"我"对它还是很有感情？

_____

二 词语替换练习　**Substitute the underlined words in the phrases**

1.<u>卧</u>室 _____室　　　　2.书<u>房</u> _____房

3.客<u>厅</u> _____厅　　　　4.<u>日</u>式建筑 _____式_____

5.<u>卫生</u>间 _____间　　　　6.<u>我家</u>的照片 _____的照片

三 句型替换练习　**Substitute the underlined words in the sentences**

1.我家的房子朝<u>南</u>。 _____

2. 我家在<u>这儿</u>住了<u>二十多年</u>了。_____

3. 这是一栋<u>日式</u>建筑。_____

4. <u>夏天</u>的<u>傍晚</u>很<u>舒服</u>。_____

5. 我和<u>弟弟</u>都是在这儿<u>长大</u>的。_____

6. 那是给客人准备的<u>房间</u>。_____

7. <u>客厅后边</u>是<u>厨房</u>。_____

8. <u>卧室对面</u>是<u>阳台</u>。_____

9. <u>房子前面</u>有<u>一个花园</u>。_____

10. 我<u>对</u>我家的<u>老房子</u>很有<u>感情</u>。_____

四 用带"有"、"在"、"是"的存在句描写下列地方
Describe the following places using the existence sentences with "有", "在" or "是"

1. 学校大门外面的建筑物 → _____

2. 天安门广场四周的建筑物 → _____

3. 你家附近的建筑物 → _____

五 根据课文，画一张"我家"的住房平面图
Draw a plan of "my house" according to the text

六 选择"有"、"在"、"是"填空 Choose "有", "在" or "是" to fill in each blank

1. 学校附近_____三个车站。

2. 图书馆_____教学楼后面。

3. 学校里_____商店、饭馆。

4. 银行＿＿＿＿＿＿邮局和商店中间。

5. 学校附近＿＿＿＿＿＿麦当劳餐厅。

6. 我住的宿舍楼后面＿＿＿＿＿＿一所小学。

7. 咖啡厅＿＿＿＿＿＿留学生楼一层。

8. 这座大楼二层以上＿＿＿＿＿＿公寓。

9. 大厅里＿＿＿＿＿＿沙发、椅子、空调等。

10. 餐厅＿＿＿＿＿＿二层。

11. 书店右边＿＿＿＿＿＿邮局。

12. 窗户＿＿＿＿＿＿房间的北边。

13. 计算机＿＿＿＿＿＿桌子上面。

14. 桌子上＿＿＿＿＿＿电视、书、光盘什么的。

15. 地铁站＿＿＿＿＿＿东门外面。

16. 日本＿＿＿＿＿＿中国东边。

17. 楼梯右边＿＿＿＿＿＿卫生间。

18. 美国东部＿＿＿＿＿＿不少世界知名大学。

19. 餐厅旁边＿＿＿＿＿＿网吧。

20. 楼梯对面＿＿＿＿＿＿我的卧室。

七 用"朝＋方位词"完成句子 Complete the sentences with "朝 + noun of locality"

1. 我房间的窗户＿＿＿＿＿＿＿＿＿。　　2. 我们的教学楼＿＿＿＿＿＿＿＿＿。

3. 我房间的门＿＿＿＿＿＿＿＿＿。　　4. 我家的房子＿＿＿＿＿＿＿＿＿。

5. 我们的宿舍楼＿＿＿＿＿＿＿＿＿。　　6. 天安门城楼＿＿＿＿＿＿＿＿＿。

7. 新图书馆＿＿＿＿＿＿＿＿＿。　　8. 留学生公寓＿＿＿＿＿＿＿＿＿。

八 根据所给条件，用"离……"造句
Make sentences with "离……" based on the given situations

　　例：教室、留学生餐厅　　　　　　→我们教室离留学生餐厅很近。

1. 宿舍、教室 → _____

2. 北京师范大学、北京大学 → _____

3. 天安门、前门（Qián Mén） → _____

4. 北京、天津 → _____

5. 东京、北京 → _____

6. 纽约、北京 → _____

7. 现在 11：20，11：25 下课 → _____

8. 现在 7：50，8：00 上课 → _____

9. 今天 12 月 20 日，圣诞节（Shèngdàn Jié）是 12 月 25 日

            → _____

10. 今天 12 月 20 日，新年（xīnnián）是 1 月 1 日

            → _____

11. 今天 6 月 10 日，6 月 15 日考试 → _____

12. 今天 6 月 10 日，6 月 18 日放假（fàng jià）

            → _____

九 用"但是"完成句子 Complete the sentences with "但是"

1. 他认识的汉字虽然不多，_____。

2. 妈妈虽然不工作，_____。

3. 我虽然不知道这个菜的名字，_____。

4. 今天虽然下雪了，_____。

5. 虽然哥哥在外面租房子住，_____。

6. 虽然阅读短文里有不少生字（shēngzì），_____。

7. 虽然那家饭馆比较远，_____。

8. 虽然这套房子房租比较贵，_____。

9. 虽然中国菜比较油腻，_____。

十 **根据自己的情况回答问题** Answer the questions

1. 你家的房子有几层？ _____

2. 你家有几个卧室？ _____

3. 你家的客厅里有什么？ _____

4. 你家的厨房在哪儿？ _____

5. 你家一般在哪儿吃饭？ _____

6. 你家有几个卫生间？ _____

7. 你家有客房吗？ _____

8. 你家的房子前面有什么？ _____

9. 你家的房子后面有什么？ _____

10. 你家在那儿住了多长时间了？ _____

 十一 **用"/"画出句中的语音停顿，并按画出的停顿朗读下列句子**

Mark "/" where there should be a pause. Then read aloud the following sentences and pause wherever there is a "/"

1. 我家在这儿住了二十多年了。

2. 客厅是家里最大的房间，也是最重要的房间。

3. 夏天的傍晚我们全家人喜欢在那儿喝茶、聊天儿。

4. 老房子里有我们许多的童年（tóngnián）故事。我很怀念（huáiniàn）
   我家的老房子。

 十二 **朗读下列双音节词语，注意后一个音节要读得重一些、长一些**

Read aloud the following disyllabic words. Note: The latter syllable is pronounced with stress and longer than the former one

1. 客厅	2. 沙发	3. 花园	4. 书房	5. 厨房
6. 阳台	7. 卧室	8. 傍晚	9. 邮局	10. 地铁
11. 公司	12. 职员	13. 工作	14. 教师	15. 中学
16. 音乐	17. 经济	18. 身体	19. 电话	20. 常常

十三 给下列汉字注音并组词
Write the *pinyin* for the following characters and make words

序号	汉字	拼音	组词	序号	汉字	拼音	组词
1	式			9	油		
2	或			10	邮		
3	外			11	草		
4	处			12	早		
5	客			13	离		
6	容			14	寓		
7	车			15	大		
8	东			16	太		

十四 圈出正确的汉字　Circle the right characters

1. 这是美（式　或）炸鸡（zhájī）。

2. 他姓黄（式　或）者王。

3. 夏天（草　早）地很绿。

4. 他每天很（草　早）去教室。

5. 我家有（西　四）间卧室。

6. 客（厅　斤）是家里最大的房间。

7. 草莓十五块钱二（厅　斤）。

8. 他买了不（少　小）音乐光盘。

9. 弟弟的卧室最（少　小）。

10. 我的早餐是一杯咖啡、两（片　厅）面包。

十五 阅读理解　Reading comprehension

我家的老房子

　　我家的老房子太旧了，所以，我家最近买了新房子。新房子很大，也很漂亮。但是我很怀念我家的老房子。

我家的老房子是爷爷自己设计、请建筑公司盖的。我们家在那儿住了三十多年。我们兄妹三人都是在老房子出生、长大的。

我家的老房子是一幢朝南的长形平房。东边是一间很大的客厅。客厅北边是书房，书房旁边是卫生间。西边是餐厅，餐厅后面是厨房。中间有三间卧室。爸爸妈妈的在中间，我的在左边，哥哥和弟弟的在右边。三间卧室后面有两个卫生间、一个储藏室。车库在房子后面。

小时候，我特别喜欢我的卧室。我的卧室只有15平方米，但是小时候我觉得我的房间特别大。房间里有书桌、椅子、书柜、衣柜、钢琴，还有一个长沙发、一个玩具柜。我的卧室窗户朝南，又高又大。窗户外面是家里的花园。花园里有高大的树、漂亮的花儿、青青的草。有时候躺在沙发上看书，还能听见窗外小鸟在唱歌，那种感觉真好。

小时候我和哥哥、弟弟最喜欢的地方是地下室。因为爸爸妈妈不常来地下室。我们在地下室可以尽情地玩儿。特别是地下室里有我们玩过的旧玩具、穿过的旧衣服，家里用过的旧家具，这些对我们有着无穷的吸引力。

老房子里有我们许多的童年故事，我很怀念我家的老房子。

词语		
设计	shèjì	V to design
盖	gài	V to build
兄妹	xiōng-mèi	brothers and sisters
平房	píngfáng	N single-storey house
储藏室	chǔcángshì	N storeroom
车库	chēkù	N garage
玩具	wánjù	N toy
高大	gāodà	Adj tall and big
地下室	dìxiàshì	N basement, cellar
尽情	jìnqíng	Adv to one's heart's content
家具	jiājù	N furniture
吸引力	xīyǐnlì	N attraction, fascination

（一）判断正误（对的画○，错的画 ×）

Decide whether the following statements are true or false (○ for true and × for false)

1. "我" 不喜欢我家的新房子。 （　　）

2. "我" 家的老房子是爷爷买的。 （　　）

3. "我" 和哥哥弟弟是在老房子里长大的。 （　　）

4. "我" 家的老房子只有一层和地下室。 （　　）

5. 老房子的中间是客厅。 （　　）

6. "我"家的老房子朝南。　　　　　　　　　（　　　）

7. "我"家的老房子有三个卧室。　　　　　　（　　　）

8. "我"家的老房子有两个卫生间。　　　　　（　　　）

9. "我"家的老房子没有阳台。　　　　　　　（　　　）

10. 小时候"我"觉得"我"的卧室很大。　　　（　　　）

11. "我"和哥哥弟弟最喜欢在地下室玩儿。　（　　　）

12. 在"我"的卧室里可以看见花园的树木和花草。（　　　）

13. 在"我"的卧室可以听见窗外小鸟在唱歌。（　　　）

14. "我们"家现在有钱了，所以要买新房子。（　　　）

15. "我"对我家的老房子很有感情。　　　　（　　　）

（二）画一张"我家"老房子的平面图　**Draw a plan of "my old house"**

十六 作文　Write an essay

《这是我家》（300个字左右）

（16×19=304字）

十七 按笔顺书写汉字　Write the Chinese characters in the correct stroke order

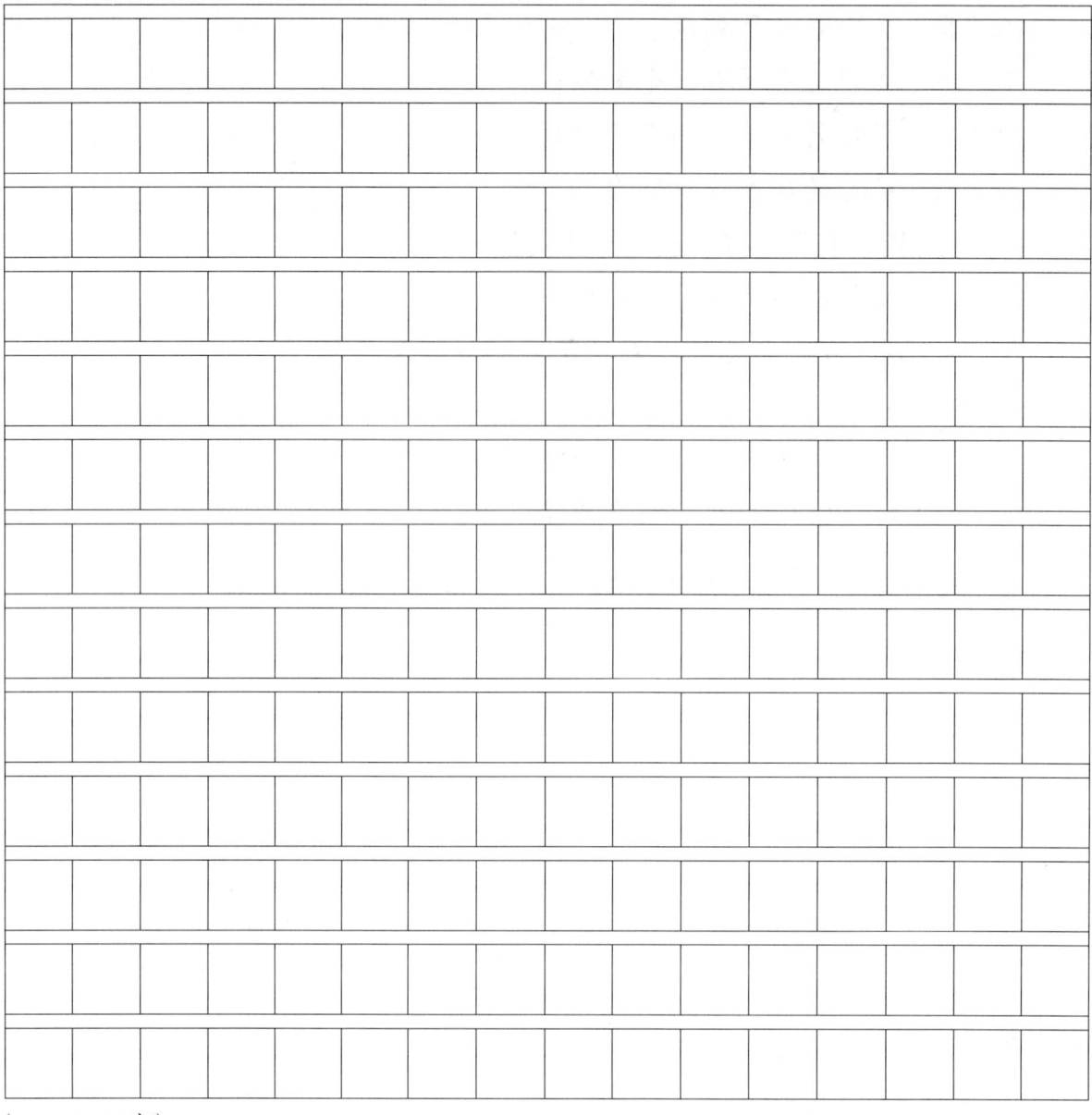

cháo	一 十 ナ 六 古 古 直 卓 剌 朝 朝 朝
朝	朝　朝　朝　朝

dòng	一 十 オ 木 木 杧 杧 栋 栋
栋	栋　栋　栋　栋

bō	一 二 干 王 尹 尹 玎 玢 玻 玻								
玻	玻	玻	玻	玻					
lí	一 二 干 王 尹 尹 玎 玪 珒 璃 璃 璃 璃								
璃	璃	璃	璃	璃					
chuāng	、 ㇏ 宀 宀 宀 空 空 突 突 窗 窗 窗								
窗	窗	窗	窗	窗					
tī	一 十 才 木 术 栌 栌 栌 栉 梯 梯								
梯	梯	梯	梯	梯					
chú	一 厂 厂 厂 庐 庐 庐 厨 厨 厨 厨 厨								
厨	厨	厨	厨	厨					
wò	一 丁 王 王 王 臣 臣 卧								
卧	卧	卧	卧	卧					
yáng	㇌ 阝 阝 阳 阳 阳								
阳	阳	阳	阳	阳					
chéng	一 二 千 千 乔 乔 乖 乖 乘 乘								
乘	乘	乘	乘	乘					
chōu	一 十 才 扌 扣 扣 抽 抽								
抽	抽	抽	抽	抽					

yān	丶 丷 少 火 灯 炉 炉 炉 烟 烟									
烟	烟	烟	烟	烟						
cǎo	一 十 艹 艹 芍 芍 苩 昔 草									
草	草	草	草	草						
chāo	一 十 土 丰 走 走 起 起 起 超 超									
超	超	超	超	超						
suǒ	丶 厂 斤 斤 斤 所 所 所									
所	所	所	所	所						
tiě	丿 二 午 仨 车 钅 钅 铁 铁 铁									
铁	铁	铁	铁	铁						
zhàn	丶 二 亠 立 斗 站 站 站 站									
站	站	站	站	站						
suī	丶 冂 口 曰 吕 吕 吊 虽 虽									
虽	虽	虽	虽	虽						
rán	丿 夕 夕 夕 夕 夕 然 然 然 然 然 然									
然	然	然	然	然						
jiù	丨 丨 丨 丨 旧									
旧	旧	旧	旧	旧						

zhè shì shéi sòng nǐ de shēng rì
这 是 谁 送 你 的 生 日
lǐ wù
礼 物

Who gave you this birthday gift

一 根据课文内容判断正误（对的画○，错的画 ×）
Decide whether the following statements are true or false according to the text (○ for true and × for false)

1. 今天是"我"20岁生日。　　　　　　　　　（　　）

2. 昨天"我"去邮局取包裹。　　　　　　　　（　　）

3. 包裹里都是家里人送"我"的生日礼物。　　（　　）

4. 爸爸送"我"一条金项链。　　　　　　　　（　　）

5. 妈妈送"我"一条裙子。　　　　　　　　　（　　）

6. 哥哥送"我"一本日语小说。　　　　　　　（　　）

7. 弟弟送"我"一张音乐光盘。　　　　　　　（　　）

8. 奶奶送"我"一件她买的和服。　　　　　　（　　）

9. "我"的和服是浅黄色的。　　　　　　　　（　　）

10. "我"在会话课上介绍了和服。　　　　　　（　　）

11. "我"不会穿和服。　　　　　　　　　　　（　　）

12. 现在日本人平时不穿和服。　　　　　　　（　　）

二 词语替换练习　**Substitute the underlined words in the phrases**

1. 日汉词典　　＿＿＿＿＿词典　　2. 浅黄色　　浅＿＿＿＿色

3. 深蓝色　　深＿＿＿＿色　　　　4. 传统服装　传统＿＿＿＿＿

5. 结婚典礼　　＿＿＿＿＿典礼　　6. 20岁生日　＿＿＿＿＿岁生日

7. 妈妈送我的项链　＿＿送＿＿的＿＿　8. 休闲食品　　＿＿＿＿食品

9. 初级汉语水平　　＿＿＿＿级汉语水平

三 **句型替换练习** Substitute the underlined words in the sentences

1. 下个月5号是我20岁生日。_____

2. 今天我在会话课上介绍了和服。_____

3. 现在我的汉语水平比较低。_____

4. 这是妈妈寄来的包裹。_____

5. 我等了一会儿。_____

6. 邮局里人很多。_____

7. 同学们听得很认真。_____

8. 奶奶做和服做得特别好。_____

9. 我想马上打开包裹。_____

四 **填写宾语** Fill in the blanks with objects

1. 取_____、_____、_____   2. 穿_____、_____、_____

3. 送_____、_____、_____   4. 寄_____、_____、_____

5. 坐_____、_____、_____   6. 逛_____、_____、_____

7. 参观_____、_____、_____   8. 介绍_____、_____、_____

五 **用下列动词或动宾短语造有状态补语的句子**
Use the following verbs or verb-object phrases to make sentences with a complement of state

例：看　我看得很详细。

1. 看 _____   2. 听 _____

3. 说 _____   4. 写 _____

5. 学 _____   6. 走 _____

7. 开 _____   8. 吃 _____

9. 喝 _____   10. 病 _____

11. 看书 _____   12. 开车 _____

13. 洗衣服 _____   14. 写汉字 _____

15. 学汉语 _____

16. 走路 _____

17. 吃饭 _____

18. 做饭 _____

19. 喝咖啡 _____

20. 听录音 _____

21. 聊天儿 _____

22. 睡觉 _____

23. 介绍 _____

24. 唱歌 _____

六 用"除了……以外，还/也……"完成句子
Complete the sentences with "除了……以外，还/也……"

1. 我除了要买面包、咖啡以外，_____。

2. 我们班除了有精读课、会话课以外，_____。

3. 她除了会说英语、法语以外，_____。

4. 他除了喜欢打篮球以外，_____。

5. 我的房间除了有电视、电话以外，_____。

6. 这所大学的留学生除了有学习汉语的以外，_____。

7. 除了有汉语名字以外，我_____。

8. 除了喜欢听古典音乐以外，她_____。

9. 除了有韩国餐厅以外，北京_____。

10. 今天除了精读课有作业以外，我们_____。

11. 除了西红柿炒鸡蛋以外，我_____。

12. 除了会说英语以外，她_____。

七 填写名词　Fill in the blanks with the nouns

1. 一副 _____、_____

2. 一套 _____、_____

3. 一条 _____、_____

4. 一双 _____、_____

5. 一些 _____、_____

6. 一本 _____、_____

7. 一件 _____、_____

8. 一斤 _____、_____

八 **完成句子** Complete the sentences

1. 只有 _____，才能有好成绩。

2. 只有 _____，才能有很多钱。

3. 只有 _____，才觉得身体好是幸福。

4. 只有 _____，才能找到好工作。

5. 只有 _____，才特别想家。

6. 只有 _____，才知道挣钱不容易。

九 **用状态补语回答问题** Answer the questions with complements of state

1. 他汉语说得怎么样？ _____

2. 你汉字写得怎么样？ _____

3. 他篮球打得怎么样？ _____

4. 她跑得快不快？ _____

5. 他中国歌唱得好听不好听？ _____

6. 他汉语作文写得怎么样？ _____

7. 汉字的历史他介绍得怎么样？ _____

8. 他车开得怎么样？ _____

9. 你朋友中国菜做得好吃不好吃？ _____

10. 他教汉语教得好不好？ _____

十 **用状态补语完成对话** Complete the dialogues with complements of state

1. A：_____？
   B：他跑得很快。

2. A：_____？
   B：她长得很漂亮。

3. A：_____？
   B：她介绍得很清楚。

4. A：_____？
   B：她听得很认真。

5. A：_____？
   B：他回答得很快。

6. A：_____？
   B：他打篮球打得很好。

7. A：＿＿＿＿＿＿＿＿＿？　　8. A：＿＿＿＿＿＿＿＿＿？

　　B：我洗衣服洗得很慢。　　　　B：他写汉字写得特别认真。

9. A：＿＿＿＿＿＿＿＿＿？　　10. A：＿＿＿＿＿＿＿＿＿？

　　B：她说汉语说得像中国人一样。　　B：出租车师傅说汉语说得真快。

十一 选择"的"、"地"、"得"填空　Choose "的", "地" or "得" to fill in each blank

1. 京美收到了和子的信，高兴＿＿＿＿＿笑了。

2. 他买了一台又便宜又好用＿＿＿＿＿电脑。

3. 他中国菜做＿＿＿＿＿不错。

4. 北京的秋天真像一幅美丽＿＿＿＿＿图画。

5. 她今天穿＿＿＿＿＿特别漂亮。

6. 朋友们希望我在北京生活＿＿＿＿＿愉快。

7. 他是一个很认真＿＿＿＿＿人。

8. 他今天上网＿＿＿＿＿时间太长了。

9. 她很高兴＿＿＿＿＿向我们介绍她的男朋友。

10. 每天早上他都很友好＿＿＿＿＿跟我打招呼。

十二 用"/"画出句中的语音停顿，并按画出的停顿朗读下列句子
Mark "/" where there should be a pause. Then read aloud the following sentences and pause wherever there is a "/"

1. 我的这件和服奶奶做得特别合适。

2. 我觉得我介绍得不太详细。

3. 现在日本人平时不穿和服，一般在节日或者有重要活动的时候才穿。

4. 你已经是大学生了，怎么连穿衣服也要妈妈帮助呢？

十三 朗读下列双音节词语，注意后一个音节要读得重一些、长一些
Read aloud the following disyllabic words. Note: The latter syllable is pronounced with stress and longer than the former one

1. 杂志	2. 邮票	3. 礼物	4. 词典	5. 项链
6. 西服	7. 详细	8. 认真	9. 节日	10. 结婚

| 11. 房间 | 12. 历史 | 13. 号码 | 14. 新闻 | 15. 欢迎 |
| 16. 学院 | 17. 电影 | 18. 游览 | 19. 公寓 | 20. 房租 |

十四 写出两个同音字并组词 Write two homophones and make words

序号	拼音	汉字1　组词	汉字2　组词
1	piào		
2	qù		
3	dài		
4	qí		
5	jì		
6	yóu		
7	lǐ		
8	jīn		
9	yīn		
10	guǒ		
11	zhǐ		
12	shēn		
13	xiào		
14	diǎn		
15	jié		
16	mǎ		

十五 圈出正确的汉字 Circle the right characters

1. 妹妹是中学一年（级　纪）学生。

2. 昨天我去邮局取了包（果　裹）。

3. 这张（油　邮）票很好看。

4. 妈妈送我一条（金　今）项链。

5. 她喜欢吃零（食　时）。

6. 哥哥送我一套（西　四）服。

7. 她回国参加毕（业　页）典礼了。

242

8. 我们对老房子很有感（情　请）。

9. 我（母　每）天下午去操场锻炼。

10. 这辆（东　车）很贵。

十六 阅读理解 Reading comprehension

旗　袍

人们一般都认为旗袍是中国女性的传统服装，其实旗袍本来是满族妇女的服装。穿旗袍能很好地体现东方女性的身材美，渐渐地，汉族女性也爱穿旗袍了。现在爱穿旗袍的中国女性越来越多了，爱穿旗袍的外国女性也越来越多了。

做旗袍的面料很多，如丝绸、棉布、毛呢等。这样一年四季都可以穿旗袍。但是买的旗袍有的大小不合适，有的图案不让人满意。

半个月前，山下和珍妮在一家中式服装店每人定做了一件旗袍。这是一家很有名的中式服装店。他们能做各种样式的中式服装，特别是旗袍，非常有名。

今天山下和珍妮去取旗袍。她们俩的旗袍都是丝绸的。山下的是深蓝色的，上面有黄色的梅花图案。珍妮的是大红色的，上面有黑色的"福"字图案。山下和珍妮穿着她们的新旗袍，很高兴地在店里照镜子，店里其他顾客都说她们穿旗袍很漂亮。

山下说："我要穿着这件旗袍参加大学毕业典礼。"珍妮说："我要穿着这件旗袍参加自己的结婚典礼。"听了她们的话，大家都笑了。

旗袍	qípáo	N	cheongsam
本来	běnlái	Adv	originally
满族	Mǎnzú	PN	Manchu ethnic group
妇女	fùnǚ	N	women
体现	tǐxiàn	V	to embody
身材	shēncái	N	figure, stature
面料	miànliào	N	surface cloth or material
丝绸	sīchóu	N	silk
棉布	miánbù	N	cotton
毛呢	máoní	N	woollen
图案	tú'àn	N	pattern
中式	zhōngshì	Adj	of Chinese style
定做	dìngzuò	V	to have something made to order
样式	yàngshì	N	style
梅花	méihuā	N	Chinese plum
福	fú	N	happiness
镜子	jìngzi	N	mirror
其他	qítā	Pr	other
顾客	gùkè	N	customer

判断正误（对的画○，错的画 ×）

Decide whether the following statements are true or false (○ for true and × for false)

1. 旗袍是汉族的传统服装。 (　　)
2. 东方女性特别适合穿旗袍。 (　　)
3. 旗袍只能夏天穿。 (　　)
4. 旗袍必须用丝绸做。 (　　)
5. 山下、珍妮每人定做了一件棉布旗袍。 (　　)
6. 山下的旗袍是深蓝色的，上面有菊花（júhuā）图案。 (　　)
7. 珍妮的旗袍是大红色的，上面有“福”字图案。 (　　)
8. 她们俩的旗袍做得特别合适。 (　　)
9. 山下想穿着旗袍参加大学毕业典礼。 (　　)
10. 珍妮想穿着旗袍参加朋友的结婚典礼。 (　　)

十七 按笔顺书写汉字 Write the Chinese characters in the correct stroke order

lǐ	丶 ㇇ 礻 礻 礼									
礼	礼	礼	礼	礼						
jì	丶 丶 宀 宀 宊 宊 宑 宑 寄 寄 寄									
寄	寄	寄	寄	寄						
guǒ	丶 亠 亠 亠 亠 亠 亠 亠 亠 亠 亠 亠 亠 裹									
裹	裹	裹	裹	裹						
zá	丿 九 九 杂 杂 杂									
杂	杂	杂	杂	杂						
zhì	一 十 士 士 志 志 志									
志	志	志	志	志						

| děng | ノ ト ケ ケ ゲ ゲ ゲ ゲ 竺 竺 等 等 |
| 等 | 等　等　等　等 |

| jīn | ノ 人 𠆢 今 全 全 余 金 |
| 金 | 金　金　金　金 |

| xiàng | 一 T I I' IT 玎 顶 项 项 |
| 项 | 项　项　项　项 |

| shēn | ` ` ` ` 氵 氵 氵 氵 沪 汃 深 深 |
| 深 | 深　深　深　深 |

| qiǎn | ` ` 氵 氵 氵 浅 浅 浅 |
| 浅 | 浅　浅　浅　浅 |

| xiē | 丨 ト ト 止 此 此 些 些 |
| 些 | 些　些　些　些 |

| líng | 一 ニ 戸 雨 示 示 示 雫 宷 宷 零 零 |
| 零 | 零　零　零　零 |

| tián | ノ ニ 千 千 舌 舌 舌 甜 甜 甜 甜 |
| 甜 | 甜　甜　甜　甜 |

| chū | ` ラ オ ネ ネ 初 初 |
| 初 | 初　初　初　初 |

xì	ㄥ ㄠ 乡 纟 纩 纫 纫 细 细								
细	细	细	细	细					
xiào	ノ ゲ セ 竺 竺 笁 竺 竺 笑								
笑	笑	笑	笑	笑					
chuán	ノ イ 仁 仁 传 传								
传	传	传	传	传					
tǒng	ㄥ ㄠ 乡 纟 纩 纮 纮 纺 统								
统	统	统	统	统					
jié	ㄥ ㄠ 乡 纟 纠 纣 纬 结 结								
结	结	结	结	结					
hūn	ㄑ 女 女 女 妒 妒 娇 娇 婚 婚								
婚	婚	婚	婚	婚					

sheng rì wǎn huì jǐ diǎn kāi shǐ

生 日 晚 会 几 点 开 始

When will the birthday party begin

一 根据课文内容回答问题　**Answer the questions according to the text**

1. 昨天晚上"我"去参加了什么晚会？_____

2. 张文心是谁？_____

3. 张文心长什么样？_____

4. 张文心喜欢什么？_____

5. 张文心什么歌唱得很好听？_____

6. "我"是怎么认识张文心的？_____

7. 张文心学习什么专业？_____

8. 张文心的男朋友是干什么的？_____

9. 张文心的男朋友长什么样？_____

10. 昨天张文心穿着什么衣服？_____

11. "我"送给张文心的生日礼物是什么？_____

12. 昨天是张文心多少岁生日？_____

13. 参加张文心生日晚会的外国人多吗？_____

14. 生日晚会几点开始？几点结束？_____

二 词语替换练习　**Substitute the underlined words in the phrases**

1. <u>生日</u>晚会 _____晚会　　2. <u>英国</u>文学 _____文学

3. <u>英语</u>专业 _____专业　　4. 明年<u>夏天</u> 明年_____

5. <u>英语</u>系 _____系　　6. <u>英文</u>小说 _____小说

7. 戴<u>眼镜</u> 戴_____　　8. <u>公共汽</u>车 _____车

三 句型替换练习　Substitute the underlined words in the sentences

　　1. <u>张文心</u>以后想当<u>翻译</u>。_____

　　2. 他是<u>英国文学</u>专业的博士生。_____

　　3. 她像<u>鲜花</u>一样美丽。_____

　　4. 她<u>电影插曲</u>唱得特别好听。_____

　　5. 祝<u>张文心</u>生日快乐！_____

　　6. 人们喝着<u>茶</u>，聊着<u>天儿</u>。_____

　　7. <u>她</u>是我在<u>北京</u>认识的<u>中国</u>朋友。_____

　　8. 她喜欢看<u>英文小说</u>。_____

　　9. 我<u>坐公共汽车</u>回学校。_____

　　10. 我们<u>一个星期</u>在一起学习<u>一</u>次。_____

　　11. 她男朋友是<u>博士生</u>。_____

　　12. <u>宿舍楼</u>里安安静静的。_____

四 用 "正在 / 正 / 在……（呢）" 完成句子
　　Complete the sentences with "正在 / 正 / 在……（呢）"

　　1. 昨天晚上朋友给我打电话的时候，我 _____。

　　2. 昨天晚上 10 点，我 _____。

　　3. 今天早上我进教室的时候，他 _____。

　　4. 上星期五我去朋友家的时候，朋友 _____。

　　5. 去年的今天，我 _____。

　　6. 明天是星期六，上午 9 点我可能 _____。

　　7. 下星期一上午 8 点半我们班可能 _____。

　　8. 我们进饭馆的时候，我的同屋和他的朋友们 _____。

　　9. 今天早上 5 点 _____。

　　10. 昨天晚上朋友来看我的时候，我 _____。

五 用"除了……以外，都……"改写句子

Rewrite the sentences with "除了……以外，都……"

1. 我们班两个美国人、10个韩国人。

   _____

2. 我们家只有奶奶不会开车。

   _____

3. 我家只有我没有工作，爸爸、妈妈、姐姐都工作。

   _____

4. 我不吃羊肉。

   _____

5. 这座大楼，一层是商店，二到六层是公寓。

   _____

6. 邮局星期一到星期六营业。

   _____

7. 我刚来北京的时候，只会说"你好"。

   _____

8. 我家有六口人：爸爸、妈妈、两个哥哥、弟弟和我。（我是男的）

   _____

9. 我家有四口人：爸爸、妈妈、姐姐和我。（我是女的）

   _____

10. 我们班只有星期五有两节课。

    _____

11. 她只喜欢黑色。

    _____

12. 他只喜欢白色。

    _____

13. 我们班一个男同学、十个女同学。

_____

14. 她家只有她会说汉语。

_____

六 用带"着"的动作的持续态完成句子
Complete the sentences with "着" to indicate the continuation of an action

1. 她今天特别漂亮，_____。（穿）

2. 同屋买了很多东西，进门的时候_____。（拿）

3. 他们_____看电视。

4. 她们_____聊天儿。

5. 他喜欢_____听音乐。

6. 他_____上网。

7. 她喜欢_____睡觉。

8. 他_____开车。

七 用"打算"完成对话　**Complete the dialogues with "打算"**

1. A：_____？
　 B：我想学两年汉语。

2. A：_____？
　 B：我回国以后想去饭店（fàndiàn）
　　　工作。

3. A：_____？
　 B：我今年不想回国。

4. A：你什么时候回国？
　 B：_____。

5. A：_____？
　 B：大学毕业以后我想在中国工作。

6. A：周末你们去哪儿玩儿？
　 B：_____。

7. A：你朋友几月来北京旅游？
　 B：_____。

8. A：_____？
　 B：最近有点儿累，假期（jiàqī）
　　　我想休息。

八 **完成句子** Complete the sentences

1. 她像小鸟一样 _____。

2. 他像牛一样 _____。

3. 他家像饭店一样 _____。

4. 她女儿像鲜花一样 _____。

5. 她说汉语像唱歌一样 _____。

6. 他走路像病人（bìngrén）一样 _____。

7. 她做的菜像妈妈做的一样 _____。

8. 她做的衣服像买的一样 _____。

九 **仿照例句，改写句子** Rewrite the sentences following the example

例：我除了羊肉以外，其他的肉都吃。→ 我不吃羊肉。

1. 他除了听力课以外，别的课考试都及格了。

   → _____

2. 她除了喜欢红色以外，还喜欢黑色、白色。

   → _____

3. 她除了会说英语以外，还会说法语、德语、汉语。

   → _____

4. 他除了英语以外，别的语言都不会说。

   → _____

5. 他除了白色以外，别的颜色都不喜欢。

   → _____

6. 他除了一个弟弟以外，还有两个哥哥、一个姐姐。

   → _____

7. 他除了中国以外，没去过别的国家。

   → _____

8. 他除了中国以外，还去过美国、英国、泰国、韩国。

→ _____

9. 他除了篮球，还会打排球、棒球、乒乓球。

→ _____

10. 他除了篮球，别的球都不会打。

→ _____

十 用"/"画出句中的语音停顿，并按画出的停顿朗读下列句子

Mark "/" where there should be a pause. Then read aloud the following sentences and pause wherever there is a "/"

1. 张文心是我在北京认识的中国朋友。

2. 昨天张文心穿着一条浅绿色的连衣裙，特别漂亮。

3. 他是张文心的男朋友吧？

4. 每个国家的送礼习惯都有自己的特点。

十一 朗读下列双音节词语，注意后一个音节要读得重一些、长一些

Read aloud the following disyllabic words. Note: The latter syllable is pronounced with stress and longer than the former one

1. 晚会	2. 年级	3. 插曲	4. 好听	5. 文学
6. 永远	7. 鲜花	8. 结束	9. 汽车	10. 安静
11. 开始	12. 地址	13. 复习	14. 商店	15. 爱好
16. 钢琴	17. 流行	18. 民族	19. 演员	20. 以前

十二 用下列汉字组词 **Make words with the following characters**

1. 生____、生____、生____   2. 晚____、晚____、晚____

3. 经____、经____、经____   4. 好____、好____、好____

5. 快____、快____、快____   6. 认____、认____

7. 眼____、眼____   8. 图____、____图

9. 蛋____、____蛋   10. 鲜____、____鲜

十三 圈出正确的汉字 **Circle the right characters**

1. 学校刚开学，最（进 近）我很忙。

2. 她是数学博（士　土）。

3. 他朋友（特　持）别爱吃饺子。

4. 他（在　再）看电视呢。

5. 他的中国朋（有　友）很多。

6. 中国在（业　亚）洲东部。

7. 我们的汉语老师长得很（帅　师）。

8. 学校大门口外面有（工　公）共汽车站。

9. 张文心黑黑的头发、大大的眼（晴　镜）。

10. 中国有 960 万平方公里（士　土）地。

11. 现在是晚上十点（种　钟）。

12. 她常穿世界（名　明）牌服装。

十四 阅读理解 Reading comprehension

中国人的送礼习惯

送礼物是每个人都会碰到的事。每个国家的送礼习惯都有自己的特点。

中国人在送礼物的时候，比较注意礼物表示的意义。如送结婚礼物时，礼物要是双数，像两块手表、两双皮鞋、两套西服、两个杯子等，意思是祝愿新婚夫妇永远在一起。

有的人比较注意礼物的实用性，如给上学的人送学习用品，给快生孩子的人送婴儿用品等。也有的人比较注意礼物的价格，一般不会买很便宜的礼物，也不送自己用过的东西。

去朋友家做客时，应该首先考虑给主人家的老人、孩子送礼物。一般到告辞时才送给主人。送礼物的时候，客人常常会

双数	shuāngshù	N
even number		
皮鞋	píxié	N
leather shoes		
祝愿	zhùyuàn	V
to wish		
新婚	xīnhūn	V
to be newly married		
夫妇	fūfù	N
husband and wife		
实用性	shíyòngxìng	
N practicability		
用品	yòngpǐn	N
articles for use		
婴儿	yīng'ér	N baby
考虑	kǎolù	V
to consider		
告辞	gàocí	V
to say goodbye, to take leave (of one's host)		

说一些谦虚的话，如"没给你买什么东西，这是一点儿小意思，请收下"。主人收下礼物后，一般不会马上打开看，要等到客人走了以后才打开。

　　不过，现在年轻人的送礼习惯随便多了，常常会买朋友最喜欢、最需要的东西，或者挑选最能代表自己个性的东西作为礼物。礼物的意义、价钱不是特别重要。送礼物时的习惯和传统的做法也不一样了，刚到主人家就会把礼物送给主人，而且会告诉主人，送的是什么礼物。主人收下礼物后，会马上打开，和客人一起分享得到礼物的喜悦。

谦虚　qiānxū　Adj　modest
小意思　xiǎoyìsi　N　small gift

随便　suíbiàn　Adj　informal, casual
挑选　tiāoxuǎn　V　to select, to choose
个性　gèxìng　N　individuality

分享　fēnxiǎng　V　to share
喜悦　xǐyuè　N　happiness

回答问题　Answer the questions

1. 中国人在买礼物时，一般比较注意什么？ _____

2. 中国人在准备礼物时一般不送什么东西？ _____

3. 中国人去别人家做客时首先考虑给谁买礼物？ _____

4. 中国人传统的做法是什么时候把礼物送给主人？ _____

5. 主人收下礼物时会马上打开吗？ _____

6. 根据传统的做法，主人什么时候打开礼物？ _____

7. 现在中国年轻人送礼物有什么新变化？ _____

8. 你觉得现在中国年轻人送礼物的这些变化怎么样？ _____

9. 你们国家的人一般给快生孩子的人送什么礼物？ _____

10. 你们国家的人一般挑选什么东西作为结婚礼物？ _____

十五 按笔顺书写汉字 Write the Chinese characters in the correct stroke order

yǎn	丨 冂 冂 刂 目 目 盯 盯 町 眼 眼 眼
眼	眼 眼 眼 眼
jīng	丨 冂 冂 刂 目 目 旷 盽 晴 晴 晴 晴
晴	晴 晴 晴 晴
tiào	丶 丨 卩 𧾷 𧾷 𧾷 跃 跎 跎 跎 跳 跳 跳
跳	跳 跳 跳 跳
wǔ	丿 亠 二 仁 仨 无 卌 無 舞 舞 舞 舞 舞 舞
舞	舞 舞 舞 舞
chā	一 十 扌 扩 扩 扦 挿 挿 插 插 插
插	插 插 插 插
jí	乙 纟 纟 纨 级 级
级	级 级 级 级
bì	一 匕 比 比 毕 毕
毕	毕 毕 毕 毕
dāng	丨 丷 丷 当 当 当
当	当 当 当 当

fān	一 ㇀ ㇇ 丆 平 采 采 釆 番 番 番 翻 翻 翻 翻 翻 翻										
翻	翻	翻	翻	翻							
yì	㇏ ㇀ 讠 订 讣 详 详 译										
译	译	译	译	译							
bó	一 十 ㆠ ㇏ 忄 忄 恒 恒 博 博 博 博										
博	博	博	博	博							
dài	一 十 土 圡 吉 吉 击 卖 査 査 童 重 重 戴 戴 戴										
戴	戴	戴	戴	戴							
fù	一 ㇀ 三 쿠 쿠 쿠 쿠 畐 畐 副 副										
副	副	副	副	副							
jìng	丿 ㇒ ㇏ ㇗ 钅 钅 钅 钅 铲 铲 铲 镜 镜 镜 镜 镜										
镜	镜	镜	镜	镜							
shuài	㇑ ㇆ ㇒ 帅 帅 帅										
帅	帅	帅	帅	帅							
shù	一 ㇇ ㇆ 戸 束 束 束										
束	束	束	束	束							
gāo	㇔ ㇀ ㇐ ㇑ 半 米 米 米 米 米 糕 糕 糕 糕 糕 糕										
糕	糕	糕	糕	糕							

qì	、丶氵汃沪沪汽									
汽	汽	汽	汽	汽						
jìng	一二十丰青青青青静静静静静									
静	静	静	静	静						
zhèng	一丁下正正									
正	正	正	正	正						

nǐ cān jiā guo hàn yǔ shuǐ píng kǎo
你参加过汉语水平考
shì   ma
试（HSK）吗
Did you take HSK

 根据课文内容回答问题　**Answer the questions according to the text**

1. 参加汉语水平考试要交什么？＿＿＿＿＿＿＿＿＿＿＿＿＿＿＿＿＿

2. 报名以后多长时间以后可以拿到准考证？＿＿＿＿＿＿＿＿＿＿＿＿

3. 去考试的时候要带什么？＿＿＿＿＿＿＿＿＿＿＿＿＿＿＿＿＿＿＿

4. 多长时间以后可以知道考试成绩？＿＿＿＿＿＿＿＿＿＿＿＿＿＿＿

5. 谁通知考试成绩、发等级证书？＿＿＿＿＿＿＿＿＿＿＿＿＿＿＿＿

6. 还可以怎么知道自己的 HSK 成绩？＿＿＿＿＿＿＿＿＿＿＿＿＿＿

7. "我"在办公室报名的时候为什么觉得奇怪？＿＿＿＿＿＿＿＿＿＿＿

8. 为什么同学们不理解"我"考 HSK？＿＿＿＿＿＿＿＿＿＿＿＿＿＿

9. "我"是第一次参加汉语水平考试吗？＿＿＿＿＿＿＿＿＿＿＿＿＿＿

10. 这次"我"希望得到几级水平的证书？＿＿＿＿＿＿＿＿＿＿＿＿＿

二　词语替换练习　**Substitute the underlined words in the phrases**

1. 汉语水平考试　＿＿＿考试　　2. 留学生办公室　＿＿＿办公室

3. 理想的成绩　理想的＿＿＿　　4. 大部分同学　大部分＿＿＿

5. 初级汉语水平　＿＿＿汉语水平　6. 准考证　＿＿＿证

7. 报名费　＿＿＿费　　　　　　　8. 考场　＿＿＿场

9. 考试成绩　＿＿＿成绩　　　　　10. 考试中心　＿＿＿中心

三 句型替换练习 Substitute the underlined words in the sentences

1. 参加考试的人可以上网查<u>成绩</u>。_____

2. 参加考试的人可以<u>打电话</u>问成绩。_____

3. <u>十天左右</u>来取<u>准考证</u>。_____

4. 你可以打电话<u>问</u>成绩。_____

5. 他们对<u>我考 HSK</u> 不太理解。_____

6. 我的考试<u>成绩</u>不理想。_____

7. 我的<u>考试成绩</u>不理想。_____

8. 他是<u>负责汉语水平考试</u>的老师。_____

9. <u>其他国家</u>的同学很少。_____

10. 我<u>参加</u>过一次汉语水平考试。_____

四 仿照例句，写出概数 Write the approximate numbers following the example

例：13 ~ 15 天　→ 两个星期左右 / 大概两个星期

1. 9 ~ 11 岁 →＿＿＿＿＿　　2. 16 ~ 18 天 →＿＿＿＿＿

3. 9 ~ 11 天 →＿＿＿＿＿　　4. 48 ~ 52 岁 →＿＿＿＿＿

5. 30 ~ 40 岁 →＿＿＿＿＿　　6. 20 ~ 30 分钟 →＿＿＿＿＿

7. 5 ~ 7 个月 →＿＿＿＿＿　　8. 13 个月 →＿＿＿＿＿

9. 20 天 →＿＿＿＿＿（用"……个星期"表示）

10. 2 ~ 4 斤苹果 →＿＿＿＿＿

11. 5 ~ 7 瓶啤酒 →＿＿＿＿＿　　12. 95 ~ 105 元 →＿＿＿＿＿

13. 23 ~ 25 个月 →＿＿＿＿＿　　14. 8：25 ~ 8：35 →＿＿＿＿＿

15. 900 ~ 1000 元 →＿＿＿＿＿　　16. 11：55 ~ 12：05 →＿＿＿＿＿

五 用概数完成对话 Complete the dialogues with approximate numbers

1. A：你们房间多大？　　2. A：他们班有多少人？

　B：＿＿＿＿＿。　　　　B：＿＿＿＿＿。

3. A：你的自行车多少钱？

   B：＿＿＿＿＿＿＿＿＿＿＿。

4. A：他哪天回国？

   B：＿＿＿＿＿＿＿＿＿＿＿。

5. A：你现在每月生活费是多少钱？

   B：＿＿＿＿＿＿＿＿＿＿＿。

6. A：昨天你买的那本词典多少钱？

   B：＿＿＿＿＿＿＿＿＿＿＿。

7. A：你同屋今年多大？

   B：＿＿＿＿＿＿＿＿＿＿＿。

8. A：他妈妈哪天来北京？

   B：＿＿＿＿＿＿＿＿＿＿＿。

9. A：你想去香港玩儿多长时间？

   B：＿＿＿＿＿＿＿＿＿＿＿。

10. A：从北京到你家坐飞机要多长
时间？

    B：＿＿＿＿＿＿＿＿＿＿＿。

六 用"想＋动词"完成对话 Complete the dialogues with "想 +verb"

1. A：下午你干什么？

   B：＿＿＿＿＿＿＿＿＿＿＿。

2. A：今天晚上你有事儿吗？

   B：＿＿＿＿＿＿＿＿＿＿＿。

3. A：明天下午你干什么？

   B：＿＿＿＿＿＿＿＿＿＿＿。

4. A：这个星期六你怎么安排？

   B：＿＿＿＿＿＿＿＿＿＿＿。

5. A：今年寒假你打算干什么？

   B：＿＿＿＿＿＿＿＿＿＿＿。

6. A：你买这么多报纸干什么？

   B：＿＿＿＿＿＿＿＿＿＿＿。

7. A：下课以后一块儿去买水果，好吗？

   B：＿＿＿＿＿＿＿＿＿＿＿。

8. A：周末你有安排吗？

   B：＿＿＿＿＿＿＿＿＿＿＿。

七 根据画线部分提问 Ask questions about the underlined parts

1. 我去办公室报名。＿＿＿＿＿＿＿＿＿＿＿＿＿＿＿＿

2. 我去办公室报名。＿＿＿＿＿＿＿＿＿＿＿＿＿＿＿＿

3. 我同屋去报名了。＿＿＿＿＿＿＿＿＿＿＿＿＿＿＿＿

4. 我们班有五位同学参加汉语水平考试。＿＿＿＿＿＿＿＿＿

5. 我们班有五位同学参加汉语水平考试。＿＿＿＿＿＿＿＿＿

6. 参加考试的同学每人交两张照片、报名费和护照。＿＿＿＿＿

7. 报名参加 HSK 的人，大部分是韩国人或日本人。＿＿＿＿＿

8. 这次我想得到<u>六级</u>水平证书。_____

9. 同学们可以上网<u>查</u>成绩。_____

八 仿照例句，用动态助词"过"的肯定式、否定式造句

Use the affirmative and negative forms of the aspect particle "过" following the example

例：学汉语　肯定式：我以前学过汉语。

　　　　　　否定式：我以前没学过汉语。

1. 开车 _____

2. 留学 _____

3. 洗衣服 _____

4. 上大学 _____

5. 当经理 _____

6. 吃寿司 _____

7. 去美国 _____

8. 来中国 _____

9. 买衣服 _____

10. 做饭 _____

11. 点菜 _____

12. 喝白酒 (báijiǔ) _____

13. 感冒 _____

14. 打工 _____

15. 坐飞机 _____

九 用"因此"完成句子　Complete the sentences with "因此"

1. 他是中国人，但是是在美国长大的，_____。

2. 她妈妈是中国人，_____。

3. 她在高年级一班，_____。

4. 他爷爷病了，_____。

5. 他是日本人，_____。

6. 她去过上海，_____。

7. 他感冒了，_____。

8. 来中国以前，她去美国留过学，_____。

十 仿照例句，完成句子 Complete the sentences following the example

例：他在学校外面租过房子，他知道租房的手续。

1. 我吃过烤鸭，_____。

2. 爸爸学过汉语，_____。

3. 我在中国的医院看过病，_____。

4. 我没坐过飞机，_____。

5. 我没去过美国，_____。

6. 他去过非洲，_____。

7. 我买过飞机票，_____。

8. 我请过汉语辅导老师，_____。

十一 完成对话 Complete the dialogues

1. A：你为什么学习汉语？
   B：_____。

2. A：你为什么喜欢白色？
   B：_____。

3. A：你为什么在北京学习汉语？
   B：_____。

4. A：你为什么总是（zǒngshì）吃青椒肉丝？
   B：_____。

5. A：你为什么不参加 HSK 考试？
   B：_____。

6. A：你假期为什么不回国？
   B：_____。

7. A：你同屋的中国朋友为什么不多？
   B：_____。

8. A：你为什么对中国普通老百姓的生活感兴趣？
   B：_____。

十二 仿照例句，用"动词＋过"或"没／没有＋动词＋过"改写句子

Rewrite the sentences with "verb+ 过" or "没 / 没有 +verb+ 过" following the example

例：我 30 岁到 35 岁在中国工作。（工作）→ 我在中国工作过。

1. 他大学毕业五年了。（上大学）→ _____

2. 三年前他去了一次美国。（去美国）→ _____

3. 爷爷年轻的时候是经理。（当经理）→ _____

4. 姐姐去美国留学前是音乐教师。（当教师）→ _____

5. 他 2008 年在北京工作。（工作）→ _____

6. 妈妈学了一年汉语。（学汉语）→ _____

7. 这是我第一次包饺子。（包饺子）→ _____

8. 这是我第一次喝酒。（喝酒）→ _____

9. 这是她第一次结婚。（结婚）→ _____

10. 这是我第一次参加 HSK 考试。（参加）→ _____

十三 用动量词回答问题 **Answer the questions with verbal measure words**

例：A：你吃过法国菜吗？

　　B：我吃过一次法国菜。

1. A：你吃过烤鸭吗？
   B：_____。

2. A：你去过上海吗？
   B：_____。

3. A：你游览过长城吗？
   B：_____。

4. A：你学过汉语吗？
   B：_____。

5. A：你感冒过吗？
   B：_____。

6. A：你来北京后拉过肚子吗？
   B：_____。

7. A：你包过饺子吗？
   B：_____。

8. A：你取过包裹吗？
   B：_____。

9. A：你发过电子邮件吗？
   B：_____。

10. A：你介绍过你的朋友吗？
    B：_____。

十四 用 "/" 画出句中的语音停顿，并按画出的停顿朗读下列句子

Mark "/" where there should be a pause. Then read aloud the following sentences and pause wherever there is a "/"

1. 我什么时候可以知道自己的 HSK 成绩？

2. 你为什么要参加汉语水平考试？

3. 你新买的电脑怎么样？

4. 我怎么知道自己的考试成绩？

十五 朗读下列双音节词语，注意后一个音节要读得重一些、长一些

Read aloud the following disyllabic words. Note: The latter syllable is pronounced with stress and longer than the former one

1. 辅导	2. 负责	3. 需要	4. 护照	5. 铅笔
6. 通知	7. 等级	8. 证书	9. 长期	10. 奇怪
11. 首都	12. 文明	13. 广播	14. 标准	15. 声调
16. 离开	17. 牛奶	18. 奶酪	19. 餐厅	20. 面条

十六 写出两个同音字并组词　Write two homophones and make words

序号	拼音	汉字1　组词	汉字2　组词
1	míng		
2	shù		
3	jī		
4	gōng		
5	xǐ		
6	wǔ		
7	chéng		
8	zhèng		
9	qí		
10	wèi		

十七 填写合适的汉字　Fill in the blanks with proper characters

1. 我觉得汉语_____导班的课不错。

2. 陈老师是负_____HSK 的老师。

3. 大家必须带 _____ 照去办手续。

4. 参加 HSK 必须用 _____ 笔。

5. 中国人习惯用 _____ 子吃饭。

6. _____ 到 35 分钟，就不能进考场了。

7. 汉语水平考试等级证书长期有 _____。

8. 我的听力课成 _____ 不理想。

9. 我觉得有点儿奇 _____。

10. 他 _____ 经回国了。

十八 阅读理解 Reading comprehension

我喜欢参加考试

　　我是日本公司的职员，我喜欢参加各种水平考试、资格考试。

　　日本有很多考试。比如，汉语水平考试、汉字书写水平考试、英语水平考试、教师资格考试，等等。在日本参加这种考试的人，有在校大学生，也有已经工作的人，还有不少是家庭主妇。很多人参加这种水平考试、资格考试，只是为了证明自己的能力，或者检查自己的学习质量。

　　日本许多家庭主妇虽然不工作，但是每天都很忙，她们喜欢参加各种学习班，如汉语学习班、绘画学习班、舞蹈学习班。

　　我在日本一直参加汉语学习班，也参加过四次由一个日本公司举行的汉语水平考试，最好成绩是 2 级。还参加过一次中国的汉语水平考试（HSK），成绩是 3 级。

　　这两种汉语水平考试都是一个等级一张试卷，报名的时候就得确定自己参加的等级。

资格　zīgé　N qualification
书写　shūxiě　V to write
主妇　zhǔfù　N housewife
证明　zhèngmíng V to prove
检查　jiǎnchá　V to check, to examine
质量　zhìliàng N quality
绘画　huìhuà V to paint, to draw
舞蹈　wǔdǎo　N dance
由　yóu　Prep (be done) by (sb.)
试卷　shìjuàn　N examination paper
确定　quèdìng V to determine

现在我在中国学习汉语，我想再参加一次汉语水平考试，我希望通过 5 级。许多年轻朋友看到我多次报名参加汉语水平考试，觉得很奇怪。现在我介绍了日本人喜欢参加考试的情况以后，他们大概就不会奇怪了吧。

通过　tōngguò
V　to pass

判断正误（对的画○，错的画 ×）

Decide whether the following statements are true or false (○ for true and × for false)

1. 日本人喜欢参加各种水平考试、资格考试。 　　　　　　　　　　　　（　　　）
2. 日本有不少种类的考试。 　　　　　　　　　　　　　　　　　　　（　　　）
3. 参加水平考试、资格考试的人是为了找工作。 　　　　　　　　　　　（　　　）
4. 许多日本家庭主妇喜欢参加各种学习班。 　　　　　　　　　　　　　（　　　）
5. 日本家庭主妇虽然不工作，但是很忙，因为要做许多家务（jiāwù）。

　　　　　　　　　　　　　　　　　　　　　　　　　　　　　　　　（　　　）

6. 在日本参加各种水平考试、资格考试的家庭主妇不少。 　　　　　　　（　　　）
7. "我"在日本参加过两种汉语水平考试。 　　　　　　　　　　　　　（　　　）
8. "我"通过了日本汉语水平考试的 2 级。 　　　　　　　　　　　　　（　　　）
9. 日本的汉语水平考试和中国的一样，报名时都要确定自己参加的等级。 　　　　　　　　　　　　　　　　　　　　　　　　　　　（　　　）
10. 想要拿到 6 级证书得报名参加 6 级考试。 　　　　　　　　　　　　（　　　）
11. 现在 "我"想报名参加中国的汉语水平考试。 　　　　　　　　　　（　　　）
12. "我"希望这次考试能得到 HSK 的 5 级证书。 　　　　　　　　　　（　　　）

十九 按笔顺书写汉字　Write the Chinese characters in the correct stroke order

fǔ	一 十 𰀀 车 车 轩 斩 𰀀 辅 辅 辅
辅	辅　辅　辅　辅
dǎo	フ コ 巳 旦 导 导
导	导　导　导　导

bào	一 十 才 扩 扩 扝 报 报									
报	报	报	报	报						
fù	丿 ⺈ ⺈ ⺈ 负 负									
负	负	负	负	负						
zé	一 ニ 丰 圭 丰 责 责 责									
责	责	责	责	责						
xū	一 ⼀ ⼾ 兩 雫 需 需 需 雲 零 零 需 需									
需	需	需	需	需						
jiāo	丶 一 亠 六 㐅 交									
交	交	交	交	交						
hù	一 十 才 扩 扩 护 护									
护	护	护	护	护						
kǎo	一 十 土 耂 耂 考									
考	考	考	考	考						
qiān	丿 ⺈ ⺈ 乍 乍 钅 钌 钌 铅 铅									
铅	铅	铅	铅	铅						
bǐ	丿 ⺈ ⺈ 𥫗 𥫗 笁 笁 笁 竺 笔									
笔	笔	笔	笔	笔						

chí	フ フ ユ 尺 尺 识 迟									
迟	迟	迟	迟	迟						
gài	一 十 才 木 术 柯 柯 柯 栶 栶 概 概 概									
概	概	概	概	概						
jì	乙 纟 纟 纟 纟 纩 绀 绀 绩 绩 绩									
绩	绩	绩	绩	绩						
xiào	丶 一 亠 亠 亥 亥 亥 効 效									
效	效	效	效	效						
chá	一 十 才 木 木 杏 杏 杳 查									
查	查	查	查	查						
qí	一 ナ 大 亣 夳 奇 奇 奇									
奇	奇	奇	奇	奇						
guài	丶 忄 忄 忄 忰 怿 怪 怪									
怪	怪	怪	怪	怪						
cǐ	l ㅏ 止 止 此 此									
此	此	此	此	此						
chén	阝 阝 阝 阵 阵 阵 陈									
陈	陈	陈	陈	陈						

27

nǐ zěn me yòu lái bàn yán cháng
你 怎 么 又 来 办 延 长

shǒu xù le
手 续 了

Why do you come to extend your programme again

一 **根据课文内容回答问题** Answer the questions according to the text

1. "我"刚来中国时汉语怎么样？现在呢？ _____

2. "我"为什么想延长学习时间？ _____

3. "我"想延长多长时间？ _____

4. 爸爸妈妈同意"我"的延长要求吗？ _____

5. 办延长手续需要什么？ _____

6. "我"是什么时候去办公室办手续的？ _____

7. "我"去办公室办什么手续？ _____

8. 多长时间可以拿到延长签证？ _____

9. 后来"我"为什么又去了一趟留学生办公室？ _____

10. 办延长手续复杂吗？ _____

二 **词语替换练习** Substitute the underlined words in the phrases

1. <u>前</u>天　　_____天　　　　2. 留学<u>时间</u>　留学_____

3. <u>三</u>个多月　_____个多月　　4. <u>汉语</u>课本　_____课本

5. <u>一</u>个学期　_____个学期　　6. <u>延长</u>手续　_____手续

7. <u>生活</u>经验　_____经验　　　8. 回<u>办公室</u>　回_____

三 **句型替换练习** Substitute the underlined words in the sentences

1. 我忘了带<u>护照</u>。 _____

2. 学校开学已经<u>四</u>个月了。_____

3. <u>半年</u>时间太短了。_____

4. <u>这所大学</u>条件不错。_____

5. 我觉得<u>汉语课本</u>很有意思。_____

6. 昨天我去了一趟<u>办公室</u>。_____

7. 现在我<u>一个人</u>在中国<u>生活</u>没问题了。_____

8. <u>我</u>有<u>在国外留学</u>的经验。_____

四 连线，使动词和名词组成正确的搭配 Match the verbs with the nouns

动词　　　　　　　　名词

办　　　　　　　　　理由
有　　　　　　　　　成绩
出　　　　　　　　　进步
发　　　　　　　　　要求
交　　　　　　　　　时间
同意　　　　　　　　手续
延长　　　　　　　　通知
说明　　　　　　　　证书
通知　　　　　　　　考试
参加　　　　　　　　照片

五 写出反义词 Write the antonyms

例：大——小

1. 复杂——　　　　2. 容易——　　　　3. 便宜——

4. 少——　　　　　5. 远——　　　　　6. 轻——

7. 快——　　　　　8. 短——　　　　　9. 早——

10. 多——　　　　11. 新——　　　　12. 深——

六 填写名词　**Fill in the blanks with the nouns**

1. 一所＿＿＿＿、＿＿＿＿、＿＿＿＿　　　2. 一张＿＿＿＿、＿＿＿＿、＿＿＿＿

3. 一家＿＿＿＿、＿＿＿＿、＿＿＿＿　　　4. 一间＿＿＿＿、＿＿＿＿、＿＿＿＿

5. 一台＿＿＿＿、＿＿＿＿、＿＿＿＿　　　6. 一杯＿＿＿＿、＿＿＿＿、＿＿＿＿

7. 一座＿＿＿＿、＿＿＿＿、＿＿＿＿　　　8. 一瓶＿＿＿＿、＿＿＿＿、＿＿＿＿

9. 一条＿＿＿＿、＿＿＿＿、＿＿＿＿　　　10. 一件＿＿＿＿、＿＿＿＿、＿＿＿＿

11. 一双＿＿＿＿、＿＿＿＿、＿＿＿＿　　　12. 一栋＿＿＿＿、＿＿＿＿、＿＿＿＿

13. 一束＿＿＿＿、＿＿＿＿、＿＿＿＿　　　14. 一片＿＿＿＿、＿＿＿＿、＿＿＿＿

七 选择"再"、"又"填空　**Choose "再" or "又" to fill in each blank**

1. 他昨天迟到了，今天＿＿＿＿＿＿＿迟到了。

2. 明天我要＿＿＿＿＿＿＿去一趟图书馆。

3. 三年前他去过一次上海，现在他想＿＿＿＿＿＿＿去一次。

4. 他们喝了五瓶啤酒，＿＿＿＿＿＿＿买了两瓶葡萄酒。

5. 他的朋友＿＿＿＿＿＿＿感冒了。

6. 老师让我们把作文＿＿＿＿＿＿＿抄一遍。

7. 他的病还没有好，大夫让他＿＿＿＿＿＿＿休息一天。

8. 他爸爸＿＿＿＿＿＿＿来北京工作了。

9. 他这次的考试成绩＿＿＿＿＿＿＿不太理想。

10. 听说她上个月＿＿＿＿＿＿＿结婚了。

11. 她两个星期前感冒了一次，今天＿＿＿＿＿＿＿感冒了。

12. 昨天他女朋友＿＿＿＿＿＿＿来北京了。

13. 这种苹果很好吃，我想＿＿＿＿＿＿＿买两斤。

14. 饭馆老板欢迎我们＿＿＿＿＿＿＿来。

15. 他下午上了一次网，现在＿＿＿＿＿＿＿在上网。

16. 我已经习惯了这儿的生活，我想＿＿＿＿＿＿＿学半年汉语。

八 选择"刚才"、"刚"填空 Choose "刚才" or "刚" to fill in each blank

1. 我们 _____ 上十分钟的课。

2. 我 _____ 没听清楚 (qīngchu)。

3. 他 _____ 回国。

4. _____ 她没来。

5. 我 _____ 没带护照。

6. 我的感冒 _____ 好。

7. _____ 我给他打了一个电话。

8. _____ 我看见她来了。

9. 他们 _____ 结婚。

10. 他 _____ 毕业一个月，就找到了工作。

九 用"其实"完成句子 Complete the sentences with "其实"

1. 他的汉语很好，我以为他是中国人，_____。

2. 我以为这次考试很难，_____。

3. 那是一家很有名的饭馆，我以为那儿的菜很好吃，_____。

4. 我们都以为她是大学生，_____。

5. 我以为他是美国人，_____。

6. 我们以为他是汉语老师，_____。

7. 我以为她已经回国了，_____。

8. 她常常穿世界名牌，我们都以为她很有钱，_____。

9. 我们都以为他不会说日语，_____。

10. 大家都以为她还没有结婚，_____。

11. 我以为这种水果很甜，_____。

12. 我们以为这家饭馆的菜很贵，_____。

13. 我以为他会用筷子，_____。

14. 中国朋友都以为我爱吃西餐，_____。

十 用"连……也……"完成句子 Complete the sentences with "连……也……"

1. 今天没来上课的同学很多，_____。

2. 他很喜欢喝啤酒，_____。

3. 他今天很不舒服，_____。

4. 她认识的人很多，_____。

5. 他身上的钱用完了，_____。

6. 他的英语水平很低，_____。

7. 他会唱很多歌，_____。

8. 她知道的中国菜很少，_____。

9. 他去过很多国家旅游，_____。

10. 他的汉语非常好，_____。

11. 她的英语很好，_____。

12. 他知道很多中国菜，_____。

13. 他的汉语水平很低，_____。

14. 今天太热了，_____。

15. 今天太冷了，_____。

16. 他第一次来北京，_____。

十一 完成句子 Complete the sentences

1. 留学生办公室的通知上说，_____。

2. 汉语文化学院办公室的通知上说，_____。

3. 大使馆(dàshǐguǎn)给我们的信上说，_____。

4. 昨天的《北京晚报》上说，_____。

5. 今天的报纸上说，_____。

6. 网上说，_____。

7. 电视上说，_____。

8. 广播里说，_____。

9. 朋友来信说，_____。

10. 妈妈电话里说，_____。

十二 用"只好"完成句子 Complete the sentences with "只好"

1. 我们打算周末去游览长城，但是星期六早上下大雨了，_____。

2. 我的感冒还没好，_____。

3. 我想坐公共汽车去她家，但是等车的人太多了，_____。

4. 爸爸妈妈不同意我的延长要求，_____。

5. 饭馆没有凉啤酒了，_____。

6. 我还不会用筷子，_____。

7. 星期天晚上有朋友的生日晚会，但是我星期一有考试，_____。

8. 我现在没有电脑，_____。

9. 我想和朋友一块儿去买衣服，她不在，_____。

10. 今天晚上有一场很好看的电影，但是我明天有考试，_____。

11. 我想去法国旅游，可是我现在没有那么多钱，_____。

12. 我不太喜欢黑色的牛仔裤，可是这儿只有黑色的，_____。

十三 用"/"画出句中的语音停顿，并按画出的停顿朗读下列句子
Mark "/" where there should be a pause. Then read aloud the following sentences and pause wherever there is a "/"

1. 前天留学生办公室出了一个通知。

2. 我感到自己的汉语水平有了很大的提高。

3. 办延长签证的手续需要填写延长申请表，说明延长签证的理由和时间。

4. 通知上说，希望延长留学时间的同学请在本月 20 号以前来办公室办手续。

十四 朗读下列双音节词语，注意后一个音节要读得重一些、长一些

Read aloud the following disyllabic words. Note: The latter syllable is pronounced with stress and longer than the former one

1. 延长	2. 签证	3. 通知	4. 条件	5. 明显
6. 日常	7. 经验	8. 学期	9. 明年	10. 其实
11. 蔬菜	12. 饮料	13. 自己	14. 简单	15. 饭馆
16. 附近	17. 鸡蛋	18. 好吃	19. 结账	20. 因为

十五 朗读下列三音节词语，注意中间的音节读得最轻，最后的音节读得最重、最长

Read aloud the following trisyllabic words. Note: The middle syllable is pronounced the lightest and the last syllable is pronounced with the heaviest stress and longer than the other two syllables

1. 计算机	2. 复印机	3. 图书馆	4. 方便面
5. 西红柿	6. 自行车	7. 博物馆	8. 建筑物
9. 星期一	10. 星期二	11. 星期六	12. 北京市
13. 中关村	14. 新西兰	15. 天安门	16. 办公室

十六 给下列汉字注音并组词

Write the *pinyin* for the following characters and make words

序号	汉字	拼音	组词	序号	汉字	拼音	组词
1	间			9	申		
2	问			10	电		
3	月			11	发		
4	日			12	友		
5	己			13	比		
6	已			14	此		
7	买			15	必		
8	实			16	心		

十七 写出带点汉字的拼音 Write the *pinyin* for the dotted characters

1. 他的汉语很好（　　　　）。
2. 他爱人是音乐（　　　　）教师。
3. 妈妈去欧洲旅行（　　　　）了。
4. 我也有睡午觉（　　　　）的习惯了。
5. 学校附近有家中国银行（　　　　）。
6. 她教（　　　　）我汉语。
7. 哥哥的爱好（　　　　）是开最新式的车。
8. 我觉（　　　　）得今天很冷。
9. 我们祝她生日快乐（　　　　）。
10. 这不是我们班的教（　　　　）室。
11. 他只（　　　　）有一个弟弟。
12. 她不喜欢听着（　　　　）音乐看书。

十八 阅读理解 Reading comprehension

这次航班为什么晚点了

昨天下午我去机场接爸爸妈妈。我怕迟到，提前半小时就到了机场。机场大厅的屏幕上显示，他们乘坐的航班要晚点 30 分钟。

我在机场大厅等了一个多小时，他们乘坐的飞机才安全降落。分别了两个多月以后又见面了，大家都很高兴。妈妈说我胖了，爸爸说我像个中国姑娘了。在去饭店的出租车上，妈妈说："飞机起飞时，正在下雷阵雨，所以推迟了 40 分钟才起飞。"他们坐了三四个小时的飞机，精神仍然很好。他们打算在北京住两天，在上海住三天。

我告诉爸爸妈妈，我已经习惯北京的留学生活了。我学了三个多月的汉语，认识了不少

航班	hángbān	N scheduled flight
晚点	wǎn diǎn	V//O to be behind schedule
机场	jīchǎng	N airport
接	jiē	V to meet
大厅	dàtīng	N hall
屏幕	píngmù	N screen
降落	jiàngluò	V to descend, to land
分别	fēnbié	V to separate, to part
推迟	tuīchí	V to delay
仍然	réngrán	Adv still

汉字，现在能用汉语进行简单的日常生活会话了。刚来北京的时候，我连"你好"也不会说，这次爸爸妈妈来中国旅游，我可以给他们当导游和翻译了。

我还告诉爸爸妈妈，我给他们预订了去上海的火车票，也预订了在上海住的饭店的房间。现在我们去饭店休息休息，明天我陪他们去游览长城。出租车司机也夸我汉语说得流利。

导游	dǎoyóu	N
tour guide		
预订	yùdìng	V
to book		
司机	sījī	N driver
夸	kuā	V to praise
流利	liúlì	Adj fluent

判断正误（对的画○，错的画 ×）

Decide whether the following statements are true or false (○ for true and × for false)

1. 昨天上午"我"去机场接爸爸妈妈。　（　　）
2. 他们坐的飞机晚点了一个多小时。　（　　）
3. "我"和爸爸妈妈分别了两个多月。　（　　）
4. 因为北京天气不好，所以飞机晚点了。　（　　）
5. 爸爸妈妈打算在中国旅游五天。　（　　）
6. 妈妈说"我"胖了。　（　　）
7. 爸爸说"我"像中国姑娘了。　（　　）
8. 中国人觉得"我"的汉语不错。　（　　）
9. "我"这次陪爸爸妈妈在中国旅游。　（　　）
10. 明天"我们"去参观故宫。　（　　）

十九 按笔顺书写汉字 **Write the Chinese characters in the correct stroke order**

yán	′　丬　千　正　延　延								
延	延	延	延	延					
chū	￪　凵　屮　出　出								
出	出	出	出	出					

zhī	ノ ┣ ┣ 生 矢 知 知 知										
知	知	知	知	知							
fù	、 ヽ 宀 宀 宀 官 官 官 宫 宫 富 富										
富	富	富	富	富							
jù	┐ ュ 尸 尸 尾 居 居 居 剧 剧										
剧	剧	剧	剧	剧							
lián	一 ┶ ┺ 车 车 连 连										
连	连	连	连	连							
yàn	7 马 马 驴 驴 验 验 验 验										
验	验	验	验	验							
tí	丶 冂 日 日 旦 早 早 昇 是 是 匙 匙 题 题 题										
题	题	题	题	题							
qiú	一 十 寸 寸 求 求 求										
求	求	求	求	求							
qiān	ノ ┣ ┢ ┢ ╱ 竺 竺 竺 签 签 签 签 签										
签	签	签	签	签							
zhèng	、 i ì ì 证 证 证										
证	证	证	证	证							

tián	一 十 土 扩 扩 扩 埴 埴 埴 埴 填 填 填
填	填 填 填 填
shēn	丨 冂 冂 日 申
申	申 申 申 申
biǎo	一 二 丰 主 尹 声 表 表
表	表 表 表 表
yóu	丨 冂 日 由 由
由	由 由 由 由
gāng	丨 冂 刀 冈 刚 刚
刚	刚 刚 刚 刚
tàng	一 十 土 土 丰 丰 走 走 赴 赴 赵 趟 趟 趟 趟
趟	趟 趟 趟 趟
wéi/wèi	丶 丿 为 为
为	为 为 为 为
qí	一 十 廿 甘 甘 其 其 其
其	其 其 其 其
shí	丶 丷 宀 宀 宁 实 实
实	实 实 实 实

28

nǐ xǐ huan kàn nǎ ge pín dào de
你喜欢看哪个频道的

diàn shì jié mù
电视节目

Which TV channel do you like to watch

一 根据课文内容判断正误（对的画○，错的画×）

Decide whether the following statements are true or false according to the text (○ for true and × for false)

1. 乔治和汉斯特别喜欢看电视台转播的足球比赛。　　　（　　　）

2. 昨天晚上他们看了一场很精彩的足球比赛。　　　（　　　）

3. 昨天参加比赛的是两支英国足球队。　　　（　　　）

4. 昨天足球比赛的上半场没进球。　　　（　　　）

5. 昨天足球比赛的比分是 2:2。　　　（　　　）

6. 这场比赛没有比出输赢。　　　（　　　）

7. 昨天的足球比赛中，他们俩喜欢的运动员踢得不好。　　　（　　　）

8. 他们还喜欢看儿童节目。　　　（　　　）

二 词语替换练习　**Substitute the underlined words in the phrases**

1. <u>足球</u>比赛 _____比赛　　　2. <u>电视</u>节目 _____节目

3. <u>足球</u>运动员 _____运动员　　　4. <u>体育</u>频道 _____频道

5. <u>运动</u>员 _____员　　　6. <u>动画</u>片 _____片

7. <u>足球</u>迷 _____迷　　　8. <u>成语</u>故事 _____故事

三 句型替换练习　**Substitute the underlined words in the sentences**

1. 我和<u>汉斯</u>是<u>同屋</u>。_____

2. 他<u>白天</u>没有时间看电视。_____

3. <u>节目</u>的内容我很熟悉。_____

4. <u>我</u>最喜欢的<u>足球运动员</u>是<u>贝克汉姆</u>（Bèikèhànmǔ）。_____

5. 这场<u>足球</u>比赛的比分是 2:2。_____

280

6. 我们常常在房间看<u>中国电影</u>的 DVD 。 _____

7. 我特别爱看电视台现场直播的<u>足球比赛</u>。 _____

8. <u>比赛</u>就要结束了。 _____

四 选择"就"、"才"填空 Choose "就" or "才" to fill in each blank

1. 我等了两分钟，公共汽车 _____ 来了。

2. 我等了 20 分钟，他 _____ 来。

3. 妈妈半个小时 _____ 做好了晚饭。

4. 他两个小时 _____ 洗完衣服。

5. 我们 8 点上课，她 7 点半 _____ 到教室了。

6. 他 5 岁 _____ 开始学汉语了。

7. 我们 8 点上课，他 8 点半 _____ 来。

8. 他 45 岁 _____ 结婚。

9. 他 10 分钟 _____ 吃完了晚饭。

10. 她 35 岁 _____ 生孩子。

11. 她 3 个小时 _____ 写完作文。

12. 他 19 岁 _____ 大学毕业了。

13. 她 3 岁 _____ 开始学习弹钢琴了。

14. 妈妈 38 岁 _____ 生的我。

15. 他 40 岁 _____ 博士生毕业。

16. 他感冒了一个星期，今天 _____ 好。

五 用"而且"完成句子 Complete the sentences with "而且"

1. 她不但很漂亮，_____。

2. 她不但会说英语，_____。

3. 他不但会唱中国歌，_____。

4. 奶奶不但会用电脑打字，_____。

5. 他不但头疼、嗓子疼，_____。

6. 他不但去过美国、英国，_____。

7. 他不但足球踢得好，_____。

8. 这次考试不但我考得不好，_____。

9. 他说得太快了，不但我没听懂，_____。

10. 不但他足球踢得好，_____。

11. 他们家不但他会说汉语，_____。

12. 昨天晚上我们吃了火锅以后，不但我拉肚子，_____。

13. 昨天吃了火锅后，我不但拉肚子，_____。

14. 他不但汉语发音标准，_____。

15. 他不但喜欢喝葡萄酒，_____。

16. 今天不但刮大风，_____。

六 用"哪＋量词＋名词"完成对话
Complete the dialogues with "哪 +measure word+noun"

1. A: _____？
   B: 我买那件红色的毛衣。

2. A: _____？
   B: 我们去学校附近的四川饭馆吃饭。

3. A: _____？
   B: 这个菜味道不错。

4. A: _____？
   B: 这个牌子的啤酒好喝。

5. A: _____？
   B: 我喜欢听流行音乐。

6. A: _____？
   B: 我看过中国电影《英雄》。

7. A: _____？
   B: 我在一年级4班学习汉语。

8. A: _____？
   B: 那辆车是我的。

9. A: _____？
   B: 2209教室是我们班的教室。

10. A: _____？
    B: 那位戴眼镜的老师是我们班的。

11. A: _____？
    B: 这台电脑是我的。

12. A: _____？
    B: 我弟弟喜欢锐步运动鞋。

七 完成句子 Complete the sentences

1. 乔治很喜欢打篮球，但是 _____，有点儿美中不足。

2. 他的宿舍很大，但是 _____，有点儿美中不足。

3. 她很漂亮，但是 _____，有点儿美中不足。

4. 他很喜欢踢足球，但是 _____，有点儿美中不足。

5. 她个子很高，但是 _____，有点儿美中不足。

6. 那家饭馆的菜又便宜又好吃，但是 _____，有点儿美中不足。

7. 他的车是今年的最新样式，但是 _____，有点儿美中不足。

8. 我同屋的汉语听力很好，但是 _____，有点儿美中不足。

八 用"越来越＋形容词"完成句子 Complete the sentences with "越来越＋adjective"

1. 我认识的汉字 _____。

2. 他的个子 _____。

3. 他的中国朋友 _____。

4. 我们的课文 _____。

5. 这家饭馆的菜 _____。

6. 他的身体 _____。

7. 这个城市的东西 _____。

8. 在北京的外国公司 _____。

9. 现在中国人出国 _____。

10. 现在中国留学生的年纪 _____。

11. 我发现来中国以后她的汉语 _____。

12. 这所大学的留学生 _____。

九 选择"越来越"或"一天比一天"填空

Choose "越来越" or "一天比一天" to fill in each blank

1. 我朋友刚学汉语一个月，现在他的发音 ＿＿＿＿＿＿＿＿＿＿好了。

2. 我朋友是韩汉翻译，她的汉语发音 ＿＿＿＿＿＿＿＿＿＿标准了。

3. 她刚学汉语，他写的汉字 ＿＿＿＿＿＿＿＿＿＿好了。

4. 我在一年级2班，我的听力课成绩 ＿＿＿＿＿＿＿＿＿＿好了。

5. 她的感冒 ＿＿＿＿＿＿＿＿＿＿严重了。

6. 她妹妹长得 ＿＿＿＿＿＿＿＿＿＿漂亮了。

7. 现在是北京的秋天，天气 ＿＿＿＿＿＿＿＿＿＿凉了。

8. 来中国以后，我 ＿＿＿＿＿＿＿＿＿＿喜欢吃中国菜了。

9. 哥哥走路的样子 ＿＿＿＿＿＿＿＿＿＿像爸爸了。

10. 汉语课很有意思，我 ＿＿＿＿＿＿＿＿＿＿喜欢上汉语课了。

 十 用"/"画出句中的语音停顿，并按画出的停顿朗读下列句子

Mark "/" where there should be a pause. Then read aloud the following sentences and pause wherever there is a "/"

1. 昨天晚上11点他们看了一场十分精彩的足球比赛。

2. 现在他们能看懂的电视节目越来越多了。

3. 在这场足球比赛中，他们俩最喜欢的足球运动员都没上场，他们觉得有点儿遗憾。

4. 他们还爱看4频道的儿童动画片和9频道的"成语故事"、"动物世界"等节目。

 十一 朗读下列双音节词语，注意后一个音节要读得重一些、长一些

Read aloud the following disyllabic words. Note: The latter syllable is pronounced with stress and longer than the former one

1. 足球	2. 比赛	3. 好看	4. 比分	5. 双方
6. 直播	7. 儿童	8. 节目	9. 成语	10. 坚持
11. 毛衣	12. 合适	13. 服装	14. 作文	15. 着急
16. 耐心	17. 回答	18. 提高	19. 录音	20. 感谢

十二 朗读下列三音节词语，注意中间的音节读得最轻，最后的音节读得最重、最长

Read aloud the following trisyllabic words. Note: The middle syllable is pronounced the lightest and the last syllable is pronounced with the heaviest stress and longer than the other two syllables

1. 牛仔裤　　2. T 恤衫　　3. 出租车　　4. 手续费

5. 银行卡　　6. 纪念碑　　7. 卫生间　　8. 辅导班

9. 申请表　　10. 电视台　　11. 足球迷　　12. 动画片

13. 电影院　　14. 连衣裙　　15. 红绿灯　　16. 动物园（dòngwùyuán）

十三 用下列汉字组词　**Make words with the following characters**

1. ＿＿彩、彩＿＿　　2. ＿＿球、球＿＿　　3. ＿＿语、语＿＿

4. ＿＿理、理＿＿　　5. ＿＿晚、晚＿＿　　6. ＿＿如、如＿＿

7. ＿＿车、车＿＿　　8. ＿＿房、房＿＿　　9. ＿＿动、动＿＿

10. ＿＿天、天＿＿　　11. ＿＿内、内＿＿　　12. ＿＿杂、杂＿＿

十四 圈出正确的汉字　**Circle the right characters**

1. 我（特　持）别爱在房间看 DVD。

2. 中国全国放假的节（日　目）不太多。

3. 爸爸很喜欢（体　休）育运动。

4. 他的爱好（是　足）打篮球。

5. 她懂很多种（外　处）语。

6. 中国一年有四个（李　季）节。

7. 她的眼（睛　镜）是进口的。

8. 晚上有现场（直　真）播的足球比赛。

9. 我昨天买衣服一（共　其）花了 500 块钱。

10. 我填了一份延长（申　电）请表。

11. 他其（买　实）不是美国人。

12. 晚上我常常（夏　复）习功课。

十五 阅读理解 Reading comprehension

我喜欢看动画片

现在我在中国学习汉语，老师告诉我们，看中文电视节目也是学习汉语的一种方法，但是我的汉语水平很低，很多电视节目都看不懂。

不过，最近我发现动画片比较容易看懂，比如中国的动画片《孙悟空的故事》。有些外国的动画片也很容易懂，因为来中国以前我看过英语的动画片，内容已经很熟悉了，又有画面，所以也比较容易看懂。如美国的《米老鼠和唐老鸭》、《白雪公主》，日本的《机器猫》等。还有中国的儿童节目也比较容易看懂，我常常看中央电视台的《大风车》节目、北京电视台的《七色光》节目。在这些儿童节目里，孩子们的表演很有意思，说的汉语也比较简单，我大概能看懂70%。

除了动画片、儿童节目以外，我发现关于动物的节目也比较容易看懂。我坚持天天看汉语电视节目，汉语听力有了提高，现在每天晚上7点中央电视台的《新闻联播》节目也能看懂一半了，我很高兴。以后我还要坚持天天看汉语电视节目。

孙悟空　Sūn Wùkōng PN　Monkey King, a main character in the classical Chinese novel *Journey to the West*

画面　huàmiàn　N　picture

白雪公主　Báixuě gōngzhǔ PN　Snow White

机器猫　Jīqìmāo　PN　Doraemon

中央电视台　Zhōngyāng Diànshìtái　PN　CCTV

大风车　Dà Fēngchē PN　a programme of CCTV

七色光　Qī Sè Guāng　PN a programme of Beijing TV Station

新闻联播　Xīnwén Liánbō PN　a programme of CCTV

一半　yíbàn　Nu　half

回答问题　**Answer the questions**

1. "我"为什么要看中文电视节目？＿＿＿＿＿＿＿＿＿＿＿

2. "我"觉得什么电视节目容易看懂？＿＿＿＿＿＿＿＿＿＿

3. 为什么动画片容易看懂？ _____

4. "我"容易看懂的动画片有哪些？ _____

5. 为什么儿童节目容易看懂？ _____

6. "我"常看的儿童节目叫什么名字？ _____

7. 汉语儿童节目"我"能看懂多少？ _____

8. "我"为什么觉得《米老鼠和唐老鸭》容易看懂？ _____

十六 作文 Write an essay

《我的爱好》或《我学汉语的方法》（400个字左右）

（16×25＝400字）

十七 按笔顺书写汉字 **Write the Chinese characters in the correct stroke order**

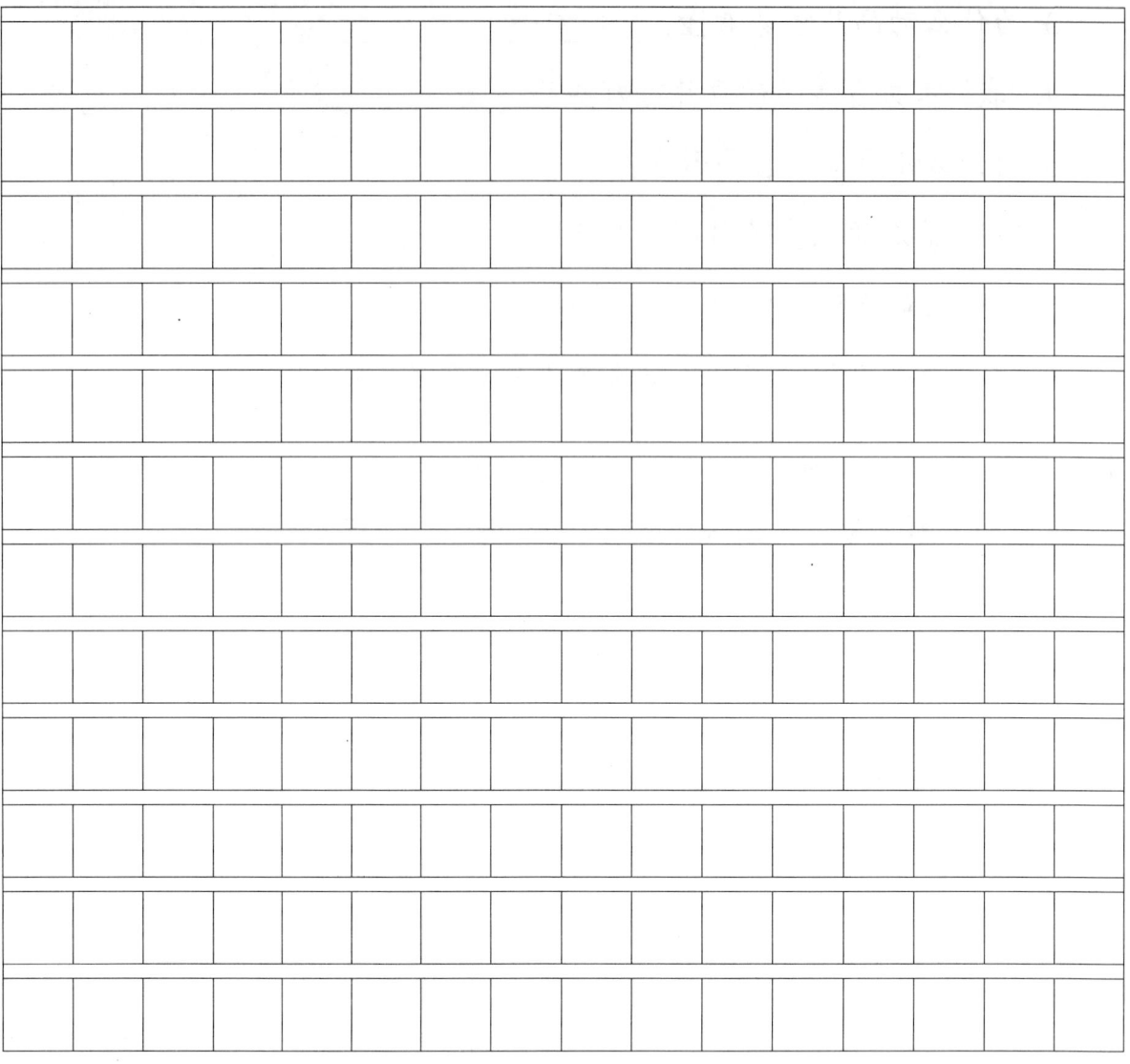

pín	丨 ⺊ ⺊ 此 牝 牝 步 步 步 频 频 频
频	频 频 频 频
mù	丨 冂 刀 月 目
目	目 目 目 目

ér	一 T 广 丙 而 而							
而	而	而	而	而				

qiě	丨 冂 月 月 且							
且	且	且	且	且				

tī	丶 口 口 吖 吖 昂 趵 趵 趵 趵 趵 跞 跞 踢							
踢	踢	踢	踢	踢				

zú	丶 口 口 口 口 尸 足							
足	足	足	足	足				

mí	丶 丶 丷 丷 半 米 米 洣 迷 迷							
迷	迷	迷	迷	迷				

sài	丶 丷 宀 宀 宀 宆 宲 宲 寋 寋 赛 赛 赛							
赛	赛	赛	赛	赛				

bàn	丶 丷 丷 丷 半 半							
半	半	半	半	半				

cái	一 十 才							
才	才	才	才	才				

fēn	丿 八 分 分							
分	分	分	分	分				

yǒng	フ マ マ マ 丏 丏 丏 甬 勇 勇								
勇	勇	勇	勇	勇					
gǎn	一 丁 丁 干 干 干 耳 取 取 敢 敢								
敢	敢	敢	敢	敢					
guān	フ 又 刃 䴔 观 观								
观	观	观	观	观					
zhòng	丿 人 个 众 众 众								
众	众	众	众	众					
tóng	丶 亠 亠 立 产 产 产 音 音 音 童 童								
童	童	童	童	童					
jiān	丨 丨丨 丨丨 㐅 臤 坚 坚								
坚	坚	坚	坚	坚					
chí	一 十 扌 扩 扩 拦 持 持								
持	持	持	持	持					
yuè	一 十 土 丰 卡 走 走 赱 赺 越 越 越								
越	越	越	越	越					
shǔ	丿 丨 臼 臼 臼 臼 臼 鼠 鼠 鼠 鼠								
鼠	鼠	鼠	鼠	鼠					

nǐ shì yí ge rén qù lǚ yóu de ma
你是一个人去旅游的吗
Did you travel alone

一 根据课文内容判断正误（对的画○，错的画 ×）
Decide whether the following statements are true or false according to the text (○ for true and × for false)

1. "我"和朋友上周五到周日去西安旅游了。　　　　（　　）

2. "我"是坐飞机去、坐火车回的。　　　　　　　　（　　）

3. 从北京到西安坐飞机要一个小时。　　　　　　　（　　）

4. "我"是第一次去西安，所以"我"让西安的朋友去机场接"我"了。

　　　　　　　　　　　　　　　　　　　　　　　（　　）

5. "我"在西安给哥哥打了电话。　　　　　　　　　（　　）

6. "我"弟弟对西安很感兴趣。　　　　　　　　　　（　　）

7. 西安是中国有名的文化古城。　　　　　　　　　（　　）

8. 中国历史上的长安就是现在的西安。　　　　　　（　　）

9. 西安历史上曾做过十三个朝代的首都。　　　　　（　　）

10. 中国历史上唐代的首都是西安。　　　　　　　　（　　）

11. 西安的街道像北京的一样又宽又直。　　　　　　（　　）

12. 西安的包子很有名。　　　　　　　　　　　　　（　　）

13. 西安的兵马俑博物馆很有名。　　　　　　　　　（　　）

14. 以后"我"还想再去一次西安。　　　　　　　　　（　　）

二 词语替换练习　Substitute the underlined words in the phrases

1. 对<u>中国历史</u>感兴趣　　　　　对_____感兴趣

2. <u>中国国际</u>航空公司　　　　　_____航空公司

3. <u>西安</u>的街道　　　　　　　　_____的街道

4. 第二天<u>上午</u>　　　　　　　　第二天_____

5. 接<u>朋友</u>　　接_____　　　　　6. <u>火车</u>票　　_____票

7. 回国<u>之前</u>　　____之____　　　　　8. <u>西安</u>地图　　____地图

三　**句型替换练习**　Substitute the underlined words in the sentences

1. 我<u>是坐飞机</u>去西安<u>的</u>。_____

2. 我<u>星期五下午1点</u>从北京出发。_____

3. <u>星期五下午4点</u>回到北京。_____

4. 今天<u>阴天</u>。_____

5. 你要提前买<u>票</u>。_____

6. <u>弟弟</u>对<u>中国历史</u>很感兴趣。_____

7. 从北京到<u>西安</u>坐飞机要<u>一个半小时</u>。_____

8. 从北京到<u>西安</u>坐飞机要<u>一个半小时</u>。_____

9. 从北京到<u>西安</u>坐飞机要<u>一个半小时</u>。_____

10. 从北京到<u>西安</u>坐飞机要<u>一个半小时</u>。_____

四　**用下列动宾短语造"是……的"句，强调动作发生的时间、地点、方式**
Use the following verb-object phrases to make the "是……的" sentences to emphasize the time, place or manner of an action

例：到家　→ 我是昨天到家的。/ 我是昨天到的家。/ 我昨天到家的。

1. 来北京　　→ _____

2. 学的汉语　→ _____

3. 看的电影　→ _____

4. 去上海　　→ _____

5. 吃的饺子　→ _____

6. 点的菜　　→ _____

7. 听的音乐　→ _____

8. 写的作文　→ _____

9. 回国　　　→ _____

10. 买的飞机票　→ _____

△ **五** 根据画线部分，用"是……的"句式提问

Ask questions about the underlined parts with the "是……的" sentences

例：我是<u>昨天</u>到的。　→ 你是哪天到的？

1. 他是<u>坐火车</u>去上海的。　　→ _____

2. 他是<u>一个人</u>坐火车去上海的。　→ _____

3. 他是<u>昨天</u>一个人坐火车去上海的。→ _____

4. 他是去上海<u>工作</u>的。　　→ _____

5. 我们是请<u>小姐</u>帮我们点菜的。　→ _____

6. 我们是<u>用汉语</u>写的作文。　→ _____

7. 他是<u>用叉子</u>吃的饺子。　→ _____

8. 他是<u>在中国朋友家</u>吃的饺子。→ _____

9. 我是<u>在网上</u>买的飞机票。　→ _____

10. 他是<u>昨天</u>回国的。　　→ _____

11. 我是<u>用电脑</u>听的音乐。　→ _____

12. 他是<u>在中国</u>学的汉语。　→ _____

△ **六** 用"一……就……"完成句子　**Complete the sentences with "一……就……"**

1. 他一感冒 _____ 。

2. 老师一进教室 _____ 。

3. 他一到星期六 _____ 。

4. 他一喝酒 _____ 。

5. 他一坐飞机 _____ 。

6. 他一说汉语 _____ 。

7. 她 _____ 就想跳舞。

8. 她 _____ 就买很多东西。

9. 她 _____ 就想听音乐。

10. 他 _____ 就去旅游。

11. 他 _____ 就抽烟。

12. 她 _____ 给家里打电话。

13. 一下雨，奶奶 _____。

14. 爸爸一喝酒，妈妈 _____。

15. 小时候，我一生病，妈妈 _____。

16. 来中国留学的时候，飞机一起飞，我 _____。

七 用"对……感兴趣"完成句子 Complete the sentences with "对……感兴趣"

1. 弟弟 _____。

2. 爸爸 _____。

3. 妈妈 _____。

4. 我朋友 _____。

5. 我同屋 _____。

6. 我 _____。

7. 哥哥 _____。

8. 我想她可能 _____。

八 用"提前 + 动词"完成句子 Complete the sentences with "提前 +verb"

1. 现在买火车票的人很多，你要 _____。

2. 你对机场不熟悉，最好 _____。

3. 我得回去参加大学的考试，所以我要 _____。

4. 明天有考试，我要 _____。

5. 快到站了，我们应该 _____。

6. 参加汉语水平考试的同学，最好 _____。

7. 如果你不能参加晚会，希望 _____。

8. 他已经找到工作了，所以要 _____。

九 用 "是……的" 句式完成对话　Complete the dialogues with the "是……的" sentences

1. A：他是哪天到北京的？
　 B：_____。

2. A：他是和朋友一块儿来北京的吗？
　 B：_____。

3. A：他是怎么来北京的？
　 B：_____。

4. A：他是来北京旅游的吗？
　 B：_____。

5. A：_____？
　 B：他是来北京工作的。

6. A：_____？
　 B：妈妈是来北京看我的。

7. A：_____？
　 B：我是一个人来北京的。

8. A：_____？
　 B：我朋友是昨天回国的。

十 用 "/" 画出句中的语音停顿，并按画出的停顿朗读下列句子
Mark "/" where there should be a pause. Then read aloud the following sentences and pause wherever there is a "/"

1. 我坐的是中国国际航空公司的飞机。

2. 西安的街道像北京的一样又直又宽。

3. 我没有让西安的朋友来机场接我。

4. 一个人旅游虽然有些寂寞，但是行动很自由。

十一 朗读下列双音节词语，注意后一个音节要读得重一些、长一些
Read aloud the following disyllabic words. Note: The latter syllable is pronounced with stress and longer than the former one

1. 阴天	2. 旅游	3. 出发	4. 飞机	5. 火车
6. 提前	7. 饭店	8. 人类	9. 地图	10. 自由
11. 天气	12. 温差	13. 鼻涕	14. 感冒	15. 油腻
16. 医院	17. 前天	18. 最近	19. 注意	20. 关心

十二 朗读下列三音节词语，注意第一个音节读得最重
Read aloud the following trisyllabic words. Note: The first syllable is pronounced with the heaviest stress

1. 留学生	2. 大学生	3. 中学生	4. 小学生
5. 中国人	6. 英国人	7. 日本人	8. 李老师

9. 日本菜　　10. 中国菜　　11. 普通话　　12. 上海话

13. 广东话　　14. 黑头发　　15. 黄皮肤　　16. 教学楼

17. 住宅楼　　18. 听力课　　19. 会话课　　20. 精读课

十三 用下列汉字组词　Make words with the following characters

1. _____游、游_____　　　　2. _____前、前_____

3. _____国、国_____　　　　4. _____机、机_____

5. _____饭、饭_____　　　　6. _____空、空_____

7. _____发、发_____　　　　8. _____兴、兴_____

十四 根据拼音填写汉字

Fill in each blank with the correct character according to the given _pinyin_

1. 他去西安 _____（lǚ）游了。

2. 今天 _____（yīn）天。

3. 火车票可以提 _____（qián）预订。

4. 他对中国服装很感兴 _____（qù）。

5. 这是一座历史 _____（míng）城。

6. 我最近没有和他联 _____（xì）。

7. 她喜欢看动 _____（huà）片。

8. 西安的名胜古迹很让我吃 _____（jīng）。

9. 朋友来机场 _____（jiē）我了。

10. 动物是人 _____（lèi）的朋友。

11. 一个人旅游很自 _____（yóu）。

12. 这是我们全家人的 _____（hé）影。

十五 阅读理解 Reading comprehension

我得预订火车票吗

下星期六我父母要来中国旅游，他们特别想去上海看看，因为父亲的公司明年要派父亲来上海工作。我觉得他们应该坐火车去上海，因为坐火车可以更多地了解中国。

中国朋友告诉我，现在是旅游的黄金季节，我应该提前预订去上海的火车票和在上海住宿的饭店。

今天下课后我先在网上预订了一家上海的饭店。我预订了一个双人标准间，每天 500 元人民币，但是饭店要收 100 元预订费。饭店让我再给他们发一个传真。他们还让我留下电子邮件地址或者手机号，他们可以跟我保持联系。

然后，我去学校附近的火车票售票处买票。售票处的小姐告诉我，现在离下星期六还有 9 天，不能预订下星期六的火车硬座票和硬卧票，不过，可以预订软卧票。我给父母预订了两张软卧票，交了 100 元订票费。

明天是周末，我得好好儿休息休息，下周我就要陪他们去旅游了。

黄金	huángjīn	Adj
golden		
传真	chuánzhēn	N
fax		
保持	bǎochí	V
to keep		
售票处	shòupiàochù	
N	ticket office	
硬座	yìngzuò	N
hard seat		
硬卧	yìngwò	N
hard sleeper		
软卧	ruǎnwò	N
soft sleeper		

回答问题 Answer the questions

1. "我"父母什么时候来中国旅游？ _____

2. "我"父母为什么来中国旅游？ _____

3. 为什么"我"觉得他们应该坐火车去上海？ _____

4. "我"为父母预订了什么样的房间？ _____

5. "我"预订的房间多少钱一天？ _____

6. "我"怎么给父母预订在上海住宿的房间的？＿＿＿＿＿＿＿＿＿＿

7. "我"预订了什么样的火车票？＿＿＿＿＿＿＿＿＿＿＿＿＿＿＿

8. 在中国预订火车票要收订票费吗？＿＿＿＿＿＿＿＿＿＿＿＿＿

9. 今天星期几？＿＿＿＿＿＿＿＿＿＿＿＿＿＿＿＿＿＿＿＿＿＿＿

10. 中国的火车有几种卧铺票？＿＿＿＿＿＿＿＿＿＿＿＿＿＿＿＿＿

十六 作文　Write an essay

《日记一则》或《×××之行》（400个字左右）

（16×25=400 字）

十七 按笔顺书写汉字 Write the Chinese characters in the correct stroke order

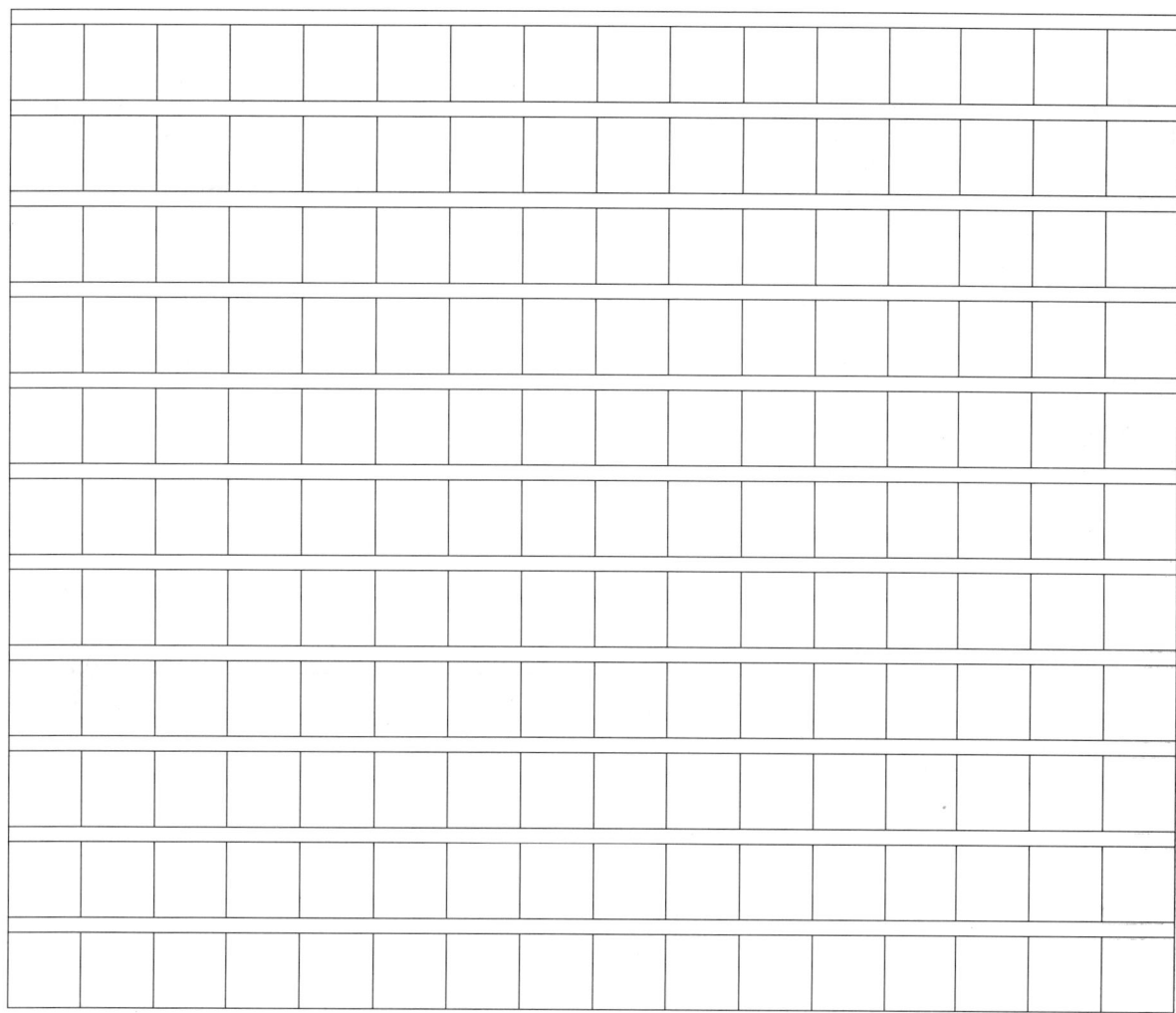

yīn	阝 阝 阴 阴 阴 阴									
阴	阴	阴	阴	阴						
dìng	丶 讠 订 订									
订	订	订	订	订						
huǒ	丶 丶 火 火									
火	火	火	火	火						

fēi	乁 乁 飞									
飞	飞	飞	飞	飞						
jì	了 阝 阝 阡 阡 际 际									
际	际	际	际	际						
háng	′ 丿 丬 丬 舟 舟 舟 舟 舮 航									
航	航	航	航	航						
lián	一 丆 丌 冂 月 耳 耳 耴 耴 聏 联 联									
联	联	联	联	联						
jiē	一 十 扌 扩 扩 护 护 护 接 接 接									
接	接	接	接	接						
lèi	丶 冂 冂 用 田 里 里 罗 累 累									
累	累	累	累	累						
qù	一 十 土 十 丰 走 走 走 赴 赵 赵 赳 趣 趣									
趣	趣	趣	趣	趣						
kuān	丶 宀 宀 宀 宀 宀 宁 宽 宽 宽									
宽	宽	宽	宽	宽						
què	一 丆 丆 丆 石 石 矿 矿 砳 砳 确 确									
确	确	确	确	确						

bǎo	ノ ⺀ ⻊ ⻊ ⻊ ⻊ 饣 饣 饣 饱 饱									
饱	饱	饱	饱	饱						

wěi	ノ イ 亻 仁 伟 伟									
伟	伟	伟	伟	伟						

chuàng	ノ ⺀ 今 仓 创 创									
创	创	创	创	创						

lèi	` ` ⺍ 半 米 米 米 类 类									
类	类	类	类	类						

jì	` 一 广 方 亦 亦 迹 迹									
迹	迹	迹	迹	迹						

jīng	` ` ⺖ ⺖ 忄 忄 忄 忄 惊 惊									
惊	惊	惊	惊	惊						

jì	` ` 宀 宀 宀 宀 宁 宋 寂 寂									
寂	寂	寂	寂	寂						

mò	` ` 宀 宀 宀 宀 宀 宵 宵 宣 寞 寞									
寞	寞	寞	寞	寞						

姓钱和有钱有关系吗

Does the surname Qian have anything to do with money

一 根据课文内容判断正误（对的画〇，错的画 ×）

Decide whether the following statements are true or false according to the text（〇 for true and × for false)

1. 现在中国人的姓有两万多个。 （　　）

2. 中国姓"王"的人最多。 （　　）

3. 中国人的姓有单姓、复姓两种。 （　　）

4. 复姓就是两个姓。 （　　）

5. 以前中国姑娘结婚后要在自己的姓前面加上丈夫的姓。 （　　）

6. 中国人一般姓父亲的姓。 （　　）

7. 现在中国人的姓没有意义了。 （　　）

8. 中国人的名字都有意义。 （　　）

9. 中国人的名字爱用声音响亮、意义美好的字。 （　　）

10. 中国人一般是父亲或长辈给孩子起名字。 （　　）

二 词语替换练习　Substitute the underlined words in the phrases

1. 武汉市　＿＿＿＿＿＿市　　2. 我姓钱　＿＿＿＿＿姓＿＿＿

3. 中国姑娘　＿＿＿＿＿姑娘　　4. 永远进步　永远＿＿＿＿＿

5. 最早的姓　最早的＿＿＿＿＿　　6. 中国人的习惯　中国人的＿＿＿＿＿

三 句型替换练习　Substitute the underlined words in the sentences

1. 中国人姓李的最多。＿＿＿＿＿＿＿＿＿＿＿＿＿＿＿＿＿＿＿＿＿＿

2. 中国人的姓名姓在前面，名在后面。＿＿＿＿＿＿＿＿＿＿＿＿＿＿＿

3. 姓钱和有钱没有关系。＿＿＿＿＿＿＿＿＿＿＿＿＿＿＿＿＿＿＿＿＿

4. 我叫小江，爷爷希望我像一条小江，永远进步。＿＿＿＿＿＿＿＿＿＿

5. 我父亲姓钱，我当然也姓钱。_____

6. 中国人的名字用得最多的字是：英、华、玉、明、文、国、春、平。

_____

7. 按照中国人的习惯，一般由父母或长辈给孩子起名字。

_____

8. 中国人爱用声音响亮、意义美好的字给孩子起名字。

_____

四 完成句子 Complete the sentences

1. 按照中国人的习惯，_____。

2. 按照日本人的习惯，_____。

3. 按照韩国人的习惯，_____。

4. 按照英国人的习惯，_____。

5. 按照德国人的习惯，_____。

6. 按照中国北方人的习惯，_____。

7. 按照中国南方人的习惯，_____。

8. 按照现在年轻人的习惯，_____。

五 用"和……有／没有关系"完成句子
Complete the sentences with "和……有／没有关系"

1. 他感冒 _____。

2. 他学汉语 _____。

3. 他不吃辣 _____。

4. 她提前回国 _____。

5. 他考 HSK _____。

6. 他现在不抽烟了，这 _____。

7. 我今天迟到 _____。

8. 他去上海学汉语 _____。

9. 他肚子不舒服 _____。

10. 她喜欢游泳 _____。

六 用 "其中" 完成句子　Complete the sentences with "其中"

1. 我喜欢看电影，_____。

2. 我爱吃中国菜，_____。

3. 我朋友喜欢听音乐，_____。

4. 我们学校的留学生很多，_____。

5. 我喜欢上汉语课，_____。

6. 他们喜欢看体育比赛，_____。

7. 他去过许多国家旅游，_____。

8. 他有很多光盘，_____。

9. 日本人的姓很多，_____。

10. 韩国人的姓也不少，_____。

11. 欧美国家的人姓也不少，_____。

12. 中国的大学不少，_____。

七 根据条件，用 "据统计" 改写句子
Rewrite the sentences with "据统计" based on the given situations

1. 到 2005 年 1 月，中国有 13 亿人。

　　→ _____

2. 92% 的中国人是汉族。

　　→ _____

3. 37% 的汉字声调（shēngdiào）是第 4 声。

　　→ _____

4. 68% 的汉字是左右结构（jiégòu）。

　　→ _____

5. 22% 的汉字是上下结构。

　　→ _____

6. 现在世界上有一千多所大学有中文系。

　　→ _____

7. 北京有七百万流动（liúdòng）人口（rénkǒu）。

　　→ _____

8. 北京有一千九百多万人。

　　→ _____

9. 中国的大学入学（rù xué）率（lǜ）是 20%。

　　→ _____

10. 中国 8% 的大学在北京。

　　→ _____

八　用指定词语完成句子 Complete the sentences with the given words

（一）总是

1. 他去饭馆吃饭的时候 _____。

2. 他星期六、星期天 _____。

3. 他下午 _____。

4. 他每天睡得太晚了，_____。

5. 她还不习惯吃中国菜，吃了以后 _____。

6. 每个星期六晚上，_____。

（二）仍然

1. 奶奶年轻的时候一定很漂亮，现在七十多岁了，_____。

2. 来中国已经三个多月了，他 _____。

3. 爸爸大学毕业后就在这家公司工作，_____。

4. 爷爷身体很好，八十多岁了，_____。

5. 他吃了药、打了针，但是感冒 _____。

6. 这段录音我听了三遍，_____。

（三）当然

1. 他得到了 HSK 六级证书，_____。

2. 今天我请客（qǐng kè），_____。

3. 她是日本人，_____。

4. 他在中国上了小学、中学，_____。

5. 他是中国人，_____。

6. 她妈妈是中国人，_____。

九 选择"当然"、"仍然"、"虽然"填空
Choose "当然", "仍然" or "虽然" to fill in each blank

1. 他回国已经一年了，_____ 没有找到工作。

2. 他从小在中国长大，汉语发音 _____ 很好。

3. 他不太了解中国文化，_____ 他是中国人。

4. 他汉语说得不太流利，_____ 他已经学了 5 年汉语了。

5. 现在已经是 4 月了，北京 _____ 很冷。

6. 他迟到了 40 分钟，_____ 不能参加考试。

十 用"例如"完成句子　Complete the sentences with "例如"

1. 他的爱好很多，_____。

2. 他去过很多国家，_____。

3. 他去过中国许多城市，_____。

4. 我喜欢吃的中国菜很多，_____。

5. 她有不少外国朋友，_____。

6. 我喜欢吃的水果很多，_____。

7. 他知道不少名牌汽车，_____。

8. 他知道不少名牌服装，_____。

9. 没有课的时候，他也很忙，_____。

10. 北京的名胜古迹很多，_____。

十一 用"/"画出句中的语音停顿，并按画出的停顿朗读下列句子
Mark "/" where there should be a pause. Then read aloud the following sentences and pause wherever there is a "/"

1. 按照中国人的习惯，孩子一般姓父亲的姓。

2. 现在中国姑娘结婚以后，不用在自己的姓前面加上丈夫的姓了。

3. 中国人的姓大多数是一个汉字。

4. "李"、"王"、"陈"、"张"、"刘"是中国人用得最多的五个姓，其中姓"李"的人最多。

十二 朗读下列双音节词语，注意后一个音节要读得重一些、长一些

Read aloud the following disyllabic words. Note: The latter syllable is pronounced with stress and longer than the former one

1. 代表	2. 金钱	3. 仍然	4. 据说	5. 其中
6. 美好	7. 表达	8. 例如	9. 远大	10. 目标
11. 体育	12. 热情	13. 友好	14. 国家	15. 安排
16. 季节	17. 天空	18. 图画	19. 警察	20. 考试

十三 朗读下列三音节词语，注意第一个音节读得最重

Read aloud the following trisyllabic words. Note: The first syllable is pronounced with the heaviest stress

1. 大城市	2. 小饭馆	3. 男老师	4. 女职员
5. 篮球队	6. 足球队	7. 英国队	8. 新朋友
9. 红铅笔	10. 博士生	11. 硕士生	12. 本科生
13. 外语系	14. 教育系	15. 深蓝色	16. 浅黄色

十四 写出下列多音字的拼音并组词

Write the *pinyin* for the following polyphones and make words

序号	汉字	拼音1　　组词	拼音2　　组词
1	了		
2	的		
3	和		
4	大		
5	行		
6	乐		
7	发		
8	都		
9	调		
10	着		

十五 根据拼音填写汉字　Fill in each blank with the correct character according to the given *pinyin*

1. 我家后面有一个花＿＿＿＿＿＿＿＿（yuán）。

2. 今天的足球比赛很＿＿＿＿＿＿＿＿（jīng）彩。

3. 妈妈在＿＿＿＿＿＿＿＿（chú）房做饭。

4. 这个学期快要结＿＿＿＿＿＿＿＿（shù）了。

5. 我一＿＿＿＿＿＿＿＿（bān）早上7点起床。

6. 她的房＿＿＿＿＿＿＿＿（jiān）很大。

7. 他＿＿＿＿＿＿＿＿（xìng）刘。

8. 爷爷希望我像一条小江日夜奔＿＿＿＿＿＿＿＿（liú）。

9. 父母希望我永远＿＿＿＿＿＿＿＿（jìn）步。

10. 今天上课我忘了＿＿＿＿＿＿＿＿（dài）作业本。

11. 他的爱好是打＿＿＿＿＿＿＿＿（lán）球。

12. 祝你们假期愉＿＿＿＿＿＿＿＿（kuài）！

十六 阅读理解　Reading comprehension

寒假计划

从下周一开始，学校就要放寒假了。这几天同学们都在紧张地复习，准备参加期末考试。

放假后，乔治打算陪几个美国朋友去西藏旅游。五年前乔治去过一次西藏，但是是坐飞机去的。这次他们不想坐飞机去。他们打算先坐火车到成都，再沿青藏公路坐汽车去拉萨。然后坐飞机回成都，再坐火车去重庆，从重庆乘船到上海。最后从上海坐火

寒假　hánjià　N　winter vacation
计划　jìhuà　N　plan
期末　qīmò　N　end of the term
西藏　Xīzàng　PN　Tibet
成都　Chéngdū　PN
the capital of Sichuan Province
青藏公路　Qīng Zàng Gōnglù
PN　Qīnghai-Tibet Highway
拉萨　Lāsà　PN　Lhasa
重庆　Chóngqìng　PN
a municipality directly under the Central
Govenment located in Southwest China
船　chuán　N　ship, boat

车回北京。其实他们也可以从北京坐火车去拉萨，坐火车不但简单，而且可以欣赏中国西部的美丽风景。

寒假珍妮得回美国办工作签证手续。因为珍妮已经在上海的一家外国广告公司找了一份不错的工作，3月她就要正式上班了。同学们都很美慕她。

汉斯要去他的一个中国朋友家过春节。他的这位朋友家在山东农村，汉斯希望能过一个地地道道的中国北方的春节。他觉得这是了解中国文化的好办法。

山下想利用寒假好好儿复习汉语语法，准备参加明年5月的汉语水平考试（HSK）。她去年参加过一次，但是成绩不理想，所以她想再考一次。

他们每个人的假期安排虽然不一样，但是相信他们都会在假期里有新的感受、新的收获。祝他们寒假愉快！

广告　guǎnggào　N
advertisement
正式　zhèngshì　Adj　formal
美慕　xiànmù　V
to envy, to admire
春节　Chūn Jié　N
Spring Festival
山东　Shāndōng　PN
a significant coastal province in East China
农村　nóngcūn　N
country, rural area
地道　dìdao　Adj　authentic

相信　xiāngxìn　V　to believe
收获　shōuhuò　N
results, gains

（一）回答问题　**Answer the questions**

1. 学校什么时候开始放寒假？＿＿＿＿＿＿＿＿＿＿＿

2. 乔治寒假打算干什么？＿＿＿＿＿＿＿＿＿＿＿

3. 珍妮寒假为什么要回美国？＿＿＿＿＿＿＿＿＿

4. 汉斯的那个中国朋友家在哪儿？＿＿＿＿＿＿＿

5. 汉斯为什么想过一个地道的中国北方的春节？＿＿＿

6. 山下的寒假安排是什么？＿＿＿＿＿＿＿＿＿＿＿

7. 现在可以坐火车去西藏吗？＿＿＿＿＿＿＿＿＿

（二）填表　**Fill in the table**

姓名	寒假安排
乔治	
珍妮	
汉斯	
山下	

（三）写出乔治的旅行路线　**Write George's tourist route**

1. 去拉萨的路线：| 1. 北 京 | 坐火车 → | 2. |

2. 回北京的路线：| 1. 拉 萨 | → | |

十七 作文　**Write an essay**

《我国人的姓名特点》或《姓名趣谈》（250个字左右）

（16×16=256字）

十八 按笔顺书写汉字　Write the Chinese characters in the correct stroke order

dài	ノ　イ　イ　代　代								
代	代	代	代	代					
luò	一　十　艹　艹　艹　艹　莎　莎　莈　落　落								
落	落	落	落	落					
jù	一　十　扌　扩　护　护　护　护　据　据　据								
据	据	据	据	据					
gū	し　夂　女　女　妁　妁　姑　姑								
姑	姑	姑	姑	姑					
niáng	し　夂　女　女　妁　妁　妁　娘　娘　娘								
娘	娘	娘	娘	娘					

zhàng	一 ナ 丈								
丈	丈	丈	丈	丈					

réng	ノ 亻 仍 仍								
仍	仍	仍	仍	仍					

àn	一 扌 扌 扩 扩 护 按 按 按								
按	按	按	按	按					

fù	ノ 八 父 父								
父	父	父	父	父					

yì	丶 丷 义								
义	义	义	义	义					

xiǎng	丨 冂 口 口 叮 叮 叼 响 响								
响	响	响	响	响					

huá	ノ 亻 化 化 华 华								
华	华	华	华	华					

yù	一 二 千 王 玉								
玉	玉	玉	玉	玉					

bèi	丨 刂 刂 扌 扌 非 非 非 辈 辈 辈								
辈	辈	辈	辈	辈					

dá	一 ナ 大 🇻大 达 达
达	达 达 达 达

lì	ノ 亻 亻 𠂉 例 例 例 例
例	例 例 例 例

yé	′ 𠆢 𠆢 父 爷 爷
爷	爷 爷 爷 爷

shì	` 亠 宁 市 市
市	市 市 市 市

yuǎn	一 二 テ 元 𠄔 远 远
远	远 远 远 远

bēn	一 ナ 大 𰀬 本 夲 奔 奔
奔	奔 奔 奔 奔

dān yuán cè shì sān
单元测试三（ èr shí yī sān shí kè 21 ~ 30 课）
Unit Test 3 (Lessons 21~30)

（60 分钟）

(60 minutes)

 写出下列多音字的拼音并组词或短语（16 分，每空 1 分）

Write the *pinyin* for the following polyphones and make words or phrases (1 mark for each question with a total of 16 marks)

序号	汉字	拼音 1	组词	拼音 2	组词
例	了	le	吃了饭	liǎo	了解
1	好				
2	觉				
3	长				
4	便				
5	发				
6	乐				
7	行				
8	和				

 写出两个同音字并组词或短语（14 分，每空 0.5 分）

Write two homophones and make words or phrases (0.5 mark for each question with a total of 14 marks)

序号	拼音	汉字 1	组词	汉字 2	组词
例	shí	十	十个	食	食堂
1	duì				
2	huà				
3	kè				
4	yǒu				
5	qíng				

序号	拼音	汉字1	组词	汉字2	组词
6	liú				
7	zuò				
8	nán				
9	shēng				
10	diàn				
11	xīn				
12	lǐ				
13	bù				
14	shù				

 三 **填写名词(6 分，每空 0.5 分)**

Fill in the blanks with the nouns (0.5 mark for each question with a total of 6 marks)

1. 一间 ＿＿＿＿＿＿、＿＿＿＿＿＿　　2. 一座 ＿＿＿＿＿＿、＿＿＿＿＿＿

3. 一束 ＿＿＿＿＿＿、＿＿＿＿＿＿　　4. 一栋 ＿＿＿＿＿＿、＿＿＿＿＿＿

5. 一条 ＿＿＿＿＿＿、＿＿＿＿＿＿　　6. 一本 ＿＿＿＿＿＿、＿＿＿＿＿＿

四 **填写宾语(10 分，每空 0.5 分)**

Fill in the blanks with the objects (0.5 mark for each question with a total of 10 marks)

1. 查 ＿＿＿＿＿　　　2. 收 ＿＿＿＿＿＿　　3. 填 ＿＿＿＿＿＿

4. 骑 ＿＿＿＿＿　　　5. 接 ＿＿＿＿＿＿　　6. 过 ＿＿＿＿＿＿

7. 进 ＿＿＿＿＿＿　　8. 穿 ＿＿＿＿＿＿　　9. 取 ＿＿＿＿＿＿

10. 戴 ＿＿＿＿＿＿　　11. 开 ＿＿＿＿＿＿　　12. 起 ＿＿＿＿＿＿

13. 逛 ＿＿＿＿＿＿　　14. 出 ＿＿＿＿＿＿　　15. 订 ＿＿＿＿＿＿

16. 办 ＿＿＿＿＿＿　　17. 说明 ＿＿＿＿＿　　18. 通知 ＿＿＿＿＿

19. 兑换 ＿＿＿＿＿　　20. 同意 ＿＿＿＿＿

五　用指定词语完成句子（12分，每题1分）
Complete the sentences with the given words or expressions (1 mark for each question with a total of 12 marks)

1. 下课休息的时候，同学们在大厅 _____。

（一边……一边……）

2. 她明年3月就要毕业了，她想 _____。（一……就……）

3. 他的汉语非常好，_____。（连……也……）

4. 在办公室报名参加汉语水平考试的同学很多，_____

_____。（除了……，都……）

5. 我喜欢的体育活动很多，_____

_____。（除了……，还……）

6. 他是在中国长大的，_____。（当然）

7. 这段录音老师放了三遍，我 _____。（仍然）

8. 我们学校有一千多名留学生，_____。（其中）

9. 他喜欢买便宜的东西，_____（以为），

_____（其实）。

10. 他上课的时候不爱发言（fā yán），_____。

（和……有 / 没有关系）

11. 我同屋每天都很高兴，_____。

（像……一样＋形容词）

12. 我们就要放假了，_____。（打算）

 六　选词填空（8分，每题0.5分）
Choose words to fill in the blanks (0.5 mark for each question with a total of 8 marks)

就　才　又　再　在　是　有　对　往　离　能　会　应该　的　地　得

1. 眼镜放 _____ 桌子上。

2. 他以前 _____ 开车。

3. 刚下课，他 _____ 离开教室了。

4. 我家 _____ 超市不远。

5. 晚上他写了三个小时 _____ 写完作文。

6. 你已经发热了，_____ 去医院看看。

7. 餐厅左边 _____ 咖啡馆。

8. 他中午吃了青椒肉丝，晚上 _____ 吃。

9. 明年我想 _____ 去一次西安。

10. 他买了一辆今年生产 _____ 汽车。

11. 他中国菜做 _____ 很好。

12. 妹妹喜欢安静 _____ 看书。

13. 学校附近 _____ 麦当劳快餐店。

14. 我的小狗 _____ 我的新朋友不友好。

15. 请问，我 _____ 试试这双鞋吗？

16. 下车后一直 _____ 前走。

七　组词成句（8分，每题1分）

Make sentences with the given words (1 mark for each question with a total of 8 marks)

1. 他　漂亮　得　写　汉字　特别

　_____

2. 北京　的　工作　他　去　爸爸　是

　_____

3. 他　得　好　好　汉语　不　说

　_____

4. 上海　是　回　她　的　国　从

　_____

5. 要　姐姐　了　下个月　结婚　就

　_____

6. 他　作业　音乐　听　做　着　习惯

　_____

317

7. 昨天　洗衣服　呢　我　我　打电话　给　正在　你　时候　的

_____

8. 电话　打　给　刚才　家里　没　我

_____

八　选择"其实"、"只好"、"因此"、"而且"、"但是"填空（一个词可以多次选择）
（4分，每题0.5分）
Choose "其实", "只好", "因此", "而且" or "但是" to fill in each blank (A word may be used more than once) (0.5 mark for each question with a total of 4 marks)

1. 她的汉语不但发音很标准，_____语法也很正确。

2. 大家都知道中国菜比较油腻，_____也有不油腻的中国菜。

3. 爸爸工作很忙，不爱多说话，_____他很爱家里人。

4. 这家饭馆的菜很好吃，但是现在人太多了，我们_____去别的饭馆。

5. 爸爸妈妈觉得我在这所大学学习汉语进步很快，生活也很愉快，_____
同意我延长一年的留学时间。

6. 他喜欢买名牌服装，_____是最贵的名牌。

7. 今天下大雨，不能去游览长城了，_____在宿舍看书。

8. 他去过西安，_____他可以给我们当导游。

九　圈出正确的汉字（4分，每题0.5分）
Circle the right characters (0.5 mark for each question with a total of 4 marks)

例：今天没有（作　做）业。

1. 她的（办　为）法不错。

2. 今天天（晴　睛）。

3. 大（陪　部）分中国人都会说普通话。

4. 他来中国以前是（工　公）司职员。

5. 我每天在留学生餐厅吃（午　牛）饭。

6. 他每天都要发（申　电）子邮件。

7. 我们（全　金）家人身体都很好。

8. 他已经50多岁了，一（真　直）没结婚。

十　填写合适的汉字（4分，每题0.5分）

Fill in the blanks with proper characters (0.5 mark for each question with a total of 4 marks)

1. 夏天的傍_____，我们经常在外面乘凉。

2. 他有不少音乐光_____。

3. 我的_____租不太贵。

4. 这是一家_____牌服装店。

5. 我买了一本汉英_____典。

6. 她喜欢早上散_____。

7. 妈妈_____心我会生病。

8. 爸爸习惯_____觉前看报纸。

 十一　阅读短文后判断正误（对的画○，错的画×）（14分，每题1分）

Read the passage and decide whether the following statements are true or false according to the text（○ for true and × for false）(1 mark for each question with a total of 14 marks)

南方的梅雨

中国南方的天气跟北方的很不一样，特别是春天，北方干燥，南方潮湿。南方在四五月间，有一个"梅雨季节"。

梅雨季节里差不多天天都下雨，雨虽然不太大，但是每天都下，天都是阴沉沉、灰蒙蒙的。

梅雨季节里出门要带雨具，穿雨鞋。到处都是湿乎乎的，甚至衣服、被子也是湿乎乎的。这样的天气很容易使人心情变坏。

在梅雨季节，东西也容易发霉。据说，北京人买回来的新鲜蛋糕在家里放三天，蛋糕就变成了"饼干"，因为太干燥；上海人买回来的新鲜蛋糕在家里放

梅雨	méiyǔ	N	intermittent drizzles (in the rainy season in the middle and lower reaches of the Yangtze River)
潮湿	cháoshī	Adj	humid
差不多	chàbuduō	Adv	almost
阴沉沉	yīnchénchén	Adj	overcast, gloomy
灰蒙蒙	huīméngméng	Adj	dusky, overcast
雨具	yǔjù	N	rain gear
雨鞋	yǔxié	N	rain boots
到处	dàochù	Adv	everywhere
湿乎乎	shīhūhū	Adj	soggy, damp
发霉	fā méi	V//O	to go mouldy

319

三天，黄色的蛋糕就会变成绿色的，因为太潮湿，发霉了。

梅雨季节大概有二十多天。因为这段时间正是梅子成熟的季节，所以叫"梅雨"。也有人写成"霉雨"，这反映了人们对梅雨季节下雨、潮湿、发霉的讨厌。

梅雨季节结束叫"出梅"。那时候，雨停了，天晴了，太阳出来了。蓝蓝的天上飘着白白的云，晴空万里，阳光灿烂，人们的心情也开朗起来了。这时候家家户户都忙着晒被子、晒衣服。大街小巷从早到晚响着拍打被子的声音。这是南方城市特有的景象，在北方是看不见、听不到的。

词语	拼音	词性	释义
梅子	méizi	N	fruit of the plum
成熟	chéngshú	V	to mature
霉雨	méiyǔ	N	equal to "梅雨"
讨厌	tǎoyàn	V	to dislike
晴空	qíngkōng	N	clear sky
灿烂	cànlàn	Adj	bright
开朗	kāilǎng	Adj	cheerful, sanguine
家家户户	jiājiāhùhù	N	each and every family
晒	shài	V	to dry in the sun
大街小巷	dàjiē xiǎoxiàng		streets and lanes
拍打	pāidǎ	V	to pat
景象	jǐngxiàng	N	scene

1. 中国北方和南方的气候很不一样，北方干燥，南方潮湿。 　　　(　　)

2. 中国南方有五个季节。 　　　(　　)

3. 中国南方有梅雨季节。 　　　(　　)

4. 梅雨季节在夏天。 　　　(　　)

5. 梅雨季节的特点是每天都下大雨。 　　　(　　)

6. 梅雨季节人们的心情常常不太好。 　　　(　　)

7. 梅雨季节出门要带雨具。 　　　(　　)

8. 梅雨季节一般有一个多月。 　　　(　　)

9. "出梅"的意思是梅子熟了。 　　　(　　)

10. 有人把"梅雨"写成"霉雨"，反映了人们对梅雨季节的讨厌。 　　　(　　)

11. 梅雨季节结束后天气很好。 　　　(　　)

12. 梅雨季节结束后人们要晒被子。 　　　(　　)

13. 北方人不晒被子，因为北方太冷。 　　　(　　)

14. 梅雨季节结束后，人们的心情也好起来了。 　　　(　　)

总 测 试

General Test

（90 分钟）

(90 minutes)

一 写出下列词语的拼音（如有变调，请写出变调）（10分，每题1分）

Write the *pinyin* for the following words (Please write the tone sandhi wherever it occurs) (1 mark for each question with a total of 10 marks)

1. 觉得＿＿＿＿＿＿

2. 爱好＿＿＿＿＿＿

3. 一起＿＿＿＿＿＿

4. 便宜＿＿＿＿＿＿

5. 不错＿＿＿＿＿＿

6. 长大＿＿＿＿＿＿

7. 因为＿＿＿＿＿＿

8. 漂亮＿＿＿＿＿＿

9. 一定＿＿＿＿＿＿

10. 不但＿＿＿＿＿＿

二 选择量词填空（8分，每题0.5分）

Choose the measure words to fill in the blanks (0.5 mark for each question with a total of 8 marks)

家 条 件 双 张 把 杯 顶 台 副 辆 顿 位 门 部 本

1. 一＿＿＿饭

2. 一＿＿＿饭馆

3. 一＿＿＿帽子

4. 一＿＿＿咖啡

5. 一＿＿＿衬衫

6. 一＿＿＿词典

7. 一＿＿＿照片

8. 一＿＿＿眼镜

9. 一＿＿＿电话

10. 一＿＿＿汽车

11. 一＿＿＿老师

12. 一＿＿＿椅子

13. 一＿＿＿外语

14. 一＿＿＿运动鞋

15. 一＿＿＿计算机

16. 一＿＿＿牛仔裤

三 填写宾语（15分，每题0.5分）

Fill in the blanks with the objects (0.5 mark for each question with a total of 15 marks)

1. 学 _____   2. 吃 _____   3. 喝 _____

4. 抽 _____   5. 看 _____   6. 听 _____

7. 穿 _____   8. 戴 _____   9. 买 _____

10. 发 _____   11. 写 _____   12. 打 _____

13. 送 _____   14. 换 _____   15. 刷 _____

16. 寄 _____   17. 订 _____   18. 坐 _____

19. 骑 _____   20. 当 _____   21. 填 _____

22. 踢 _____   23. 取 _____   24. 说 _____

25. 交 _____   26. 试 _____   27. 介绍 _____

28. 参加 _____   29. 游览 _____   30. 举行 _____

四 选择词语完成对话（8分，每题1分）

Choose the words or phrases to complete the dialogues (1 mark for each question with a total of 8 marks)

谁　什么　怎么　怎么样　为什么　哪　哪儿　几

1. A: _____?
   B: 我喜欢弹钢琴。

2. A: _____?
   B: 她上网和朋友聊天儿。

3. A: _____?
   B: 他汉语说得和中国人一样。

4. A: _____?
   B: 她是我同屋的妹妹。

5. A: _____?
   B: 我是法国人。

6. A: _____?
   B: 他姐姐在上海工作。

7. A: _____?
   B: 我有两个弟弟。

8. A: _____?
   B: 因为说汉语像唱歌。

五 选择下列词语填空（一个词可以多次选择）（4分，每题0.5分）
Choose the words to fill in the blanks (A word may be used more than once) (0.5 mark for each question with a total of 4 marks)

> 着　　了　　过　　正在　　就要

昨天是星期五，晚上我和几个朋友去学校附近的小饭馆吃饭。我们点①_____六个菜、五瓶啤酒和两斤饺子。大家喝②_____酒，聊③_____天儿，十分高兴。我们④_____吃的时候，饭馆的服务员来告诉我们，现在已经九点半⑤_____，饭馆⑥_____关门⑦_____。我们只好回学校⑧_____。

六 选择能愿动词填空（一个词可以多次选择）（3分，每题0.5分）
Choose the optative verbs to fill in the blanks (A word may be used more than once) (0.5 mark for each question with a total of 3 marks)

> 想　　要　　能　　会　　可以　　应该

我朋友是韩国人，他①_____说英语和日语，汉语也说得很好。他②_____在北京开一家韩国饭馆。现在外国人③_____在中国开饭馆，但是必须有工作签证的外国人才④_____开。所以，他⑤_____换签证。我觉得他⑥_____去留学生办公室问一下办工作签证的手续。

七 按要求写出句子（5分，每题1分）
Write sentences according to the instructions (1 mark for each question with a total of 5 marks)

1. 爸爸22岁开始工作，今年52岁了，还在工作。

_____（时量补语　Complement of duration）

2. 我们班有12个同学，2个日本人，10个韩国人。

_____（除了……以外，都……）

3. 她喜欢黑色、蓝色、红色、白色。

_____（除了……以外，还……）

4. 哥哥的个子是180厘米，弟弟的个子是178厘米。

_____（比较句　Comparative sentence）

5. 今天最高温度 35℃，昨天最高温度 28℃。

_____（比较句　Comparative sentence）

八　组词成句（10分，每题1分）

Make sentences with the words (1 mark for each question with a total of 10 marks)

1. 车　的　的　德国　妈妈　是

_____

2. 她　大夫　一　休息　让　星期　个

_____

3. 妹妹　奶奶　上网　教

_____

4. 故宫　北京　一　想　他　就　去　到　参观

_____

5. 汉字　对　他　兴趣　很　感

_____

6. 回国　和　他　关系　生病　没有

_____

7. 她　泰国　现在　工作　男朋友　在

_____

8. 他　旅游　是　来　北京　的

_____

9. 快　得　他　车　开　开　很

_____

10. 她　结婚　姐姐　今年　想　不

_____

九　选择下列词语填空（8分，每空0.5分）

Choose the proper words from the following to fill in the blanks (0.5 mark for each question with a total of 8 marks)

或者	还是	有	在	是	就	才	再
又	也	还	二	两	已经	刚才	刚

1. A：今天晚上你自己做饭_____去餐厅吃饭？

　　B：自己做饭_____去餐厅都行。

2. 我们 8 点上课，他每天 7 点半 _____ 到教室了，但是今天他 8 点半 _____ 来。

3. 马路对面 _____ 银行、书店和咖啡馆。银行 _____ 书店左边，书店右边 _____ 咖啡馆。

4. 这家饭店的房间每天 _____ 十五美元。

5. 他们房间有 _____ 台电脑。

6. 他会说英语，_____ 会说德语，_____ 会说法语、西班牙语。

7. 她昨天没来上课，今天 _____ 没来上课，她说她想明天 _____ 休息一天。

8. 他大学 _____ 毕业就找到了工作。

9. _____ 我没看见李老师。

10. 她的感冒 _____ 好了。

◆ 十 选择下列词语填空（4 分，每空 0.5 分）
Choose the words to fill in the blanks (0.5 mark for each question with a total of 4 marks)

> 对　离　从　到　给　往　在　按照

1. _____ 中国人的习惯，_____ 早饭以后 _____ 午饭以前是上午。

2. 我每个星期 _____ 家里打一次电话。

3. 我写信告诉朋友，老师们 _____ 我很关心，同学们很友好，我 _____ 这儿生活很愉快。

4. 这儿 _____ 邮局不远，_____ 前走 5 分钟就到了。

◆ 十一 用指定词语完成句子（5 分，每题 1 分）
Complete the sentences with the given words or expressions (1 mark for each question with a total of 5 marks)

1. 他不会说英语，_____。（连……也……）

2. 我以为她不喜欢吃奶酪，_____。（其实）

3. 我爱吃西红柿炒鸡蛋、麻婆豆腐、青椒肉丝等中国菜，_____

_____。（其中）

4. 他大学毕业以后就在这家银行工作，_____。

（仍然）

5. 她在北京住了五年了，_____。（当然）

十二 选择词语的准确意思并把序号填写在括号里（5分，每题0.5分）

Choose the right meaning of the word and fill in each bracket with its number (0.5 mark for each question with a total of 5 marks)

爱：① 有很深的感情（to love）　　② 喜欢（to like）

家：① 家庭（family）　　② 家庭住房（house）

　　③ 量词（a measure word）

想：① 想念（to miss）　　② 思考（to think）

　　③ 能愿动词（an optative word）

一般：① 普通（common）　　② 常常（usually）

1. 我在北京很想国内的朋友们。（　　　）

2. 他特别爱吃包子。（　　　）

3. 他是公司的一般职员。（　　　）

4. 我家有五口人。（　　　）

5. 我家在超市的后面。（　　　）

6. 星期六没有课，我一般10点才起床。（　　　）

7. 他很熟悉北京的公共交通，我想他一定在北京生活过。（　　　）

8. 妈妈爱家里的每一个人。（　　　）

9. 这是一家很有名的电器公司。（　　　）

10. 明年我想去西藏旅游。（　　　）

十三 填写合适的汉字（5分，每空0.5分）

Fill in the blanks with proper characters (0.5 mark for each question with a total of 5 marks)

1. 我_____屋最近一_____在感冒。虽然不发_____，但是嗓_____很不舒服。大夫告诉他，冬天_____易感冒，要多_____水，注意_____息。

2. 那条牛仔_____又好看又_____宜，我_____别想买，可是没带钱，只好不买了。

十四 阅读理解 Reading comprehension

上 海

上海在中国的南方，是中国的经济中心，也是中国一个重要的大城市。上海离北京大概有一千五百多公里，坐火车要 12 个小时，坐飞机只要两个小时。

上海市只有一百多年的历史，由于紧靠长江出海口，地理位置优越，所以发展很快，一直是中国的经济中心。改革开放给上海带来了更好的发展，外国许多有名的大公司、大银行在上海都有办事处。来中国旅游要是不去上海看看，那一定是一种遗憾。

昨天我陪父母去上海旅游了。我们买的是 Z21 次火车的软卧票，晚上 7：44 在北京站上车。软卧车厢里人比较少，很安静，也很舒服。上车后不久，我们就都睡着了。今天早晨 7：15 到的上海。

我和父母都是第一次来上海。我们觉得上海和北京很不一样。上海话好像没有 zh、ch、sh、r；上海菜有点儿甜；上海的街道好像没有北京的那么宽、那么直；上海的楼房欧洲风格的比较多。晚饭我们吃的是上海有名的小吃——菜包子。晚饭后我们游览了外滩。

外滩在黄浦江西边，是人们休闲的好地方，也是上海著名的观光景点。上海人习惯上把黄浦江西边叫"浦西"，黄浦江东边叫"浦东"。浦西的许多建筑物，特别是外滩的老建筑物，都是八九十年前建的，很有欧洲风情。高大壮丽的现代建筑则是浦东的鲜明特点。夜

紧靠 jǐn kào to be close to

出海口 chūhǎikǒu N
marine outfall

地理 dìlǐ N geography

位置 wèizhì N
position

优越 yōuyuè Adj
superior, advantageous

改革 gǎigé V
to reform

开放 kāifàng V
to open up

车厢 chēxiāng N
railway carriage

风格 fēnggé N style

外滩 Wàitān PN
the Bund

黄浦江 Huángpǔ Jiāng
PN Huangpu River

观光 guānguāng V
to go sightseeing

景点 jǐngdiǎn N
scenic spot

风情 fēngqíng N
local manners and customs

高大 gāodà Adj
towering

壮丽 zhuànglì Adj
magnificent

鲜明 xiānmíng Adj
distinct

色中，这些各有特色的建筑物在五彩缤纷的霓虹灯的照耀下真是美极了。

我和父母在外滩一边欣赏着黄浦江两岸的美丽夜景，一边散步、聊天儿，11点才回饭店休息。

夜色	yèsè	N	dim light of night
特色	tèsè	N	characteristic
五彩缤纷	wǔcǎi bīnfēn		blazing with color
霓虹灯	níhóngdēng	N	neon light
照耀	zhàoyào	V	to shine
两岸	liǎng'àn	N	both banks
夜景	yèjǐng	N	night scene

（一）判断正误（对的画○，错的画×）（5分，每题0.5分）

Decide whether the following statements are true or false（○ for true and × for false）(0.5 mark for each question with a total of 5 marks)

1. 上海在中国的南方。 （　　）

2. 上海是中国重要的大城市之一。 （　　）

3. 上海改革开放以后才成为中国的经济中心。 （　　）

4. 上海是一座古老的城市。 （　　）

5. "我"觉得上海话没有 zh、ch、sh、r。 （　　）

6. 肉包子是上海有名的小吃。 （　　）

7. 外滩是上海有名的旅游景点。 （　　）

8. 具有欧洲风情的老建筑是浦东建筑的特点。 （　　）

9. 高大壮丽的现代建筑是浦西建筑的特点。 （　　）

10. 上海的发展跟它的地理位置很有关系。 （　　）

（二）填空（5分，每空0.5分）

Fill in the blanks (0.5 mark for each question with a total of 5 marks)

1. 上海是 ＿＿＿＿＿＿＿＿＿＿，也是 ＿＿＿＿＿＿＿＿＿＿。

2. 上海城市发展很快和 ＿＿＿＿＿＿ 以及 ＿＿＿＿＿＿ 很有关系。

3. 我觉得上海和北京很不一样的地方是：＿＿＿＿＿＿；＿＿＿＿

　＿＿＿＿＿＿；＿＿＿＿＿＿。

4. 浦西的建筑物 ＿＿＿＿＿＿，浦东的建筑物 ＿＿＿＿＿＿。

单元测试一（1~10课）

一

1. 留学生　　2. 现在　　3. 教室　　4. 老师　　5. 汉语

6. 生词　　7. 课文　　8. 发音　　9. 作业　　10. 准备

二

1. 宀（宝盖头）　2. 木（木字旁）　3. 忄（竖心旁）　4. 口（口字旁）　5. 氵（三点水）

6. 讠（言字旁）　7. 扌（提手旁）　8. 亻（单人旁）　9. 宀（宝盖头）　10. 辶（走之儿）

三

1. duì　　2. liú　　3. xiǎo　　4. qù　　5. jué

6. yīn　　7. wǔ　　8. wǒ　　9. yuán　　10. yǔ

四

4. chūn（○）　　5. xùn（○）　　6. chuáng（○）　　8. gē（○）

五

1. yì zhāng zhuōzi　　2. yí wèi lǎoshī　　3. yì tái diànshì　　4. yì bǎ yǐzi

5. búcuò　　6. bù lěng　　7. yídìng　　8. yìqǐ

9. huàr　　10. nǎr　　11. bàba　　12. péngyou

六

1. A：你是中国人吗?　　2. A：你家有几口人?　　3. A：你有弟弟吗?

4. A：他是谁?　　5. A：现在几点?　　6. A：你在哪个班?

7. A：你的爱好是什么?　　8. A：你去哪儿?　　9. A：你爸爸身体好吗?

10. A：中国有多少人?　　11. A：你去干什么?　　12. A：你喜欢听什么音乐?

七

1. 我也没有弟弟。　　2. 现在我去教室上课。

3. 请跟我读课文。　　4. 我姐姐个子很高。

5. 他是一位大学英语教师。　　6. 他每天都发电子邮件。

7. 哥哥今年27岁。　　8. 我们从8点到11点半上课。

9. 我的爱好是游泳。　　10. 许多外国朋友觉得写汉字像画画儿。

八

1. 一家公司　　2. 一张床　　3. 一台计算机　　4. 一把椅子

5.一种外语　　　6.一片面包　　　7.一位老师　　　8.一节汉语课

九

动词	名词
吃	朋友
写	作文
唱	李
姓	教室
叫	电视
打	课
看	汉语
上	生词
说	早饭
听	京美
买	电子邮件
去	电话
读	东西
画	音乐
帮助	歌
发	画

十

1.几　　　2.或者　　　3.两　　　4.还是　　　5.多少

6.在　　　7.二　　　8.常常　　　9.经常　　　10.给

十一

1.他是谁?　　　　　　　2.这是谁的电脑?

3.他的爱好是什么?　　　4.他是哪国人?

5.你朋友住哪儿?　　　　6.你家有几口人?

十二

1.十五　　　　　　　　2.五十九

3.一百九十八　　　　　4.三千零五

5.四万五(千)　　　　　6.四百零五

7.五百六十　　　　　　8.百分之五十

9.百分之九十九　　　　10.二〇〇八年八月八日

十三

1.dū　　　2.jiāo　　　3.dōu　　　4.fā

5.hǎo　　　6.jué　　　7.hào　　　8.jiào

十四

1. ×	2. ○	3. ○	4. ×	5. ○	6. ×
7. ○	8. ○	9. ×	10. ×	11. ○	12. ×

单元测试二（11~20 课）

一

1. wǔ 中午	2. niú 牛奶	3. xiū 休息	4. tǐ 身体
5. ròu 鸡肉	6. nèi 内容	7. xué 学习	8. zì 汉字
9. bǎi 一百	10. bái 白色	11. bù 一部电话	12. péi 陪朋友看病
13. míng 名字	14. gè 各种	15. liǎo 了解	16. zi 桌子
17. mǎi 买衣服	18. mài 卖水果	19. tiān 今天	20. fū 大夫
21. hē 喝水	22. kě 口渴	23. wèn 问路	24. jiān 房间

二

1. 他教我们写汉字。

2. 大夫让我休息。

3. 他问了我一个问题。

4. 老师让我们写一篇汉语作文。

5. 晚上我打电话告诉朋友，现在天气一天比一天冷了。

6. 同屋昨天买的牛仔裤是德国的。

7. 他女朋友就要来北京了。

8. 弟弟比哥哥高多了。

9. 我一般早上洗澡。

10. 我新买的电脑没有他的贵。

三

1. 我喜欢吃中国菜，<u>最喜欢吃青椒肉丝</u>。

2. 今天天晴，我和朋友去逛天安门广场，<u>可是忘了带照相机</u>。

3. 我在这儿认识了许多外国朋友，<u>像韩国人、德国人、法国人什么的</u>。

4. 现在 7：50，我们 8：00 上课，<u>我得去上课了</u>。

5. 他是日本人，<u>所以他认识很多汉字</u>。

6. 晚上睡觉以前，我喜欢<u>听听音乐</u>。

7. 她的房间<u>整整齐齐</u>的。

8. 下课休息的时候，同学们喜欢<u>去教室外面走走</u>。

9. 这家饭馆的菜好吃又不贵，<u>所以人很多</u>。

10. 这几天我<u>有点儿累</u>，周末我想好好儿休息休息。

四

1. A：这是咖啡还是可乐？

2. A：这是你的毛衣还是你妹妹的毛衣？

3. A：你觉得学习汉语有没有意思？

4. A：这家饭馆的菜贵不贵？

5. A：你学了多长时间的汉语了？

6. A：今天比昨天热吗？

7. A：李老师教哪个班的听力课？

8. A：苹果怎么卖？

五

1. A：你的爱好是什么？　　　　2. A：她的汉语怎么样？

3. A：牛仔裤怎么卖？　　　　　4. A：你每天怎么去教室上课？

5. A：你喜欢吃什么菜？　　　　6. A：你最近怎么样？

7. A：这个字怎么读？　　　　　8. A：你喜欢看什么电影？

六

1. 这儿　　　2. 这儿、那儿　　　3. 哪儿　　　4. 哪儿　　　5. 那儿

七

1. 我们上了两个小时的听力课。　　2. 我吃了半个小时的午饭。

3. 他睡了两个小时的午觉。　　　　4. 我做了两个小时的作业。

5. 我听了半个小时的录音。　　　　6. 我锻炼了半个小时。

7. 我看了两个半小时的电视。　　　8. 我上了一个小时的网。

9. 我洗了15分钟澡。　　　　　　10. 昨天晚上我睡了7个小时的觉。

八

1. 今天上海比北京凉快些。

2. 今天北京比天津热点儿。

3. 今天上海比香港凉快多了。

4. 今天哈尔滨的最高温度比北京的低多了。

5. 今天香港的最高温度比北京的高6度。

十

1. 我觉得 / 我比刚来北京时 / 胖多了。

2. 我们骑了半个小时 / 到了天安门广场。

3. 我觉得 / 中国人睡午觉的习惯 / 不错，很有科学道理。

4. 大多数中国人 / 都会说普通话。

5. 我特别爱看 / 胡同里的四合院。

十一

1. ○ 2. × 3. × 4. ○ 5. ○ 6. ○
7. ○ 8. × 9. ○ 10. ○ 11. × 12. ×

单元测试三（21~30课）

一

1. hǎo 很好 hào 爱好 2. jué 觉得 jiào 睡觉
3. cháng 长期 zhǎng 成长 4. biàn 方便 pián 便宜
5. fà 头发 fā 发现 6. lè 快乐 yuè 音乐
7. xíng 旅行 háng 银行 8. hé 我和朋友 huo 暖和

二

1. 对 对了 队 篮球队 2. 话 说话 画 画儿
3. 客 客气 课 课文 4. 有 有意思 友 友好
5. 晴 晴天 情 情况 6. 流 流行 留 留学生
7. 坐 请坐 做 做饭 8. 男 男同学 难 很难
9. 生 生日 声 声音 10. 电 电话 店 商店
11. 新 新车 心 关心 12. 里 里面 理 道理
13. 不 不好 步 散步 14. 树 树叶 数 数学

三

1. 一间卧室、书房 2. 一座教学楼、山
3. 一束鲜花、百合 4. 一栋房子、住宅
5. 一条裤子、裙子 6. 一本词典、书

四

1. 查词典 2. 收费 3. 填表 4. 骑自行车
5. 接人 6. 过马路 7. 进教室 8. 穿毛衣
9. 取钱 10. 戴眼镜 11. 开车 12. 起名字
13. 逛街 14. 出校门 15. 订机票 16. 办手续
17. 说明理由 18. 通知停水 19. 兑换外币 20. 同意要求

五

1. 下课休息的时候，同学们在大厅一边喝咖啡，一边聊天儿。
2. 她明年3月就要毕业了，她想一毕业就找工作。
3. 他的汉语非常好，连新闻广播也听得懂。
4. 在办公室报名参加汉语水平考试的同学很多，除了我，都是韩国同学。
5. 我喜欢的体育活动很多，除了游泳，还喜欢打篮球、踢足球。
6. 他是在中国长大的，当然会说汉语。

333

7. 这段录音老师放了三遍，<u>我仍然听不懂</u>。

8. 我们学校有一千多名留学生，<u>其中 30% 是日本人</u>。

9. 他喜欢买便宜的东西，<u>我们都以为他很穷</u>，<u>其实他家很有钱</u>。

10. 他上课的时候不爱发言，<u>这和他的性格有关系</u>。

11. 我同屋每天都很高兴，<u>像过节一样愉快</u>。

12. 我们就要放假了，<u>我打算去上海旅游</u>。

六

1. 在	2. 会	3. 就	4. 离	5. 才	6. 应该
7. 是	8. 还	9. 再	10. 的	11. 得	12. 地
13. 有	14. 对	15. 能	16. 往		

七

1. 他汉字写得特别漂亮。　　　　　　　　2. 他爸爸是去北京工作的。

3. 他汉语说得好不好？　　　　　　　　　4. 她是从上海回国的。

5. 姐姐下个月就要结婚了。　　　　　　　6. 他习惯听着音乐做作业。

7. 昨天你给我打电话的时候，我正在洗衣服呢。　　8. 刚才我没给家里打电话。

八

1. 而且	2. 其实	3. 但是	4. 只好
5. 因此	6. 而且	7. 只好	8. 因此

九

1. 办	2. 晴	3. 部	4. 公
5. 午	6. 电	7. 全	8. 直

十

1. 晚	2. 盘	3. 房	4. 名
5. 词	6. 步	7. 担	8. 睡

十一

1. ○	2. ×	3. ○	4. ×	5. ×
6. ○	7. ○	8. ×	9. ×	10. ○
11. ○	12. ○	13. ×	14. ○	

总测试

一

1. juéde   2. àihào   3. yìqǐ   4. piányi   5. búcuò

6. zhǎngdà   7. yīnwèi   8. piàoliang   9. yídìng   10. búdàn

二

1. 顿   2. 家   3. 顶   4. 杯

5. 件   6. 本   7. 张   8. 副

9. 部   10. 辆   11. 位   12. 把

13. 门   14. 双   15. 台   16. 条

三

1. 学汉语   2. 吃面条   3. 喝啤酒   4. 抽烟   5. 看电影

6. 听音乐   7. 穿裙子   8. 戴帽子   9. 买书   10. 发邮件

11. 写汉字   12. 打篮球   13. 送礼物   14. 换车   15. 刷卡

16. 寄包裹   17. 订票   18. 坐火车   19. 骑车   20. 当老师

21. 填表   22. 踢足球   23. 取钱   24. 说英语   25. 交作业

26. 试鞋子   27. 介绍朋友   28. 参加考试   29. 游览长城   30. 举行活动

四

1. A：你的爱好是什么？   2. A：她怎么和朋友聊天儿？

3. A：他汉语说得怎么样？   4. A：她是谁？

5. A：你是哪国人？   6. A：他姐姐在哪儿工作？

7. A：你有几个弟弟？   8. A：你为什么学习汉语？

五

①了   ②着   ③着   ④正在

⑤了   ⑥就要   ⑦了   ⑧了

六

①会   ②想   ③可以   ④能   ⑤要   ⑥应该

七

1. 爸爸已经工作了 30 年了。

2. 我们班除了日本人以外，都是韩国人。

3. 除了黑色、蓝色以外，她还喜欢红色、白色。

4. 哥哥比弟弟高一点儿。

5. 今天比昨天热多了。

八

1. 妈妈的车是德国的。 2. 大夫让她休息一个星期。
3. 妹妹教奶奶上网。 4. 他一到北京就想去参观故宫。
5. 他对汉字很感兴趣。 6. 他回国和生病没有关系。
7. 她男朋友现在在泰国工作。 8. 他是来北京旅游的。
9. 他开车开得很快。 10. 她姐姐今年不想结婚。

九

1. 还是、或者 2. 就、才 3. 有、在、是 4. 二
5. 两 6. 也、还 7. 又、再 8. 刚
9. 刚才 10. 已经

十

1. 按照、从、到 2. 给 3. 对、在 4. 离、往

十一

1. 他不会说英语，<u>连"hello"也不会说</u>。

2. 我以为她不喜欢吃奶酪，<u>其实她很爱吃</u>。

3. 我爱吃西红柿炒鸡蛋、麻婆豆腐、青椒肉丝等中国菜，<u>其中最爱吃西红柿炒鸡蛋</u>。

4. 他大学毕业以后就在这家银行工作，<u>现在仍然在这家银行工作</u>。

5. 她在北京住了五年了，<u>当然了解北京的情况</u>。

十二

1. ① 2. ② 3. ① 4. ① 5. ②
6. ② 7. ② 8. ① 9. ③ 10. ③

十三

1. 同、直、热、子、容、喝、休

2. 裤、便、特

十四

（一）

1. ○ 2. ○ 3. × 4. × 5. ○
6. × 7. ○ 8. × 9. × 10. ○

中国文化百题

A Kaleidoscope of Chinese Culture

纵横古今,中华文明历历在目　享誉中外,东方魅力层层绽放
Unfold the splendid and fascinating Chinese civilization

了解中国的窗口
A window to China

- 大量翔实的高清影视资料,展现中国文化的魅力。既是全面了解中国文化的影视精品,又是汉语教学的文化视听精品教材。

- 涵盖了中国最典型的200个文化点,包括中国的名胜古迹、中国各地、中国的地下宝藏、中国的名山大川、中国的民族、中国的美食、中国的节日、中国的传统美德、中国人的生活、儒家、佛教与道教、中国的风俗、中国的历史、中医中药、中国的文明与艺术、中国的著作、中国的人物、中国的故事等18个方面。

- 简洁易懂的语言,展示了每个文化点的精髓。

- 共四辑,每辑50个文化点,每个文化点3分钟。有四种字幕解说,可灵活选择使用。已出版英语、德语、韩语、日语、俄语五个注释文种,其他文种将陆续出版。

目　录　Contents

第一辑 Album 1

中国各地之一
Places in China I

第一盘 DVD 1
- 中国概况　■北京　■上海　■天津　■重庆
- 山东省　■新疆维吾尔自治区　■西藏自治区
- 香港特别行政区　■澳门特别行政区

中国名胜古迹之一
Scenic Spots and Historical Sites in China I

第二盘 DVD 2
- 长城　■颐和园　■避暑山庄　■明十三陵　■少林寺
- 苏州古典园林　■山西平遥古城　■丽江古城　■桂林漓江
- 河姆渡遗址

第三盘 DVD 3
- 黄河　■泰山　■故宫　■周口店北京猿人遗址　■长江
- 龙门石窟　■黄山　■九寨沟　■张家界　■庐山

第四盘 DVD 4
- 秦始皇兵马俑　■马王堆汉墓　■殷墟
- 殷墟的墓葬　■殷墟的甲骨文　■曾侯乙编钟
- 法门寺地宫　■三星堆遗址　■古蜀金沙　■马踏飞燕

中国文明与艺术之一
Chinese Civilization and Art I

第五盘 DVD 5
- 书法艺术　■中国画　■年画　■剪纸
- 中国丝绸　■刺绣　■旗袍　■瓷器
- 中医的理论基础——阴阳五行　■针灸

英文版第一、二、三辑已经出版,第四辑将于2011年出版。

The first three albums of the English edition have been published. The fourth album will be published in 2011.

**第四辑
即将出版！**

每辑：5张DVD＋5册图书＋精美书签50枚
定价：￥980.00／辑
Each album: 5 DVDs + 5 books + 50 beautiful bookmarks
Price: ￥980.00/album